Das große Buch vom Darmstädter Humor

Das große Buch vom Darmstädter Humor. Band 2

Herausgegeben von Karl-Eugen Schlapp

Verlag H. L. Schlapp Darmstadt

ISBN 3 87704 008 X
© Verlag H. L. Schlapp Darmstadt 1979
Alle Rechte vorbehalten
Gestaltung: Karl-Eugen Schlapp
Gesamtherstellung: Beltz Offsetdruck, 6944 Hemsbach

Inhalt des zweiten Bandes

„Geht frehlich dorchs Läwe!" Gedichtcher un Geschichtcher aus'em Alldag	13
Hans Herter: Geht frehlich dorchs Läwe!	14
Heiner Wilke: Iwwers Lache	14
Johannes Funk: E' vezwickt Verwandtschaft	15
Robert Schneider: Der Famillje-Spaziergang	17
Das goldne Handwerk	29
Robert Stromberger: Der Schulaufsatz	31
K. P.: Scherbengericht	33
Hartmuth Pfeil: Nickeleesje	35
Robert Schneider: Die Christkindcher, odder: Wie de Unkel, der sunst garnet so war, emal gebschnitzig gewese is	35
Hartmuth Pfeil: Weihnachtsputz	39
Hartmuth Pfeil: Geschenke	40
Heinrich Enders: Zum Bescheerowend	40
Hans Herter: O Dannebaum	42
Georg Lotter: Die Weihnachtsgans	43
Heinrich Enders: Sylvester	46
Heiner Wilke: Gute Vorsätze	49
Hartmuth Pfeil: Maskerade	50
Heinrich Enders: Juhu, die Faßnocht!	50
Hartmuth Pfeil: Maskeball	51
Hartmuth Pfeil: Nadur	52
Robert Schneider: Auf dem Maskenball	52
Georg Lotter: Do biste platt	53
Vom letzten Maskenball	54
Hartmuth Pfeil: Es war am Aschermittwoch	55
Heiner Wilke: Nachlese	56
M. W.: Das Bett als Mittel, um Stumme zum Reden zu bringen, oder: O rühret, rühret nicht daran	57
Hartmuth Pfeil: Gut Holz!	57
Heiner Wilke: Was Süßes	58
Georg Benz: Bladonisch Lieb!	59
Hans Herter: Allaa?	59
Im Liebeswahn	61
Robert Schneider: Ibsen	61
Wilhelm Stühlinger: De Boort is ab, die Hoorn sin fort!	62
Karl Schaffnit: Vorher un nachher	63
Hartmuth Pfeil: Naß, nasser	64

Ernst-Ludwig Stay: Je nachdem	64
Karl Schaffnit: Anarchie un Quetschekuche	65
Hans Herter: Quetschekuche	70
Georg Benz: Kwetschekuche!	70
E. S.: Die verkennt' Millich!	72
F. W.: Die Trichine	72
Karl Schaffnit: Schlickser	74
Karl Schaffnit: E frommer Wunsch	75
Karl Schaffnit: Geizhäls	76
Peter W. Dinkel: Kinnergebet	77
Wilhelm Kaminsky: Ausdauer	78
C. E.: Moderne Kunst	79
Rolf Kallheiner: April	79
Robert Schneider: Poussiern!	80
Johannes Funk: E uklor Vorstellung	81
J. Heß: Der Knoddelbub	81
Peter W. Dinkel: Jugenderinnerunge	82
Hans Herter: De oam Vadder	83

„Der Bub will haam!" Aus der Schule 85

Karl Schaffnit: Der Bub will haam	86
Georg Lotter: Zum Schulofang	88
's Moritzche	89
Wahres Geschichtchen	91
August Dreste: Moderne Schutzengel	92
E. Pfersdorff: Mißverständnis	92
August Dreste: Entteischung	93
G. S.: „Fallobst"	94
Anonyme Köchin: Gekochte Wasserspatzen	95
Thesinger: „Eidechse"	95
Ein Gedicht	96
Georg Wiesenthal: Das Laster des Fluchens	96
Der nützliche Star	97
Lehrers Geburtstag	97
Die Aufgabe	97
Georg Wiesenthal: „Was ist ein Geiser?"	98
Wilhelm Stühlinger: Erlebte Stilblüten	98
Hans Herter: De Unnerschied	99
Hans Herter: Der Mensch	99
Georg Wiesenthal: Aus dem Realgymnasium	100
Georg Wiesenthal: Der Metzgersohn	101
Georg Wiesenthal: Es bleibt, wie es war	101

Georg Wiesenthal: Verbum Domini manet in aeternum 101
Karl Lotz: Dreifach Pech 102
Willi Wilbrand: Vom Ludwig-Georg-Gymnasium, dem „alten Pennal" 103
Wilhelm Heinzerling: „Chemie" bei „Babba Schopp" 108
Kasimir Edschmid: Im Karzer des LGG 110
Hartmuth Pfeil: Plastik im neuen LGG. 113

„Un wann's Krieg gewwe sollt' ..." Vom Großherzoglich-Hessischen Militär 115

Karl Esselborn: Der Exerzierfeldwebel Ramstädter 116
1813: Völkerschlacht bei Leipzig (Karl Esselborn/Otto Kappesser/Georg Hensel) . 117
Alexander Büchner: Bilder aus Arkadien. 118
Der Feldwebel Ihm (Karl Esselborn/Georg Wiesenthal/Otto Kappesser). 122
Von der Schloßwache (A. E./Ernst Beck) 123
Herman Müller: Der Glockenhof 124
Der General von Weitershausen (Georg Wiesenthal/Herman Müller) 126
Wilhelm Kaminsky: Menner unn Buwe 126
1866: Krieg gegen Preußen (Josef Hummel/Herman Müller/Johann Sebastian
  Dang/Georg Wiesenthal/Ernst Beck) 128
Karl Schaffnit: De Schnabbort 130
Heinrich Hohmann: Ebbes hessisch-preißisches. 135
E. Pfersdorff: Ein Recognoscirungsritt 137
1870/71: Frankreich-Feldzug (Otto Kappesser/Herman Müller/Ernst Beck) . . . 139
Karl Schaffnit: Die Suppeprob 141
Karl Schaffnit: Der Gefreite. 144
Heinrich Rüthlein: Das Kotelett 147
Willi Wilbrand: Der Stabsarzt 158
Wilhelm Kaminsky: Ma muß sich zu helfe wisse 158
Oberstabsarzt Gerlach (Georg Wiesenthal/Herbert Kammer/Reinhard/Carolin
  Schaefer) 159
K. P.: Schlau 161
Alexander Paul: Der Trompeter 161
Klaus Schmidt: Der erste Ausritt 162
Wilhelm Kaminsky: Braucht kah' Fremdwörter 162
Ein Korb 163
Herman Muller: Parade 164
Heinrich Enders: De Rittstaa' 164
Georg Lotter: Die Urlaubsgans 166
Was ist ein Soldat? 168
Willi Wilbrand: Der „Boulevard de Kikeriki" 168
Vicki Baum: „Wie is eigentlich Krieg?" 169
Hartmuth Pfeil: Dragoner-Erinnerung. 169

„Mer wolle widder en gelernde Großherzoch..." Von unseren Von unseren Regenten 171
Herman Müller: Bär'nlewe im Schloßgrawe 172
Großherzog Ludwig III. (Alexander Büchner/Herman Müller/Ernst Beck/Hermann Schaefer/Manfred Knodt/Georg Wiesenthal/Willi Wilbrand/Friedrich Stoltze/Alexander Paul/Friedrich Marx) 174
Großherzog Ludwig IV. (Willi Wilbrand) 181
Großherzog Ernst Ludwig (Manfred Knodt/Hans von der Au/Großherzog Ernst Ludwig) 182
Der kinft'ge Soz! 185

„Ach, wie schee is, un wie herrlich, wann mer dann un wann in's Theader gehe kann..." 187
Herman Müller: Ein Blick aus einer Parkettloge des Hoftheaters 188
Robert Schneider: Im Theader! 188
Hermann Knispel: Wie es anfing 189
Georg Wiesenthal: Der Hofschauspieler Kläger 194
Georg Wiesenthal: Der Hofschauspieler Butterweck 194
„Die Jugend": „Hier werd net gelacht" 195
Die Akustik 195
Hermann Schaefer: Ein vergeßlicher Professor 195
Hermann Kaiser: „Die lustige Witwe" 195
Heinrich Enders: „Die Frösch" 196
„Teufel auch!": Der Schauspieler Hacker (Hermann Kaiser/Max Wauer) . . . 198
Karl Schaffnit: „Es gitt noch mäi!" 203
Ph. G.: „Lohengrin" 204
Hans Herter: Wie de Lohengrin 208
Hans Karl Stürz: Tragik und kein Ende 210
Georg Hensel: In Erwartung Zuckmayers 210
Hartmuth Pfeil: Freiwillige vor! 211
Ernst Elias Niebergall/Hermann Pfeiffer: Datterich in der Dachstube 212
Robert Schneider: Wann der Datterich widder mol unner uns sitze kennt . . . 220
Robert Stromberger: Liebesnot 221
Hartmuth Pfeil: Die Stimme des Volkes 223

„... un dort fährt se, die Elektrisch!" 225
Schorsch: Die Funkeschees 226
Acht Anekdoten 228
Robert Schneider: Leidfadem zum richdiche Gebrauch vun de Straßebahn . . 231
Hartmuth Pfeil: Vom Bremsen 235
Hans Herter: Wann-er derft wie-er wollt 235
Hartmuth Pfeil: Zwecklos 237

„… in alle Spalte vum Sport oriendiert" 239
Hans Herter: Mickedormels Vortrag vum große Sportfest 240
Hartmuth Pfeil: Waldlauf 242
Georg Benz: De Angler! 242
Hartmuth Pfeil: Am Altrhein 244
Betrachtunge iwer e Fußballspiel in Darmstadt 244
Hans Herter: Fußballspiel un Totoglick 245
Hartmuth Pfeil: Wenn die Tribüne Fußball spielen würde 248
Hartmuth Pfeil: Der tot(o)sichere Tip 249
Hans Herter: En große Rang 249
Fußballausdrick 250
Hartmuth Pfeil: Höhere Mathematik 251

Uff un ab geht's im Läwe, mol fidel un – mol denäwe 253
Georg Lotter: Es werd doch alles widder gut 254
Johann Sebastian Dang: Mer machd halt, woß so zu mache is 254
Hedwig Witte: Was Adam un Eva gemacht hawwe 254
Johannes Funk: 's allererst Gebot 256
Pauline von der Leyen: Müllabfuhr 256
Georg Benz: Dichte! 257
Heinrich: Es is „de Best" 258
Robert Schneider: Warde nur 259
Karl Schaffnit: Das Gewitter 260
Robert Schneider: Die Ameriganisch 261
Hartmuth Pfeil: Gucke kost nix 262
Des Gärtners Fluch 263
Heiner Wilke: Urlaub daheim 264
Hartmuth Pfeil: Gedenk-Gedanke 265
Hartmuth Pfeil: Ausflug 266
Ludwig Heck: Spazierengehen 266
Greta Bickelhaupt: Der Borgemoaschder vun Betzinge bsucht soin Kolleg in Darmstadt 267
E' Schnäpsche 272
Hartmuth Pfeil: Medizin 273
Georg Lotter: Die Jakobiade · 2: Beim Dokter 274
Georg Lotter: Die Jakobiade · 3: Lange Leitung 274
Georg Lotter: Die Jakobiade · 4: Dorscht 275
Hartmuth Pfeil: Vegetarisch 276
Langmut 277
Robert Schneider: E' Mißverstendnis 277
Wilhelm Stühlinger: Aus dem Gerichtssaal 278
Helene Küchler: Se hot's gewißt! 279

Werner Rühl: Hoffnung	279
Paster: Menschenlos	280
K. P.: Grabschrift	280
Hartmuth Pfeil: Haus-Schlachtung	281

„Mer mache unser Witz sällwer." Heinerwitz' — 283

Robert Schneider: Mer mache unser Witz sällwer	284
Heina un Schorsch	284
Vetter un Gevatter	290
Karl Schaffnit: „Späß"	292
Ein Berliner zu Besuch	292
Zweiundzwanzig Heinerwitze	293
Nicht erblich	297
Karl Schaffnit: Zammezehle	298
Wahres Geschichtchen	298
Die Rache	299
Georg Volk: Die G'schichte	299

„Mach' net so en Wind…" Darmstädter Sprüch' — 301

Ludwig Lorenz: Unser Heinersprooch	302
Karl Schaffnit: Arweit	302
Ein Herrengespräch	302
Georg Wiesenthal: Ein Damengespräch	302
Georg Wiesenthal: Die Darmstädter Gretchengeschichte	303
Hans Karl Stürz: Jede stellt was	303
Robert Schneider: Nachbarliche Hilfe	303
Morgens auf dem Markt	304
Hartmuth Pfeil: Wintervorrat	304
„Wie haaß-de dann?"	305
Die Schäbbe	305
Georg Wiesenthal: Zwei Heiner streiten	305
Hartmuth Pfeil: Debatte	307
Hans Herter: Ameriganisch	307
Wilhelm Stühlinger: Im Darmstädter Hauptbahnhof	308
Was mer als so sache	308
Wilhelm Hergt: Am Stammtisch aufgeschnappt	309
Hartmuth Pfeil: Darmstädter Gespräche	310
Johann Sebastian Dang: Was ist blemmblemm?	311
Wer's waaß werd's wisse! (Rolf/Hermann Müller/Hedwig Witte)	314
Hartmuth Pfeil: Urgeschichtliches im Museum	315

„... alles, was Baa hodd, gehd hie." Vun de Meß' zum Heinerfest . . . 317
Herman Müller: Darmstädter Messe 318
Wilhelm Kaminsky: E alt' Kameel 320
Der „Kasper" Hildenbrandt (Karl Esselborn/Hans Holzamer/Robert Schneider) . 321
Hans Herter: Knickeier! 324
Georg Lotter: Lappingskerb 327
Hartmuth Pfeil: So ist es 329
Georg Lotter: Stimmungslied zum Frühschoppen 329
Hartmuth Pfeil: Ewerschter Kerb 330
Wilhelm Stühlinger: Fest im Watzeverdel 332
Hartmuth Pfeil: Schdegg-der ah oo oh 333
Georg Lotter: Heinerfest 333
Hans Herter: Mickedormels Aufruf zum ersten Heinerfest 334
Hartmuth Pfeil: Heinerfest 335
Hellmuth Koehler: Zur Heinerfest-Eröffnung 335
Heiner Wilke: Bieranstich 336
Heiner Wilke: Heiner-feste! 337
Heiner Wilke: Zum letzten 338
Hartmuth Pfeil: Achterbahn 339
Hans Herter: Das Heunerfest 339
Hartmuth Pfeil: Heinerfest auf dem Friedensplatz 340
Hartmuth Pfeil: Heiner fest am Heinerfest 343

Fritz Deppert: Was ist „Darmstädter Humor"? 345

Unsere Autoren und ihre Beiträge: Register zu Band 1 und 2 347

„Geht frehlich dorschs Läwe!"
Gedichtcher un Geschichtcher aus'em Alldag

Hans Herter

Geht frehlich dorchs Läwe!

Is mer verärjert un hott mer die Wut,
Fiehlt mer sich krank un verdrosse,
Ziggt mer e Perl odder hängt mer die Schnut,
Dann is mer werklich erschosse.
Doch wann mer immer is froh gestimmt,
Un nimmt es Läwe, grod wie es kimmt,
Dann kimmt mer leichter dorch jeden Mist,
Weil mer sei Sorje vergißt.

Mancher, der macht sich sei Läbdag verrickt,
Dhut an sein Kummer nor denke,
Meckert un mault, weil de Schuh en mol drickt,
Un läßt sein Dickworzkopp hängke.
Wer awwer frehlich dorchs Läwe geht,
Voller Humor is un Spaß versteht,
Der denkt: Gehaam her, wos rej' ich mich uff,
Steiht mer de Buckel eruff!

Jeder werd glicklich nooch seinem Geschmack,
Wie er grod schaukelt dorchs Läwe,
Doch es is besser, mer lacht sich en Frack,
Als mer is dauernd denewe.
Des gilt fer alle un in jeder Zeit,
Denn nor de Frohsinn, Humor un die Freid
Helfe aam iwwer so vieles ewegg,
Kopphänge hott jo kaan Zweck.

Heiner Wilke

Iwwers Lache

Als Sprichtwort hat mer stets gesacht
Un hatt' in dem Fall recht,
Humor is, wenn mehr trotzdem lacht,
Aach wenn mer greine mecht.
Trotz Triebsal werd's doch wieder schee,
Was hilft's ahm, wenn mer greint,
Weil selbst nach Räje, Sturm un Schnee
Die Sunn doch wieder scheint.

Den Vogel, der am Moijend singt,
Holt owends dann die Katz;
Des Wort is falsch, denn unbedingt
Is der fer mich en Schatz.
Ich singe aach am Moijend gern,
Bin freehlich un lach laut,
Im Beese hat mich insofern
Bis jetzt kaa Katz geklaut.

Wer gerne lacht, griggt mit de Zeit
Lachfältcher – sin die schee,
Doch werd bei Grieskram-Mucker-Leit
De Mund wie e Plisee.
Was soll es also, wenn mer schennt,
Mer werd da nur nervees
Un is dann schließlich noch am End
Selbst mit seim Partner bees.

Des weer es Schlimmste, liewe Leit,
Zum Bees-seu gibts kahn Grund;
Zu korz is unser Läwenszeit,
Verplempert nur kaa Stund.
Des Lache, des is e Geschenk
Un is stets in uns dreu,
Drum laßt uns – dessen eugedenk –
Stets lachend freehlich seu!

E' vezwickt Verwandtschaft   Johannes Funk

En Mann vun vierunzwanzig Johr
Heirat e Fraa vun värzig,
Net weje 'm Geld, aus Liewe nor,
Wer annerst denkt, der errt sich.

Dann 's is e Fraa, so stramm un schee,
Dippdopp, un alles richtig.
Die kann de jingste Kopp vedreh',
Is aach im Haushalt dichdig.

Se bringt e große Dochder mit
Aus ihre erste Ehe.
Se warn do also glei ze dritt;
Ihrn Mann hatt nix degeje.

Ihrn Schwiejervadder kimmt ins Haus,
Besucht sei Sohnsleit fleißig.
Is er aach iwer fuffzig 'naus,
's Gesicht is glatt wie dreißig,

Sei Hoor noch schwarz un stramm sein Gang.
Sei Fraa war frih gestorwe,
Un er hatt aach die Johre lang
Sich's Herz net mehr vedorwe.

Wie er des Mädche sieht so oft,
Do werd's em schwul un schwuler.
Er hot aach Angst, 's keem uvehofft
En jingre Newebuhler.

Doch is des Mädche bald enzickt
Un in den Mann veschosse;
Net lang denooch werd hochbeglickt
Die Heirat abgeschlosse. –

De Sohn vum äld're Ehmann freit
Sich aach die erste Dage,
Doch will em schun nooch korze Zeit
Die Sach net mehr behage.

Des Reetsel, des war werklich schwer,
Viel noochzedenke hatt er,
Was des jetz for Vewandtschaft weer
Mit ihm un mit seim Vadder.

Er hot sich grindlich 'neivesenkt.
Fast net begreife kann er,
Wie er do alles iwerdenkt,
Den große Dorchenanner:

„Ich muß do jetz mein Dochdermann
Sei Fraa mei Mudder nenne,
In dere ihre Mudder dann
Mei Großmudder erkenne.

Als meine Großmudder ihrn Mann –
Waaß Gott, es is zum Henke –
Mein eigne Großvadder! Mer kann
Kaum noch vezwickder denke.

Betracht mer 's vun de anner Seit,
Is es desselb Mengenkel:
Als Sohn vun meine Dochder heit
Bin ich mein eigne Enkel.

Wer waaß, was ich noch alles bin,
Un was mer heern for Bosse,
Wann ich de Faddem weider spinn?
Drum will ich 's liewer losse.

Der Famillje-Spaziergang Robert Schneider

(Erzehlt vom klaane Kallche Kammbeitz)

Gibt's was Schenneres, als wie
Sunndags morjends in de Frieh,
So um Fimf, Sechs oder Siewe,
Naus in schatt'ge Wald zu schiewe?
Ach, des is doch allemal
Jedes Heiners Ideal.

Dann wann alles so schee grie',
Macht Eich so e Waldbaddie
Amal doch gewiß e Jedes,
Ob per Bahn, per Bräk, per Pedes,
Oder, wer aans hat, per Rad,
Ganz egal es macht aam Fraad.

So is aach bei uns es Regel:
Amal geht's mit Kind un Kegel
Un mit Brod un Worscht un Kees,
Un noch sunstigem Gedees,
Morjens schun in aller Frieh
In die scheene Fass'nerie.
Mir is des, ich will net lieje,
Allemal e Mordsvergnije.

Un neilich seegt mei Vadder aach:
Heert Kinner, morje wer en Dag,
Da kennte unsern Rand¹) mir mache.
(Mir dhate all flichtschuldigst lache.)
Un Kallche, seegt-der dann zu mir,
Dir macht's ja doch de meist Bläsier,
Du ledst mer uff de Stell jetzt glei,
De Unkel un die Dande ei'.

Die Arweit schaff ich immer gern,
Dann selte dhu ich mich da schnerrn,
Dhu die Verwandtschaft ei' ich lade,
Is des gewöhnlich net mei Schade.
Zuerst schieb ich drum zu de Dande,
Bei dere kann mer immer lande.
Die hat stets uff em Owe steh
E Kann „Kathreiners Malskaffee";
Des haaßt, die Brieh kennt ich entbehrn,
Jedoch ich derf se halt net ärjern,
Dann gibt's aach noch so newebei
E Stick Ladwerjebrod – pickfei!

Nachdem dann alles dorchgesproche,
Werd schleunigst widder uffgebroche;
Dann geht's, des is de scheenste Spaß,
Zum Unkel in die Bangertsgaß.
Des is der Eich e Unigum,
Zwor grad net schläächt un aach net dumm.
Einst: Lokomodievrich-Eisebahner,
Jetzt: Pangßioniert un Vegedarianer!
Un – ledig is er owedrei,
Des macht sich ganz besunners fei.
Der hat en Bauer an de Hand,
Der liewert em de „Broviant",
Un wann ich kumm, da geh ich grad
Direkt an die Komoodschublad
Un dhu mich weiters net scheniern,
Ob Kwetsche, Ebbel oder Biern,
Ich stob mer ohne jed Kondroll,
So schnell wie's geht, de Säckel voll.

---
¹) Spaziergang.

Aach hott er sunst noch Klaanigkeide
Un leßt die Mieh sich net verleide –
Doch kimmt en Deller voll Gemieß,
Da wehr' ich mich mit Hend un Fieß. –

Wie ich dann glücklich haam bin kumme,
Hab ich mei' „Pensum" eigenumme
Un bin dann schleunigst in mei Bett,
Jedoch vun schlofe war kaa Redd.
Dann kaum, daß nor de Dag gegraut,
Da stack ich aach in meine Haut.

Als dann de Kaffee wor gedrunke,
Da hatt uns die Mamaa gewunke
Aan's nooch em aanern in die Kich,
's gab wos zu schlebbe sicherlich.
Ich hob drum haamlich spickeliert
Zuwos e Jedes angaschiert.

Mei älster Bruder treegt die Eier,
Zwor sinn se ewe grod net deier,
Jedoch er is net druff versesse, –
Un kann se net gesotte esse!

Mei Schwester, die sich jingst verlobbt,
Der hott mer gornix zugestobbt,
Sie seegt, ihrm Bräut'gam wer's so liewer.
Un's wer' aach net grad „sauwer wiewer"[2]),
Des haaßt uff Deitsch, es wer „net schee",
Doch *die* will blos „per Ärmches" geh.

Mei anner Schwester hott's im Mage,
Sie kann nix „Fettes" mehr vertrage
Un dut ihr'n Hunger bleeslich stille
Mit „Eisschnabs" un „Plaut'sche Pille".
Drum treegt die in ihrm „Riddekiehl"
De „Uffschnitt", 's war grod net zu viel.

---

[2]) sauwer wiewer: savoir vivre.

Doch ich krieh in mei bundig Bichs
Blos Handkees – un sunst weiter nix.
In nasses Pergamentbabier
Hat mer se eigewickelt mir.
Die Alt jedoch wußt's sowieso,
An „Handkees" geht ihr Kall net dro! –
Mei' Mutter selbst, die packt sich fei
In ihr schwazz Dasch de Ebbelwei,
Dann um die Sach etwas zu hewe,
Soll's draus e Erdbiernböhlche gewe.

Mei' Vatter konnt sich net beklage,
Der hatt Eich nehmlich nix zu trage,
Dann's schwizze liggt dem im Geblihd,
Der schwizzt, wann er aan schaffe sieht.
Doch daß mer schlecht net driwer denkt,
Hott er sich's Fernglas umgehengt.

No, wie de ganze Broviant
Un sunst aach noch so allerhand,
Haushälterisch un aach sehr schlau,
Vun de Mamaa verdaalt genau,
Do kam präzies, des muß mer lowe,
De „Brauterich" dann a'geschowe.
Haus uff em Vorplatz, wie's so is,
Gibt's erst die obligate Kiß –
Dann *des*, hört ich mei Mutter sage,
Wer' stets so in de Brautstandsdage,
Un *nooch* de Hochzeit, achherrjeh,
Gibt's mehrstendaals jo doch kaa meh'.

Nochdem dann die Begrießerei
War abgedha un aach vorbei,
Seegt dann der brave Schwiegersoh'
Zum Vadder: Steck der aa ao oo!
Nachdem dann glicklich die zwaa Lunde
Warn' abgezwickt un a'gezunde,
Kam dann de Unkel a'geschneit,
En Puddel Kunnjack an de Seit.
Er dhut zwar *vegedarisch* lewe,
Net blos beim esse, aach beim „hewe",
Drum drinkt er *vor* em Schnabs en Schnabs
Un *nooch* em Schnabs dann noch en Schnabs.

Jetzt war beisamme unser Blos,
Die Dande fehlt nor noch, des Oos,
Die Ruusdutt, die verrickt Schadehk,
Die kimmt nadierlich net vum Wähk,
Voll Zorn seegt drum mei Vadder: Fort,
Mir hawe lang genug geword!

Do hört mer uff de Drebb was kräckse
Als kemte Eich e Dutzend Hexe –
Richtig, sie kam in aaner Raasch,
E' Welt voll Zorn in de Visaasch!
Sie leßt uff's Kannebeh sich falle
Un fengt dann langsam a' zu lalle:
Ach Gottche, denkt Eich nor den Schreck,
Mei Weckfraa hat kaan Wasserweck!
Mir hawe ferchterlich gelacht,
Un wie mei Mutter zwaa gebracht,
Da seegt se freidig: Ach wie schee,
Jetzt bin ich widder ganz offch!
E' vertel siewe war die Zeit
Als mir dann glicklich war'n soweit.
Doch kaum, daß mir e Stick war'n gange,
Da hatt mei Mutter a'gefange
Un seegt: Ach Gott, ich hab kaa Ruh,
Is dann dehaam aach alles zu?
Wart mal, ich bin glei widder hunne!
Un – baafdisch war se Eich verschwunne.
Mei Unkel hat sich glei beschwert
Un seegt: Es is doch unerhört,
Jetzt noch emal redhur zu springe –
Ich glaab es dhut Eich kaans was bringe!

Dodruff mußt dann die Dande sage:
Ich kann den Leichtsinn net vertrage,
Eich Menner dhut des nix schenniern,
Ihr kennt blos immer resseniern,
Doch kimmt was vor, werd sich erhowe
Un alles uff die Fraa geschowe!

Jetzt fengt mei Vadder a' zu schenne:
Sie hett ja vorher gucke kenne,
Stets hinnenooch da fellt's ihr ei',
's kennt etwas net in Ordnung sei'.

De Brauterich, der gibt badduh
Nadierlich aach sein Senft dezu.
Erlaabt, seegt der, ich mecht doch bitte,
Zuwas werd sich da rum gestritte,
Die Vorsicht is, so viel ich maan,
Die Mutter stets – vum Borzelan!

Mei Schwester dinkt sich schun als Fraa
Un seegt: Ganz recht, so maan ich aa'.
Dadruff fengt dann mei Bruder o:
Ach quatscht net, ewe kimmt se jo!

Richtig – sie kam in voller Wut
Un seegt: Was war des doch so gut,
Dhet ich net denke grad an alles,
Hett unser Haushalt lengst de Dalles.
Mei Unkel freegt: Was is bassiert?
Warum bist De so eschowiert?

Do seegt mei Mutter: Dorch die Hatz
Hatt kaans gedenkt an unser Katz,
Des orme Vieh werd stets vergesse
Un hat der widder nix zu fresse!

Ach Gott, mußt druff mei Dande sage
Mit Rührungsdreene in de Aage,
Ach Gottche, denkt Eich nor mal hie,
Des orme, siße Katzevieh! –

Jetzt awer fellt mei Vadder ei',
Der freegt: Wo haßt-de dann de Wei?
Den hast-de dorch Dei Katzebosse
Dehaam nadierlich leije losse!

Mei Unkel lacht un seegt: Wie gut,
Wann mer an alles denke dhut –
Nor daß die Katz was hatt zu fresse,
Wer'n mir nadierlich ganz vergesse!

Dadruff seegt dann de Brauterich,
Jetzt macht mer nor so kaa Gekrisch,
Ich hol de Wei', geht nor voraus,
De Kranichsteiner Stroß enaus.

Sei Bräutche doch, aus lauter Liewe
Wollt die nadierlich mit em schiewe,
Da hellt mei Dande glei e Redd:
Hört Kinner, naa, des schickt sich net,
Geh Du nor hie zu de Mamaa,
Dein Heiner find sein Wähk allaa.
Er hatt en aach allaa gefunne,
Dann eh mir hatte uns besunne,
Dhat er schun widder bei uns sei'
Un hat den „orme siße" Wei'.

Mir war'n der all drob herzlich froh,
Da guckt der Kall den Heiner o'
Un freegt: Haßt-de aach zugeschlosse,
De „Dricker" aach net stecke losse?

De Dricker, seegt-der, meinerseel,
Der stickt – ach, bin ich e Kameel!
Jetzt laaft mei Bruder schnell redur,
Un mittlerweil war's siwe Uhr.

Als mir dann langsam weiter gange,
Da hatt mei Unkel a'gefange
Un seegt zu meine Mutter drucke,
Dhat lachend in's Gesicht ihr gucke: –
Was is es werklich doch so gut,
Wann mer an alles denke dhut,
Wer' Dir net kumme die Idee,
Schnell noch emal redur zu geh,
Do hett, dieweil mer war'n vun danne,
Die Stubbdier sperrweit uffgestanne. –
Mei Mutter hat druff nix gesagt,
Sie hat sich scheints ihr Daal gedacht.

So kame mer dann endlich aa'
Glicklich enaus an Kranichstaa',
Mei Vadder, der sehr eschowiert,
Der hatt aach Hunger jetzt verspiert,
Un newebei will ich es sage,
Mir war's aach ziemlich leer im Mage.

Un wie mer war'n so ham-mer jetzt
Uns uff e Bank an Deich gesetzt.
Mei Mutter schmiert die Butterbröder,
En halwe Kees bekam e Jeder. –
No mittlerweil un unnerdesse,
Mir war'n der grad im scheenste esse,
Da laaft mei klaaner Bruder Eich
Hie zu de Schwane an de Deich.
Er wollt mit Brod die Oeser fittern, –
Doch eh mer dhat des Unglick widdern,
Gab's Eich e ferchterlich Geschrei –
Nadierlich lag der Krotze drei'.

Meine Mutter bleibt vor lauter Schrecke,
En Knibbel Brod im Hals drei' stecke.

Mei Dande in de Luft rum greift
Un kreischt: Ach Gottche, er vesaift!

Mei Schwester (so net in de Reih),
Die fiel der in e Ohmfaß glei'.

Mei Unkel, der verdreht die Aage,
Dem fuhr der ganze Schreck in Mage.

Mei Vadder kreischt: Lui, gehst-de raus,
Ei Kerl, ich robb die Ohrn der aus!

Der Brauterich doch, sehr beherzt,
Hot sich die Hose rum geschertzt
Un hat den Kerl am Knorrn verwischt
Un hat en widder raus gefischt.
Nachdem mer'n abgedruckend schee,
Krag er sei obligade Schlee,
Die Dande mit de Essigflasch
Bespritzt dann noch mei Schwester rasch.
Mei Unkel, daß sen net so friehrt,
En Kunnjack zu Gemiet sich fiehrt;
Ich awer hat die Ohrn gespitzt
Un die Gelegenheit benitzt
Un hab emal ganz unscheniert
De' Wei' un aach die Worscht browiert.

Nachdem dann alles war offee,
Konnt's endlich widder weiter geh.
Mir wollte unner dene Buche
Die Erdbeern dann for's Bölche suche.
Gefunne awer ham-mer kaa, –
Mir lag aach ziemlich wenig dra,
Dann ich hab still for mich gedacht,
Jetzt werd emal en Ulk gemacht.
Un in me dunkele Gebisch,
Da hab ich drinn versteckelt mich.
Gleidruff hört ich mein Vadder sage:
Ach Gott, was solle mir uns plage,
Mir finne doch kaa Erdbeern, leider,
Auf, fort, mir mache widder weiter.

Er zehlt die Häupter seiner Liewe
Un freegt: Wo is der Kall gebliewe?
Herrjeses, kreischt mei Mutter glei,
Mei Kall allaans bei dene Sai!

Eino, seegt da mei Unkel druff,
Die fresse'n rattebutz jetzt uff.
Mei Schwager doch, wie ich gehört,
Der hat sich gaschdisch jetzt beschwert –
Die „Werrm", die hette stets ihrn Wille,
Drum sei die Unart net zu stille. –

Dodruff schleegt dann mei Vadder los:
Zieh *Du* nor erst mal Kinner groß,
Du brauchst Dich da emal vun weje,
Noch lang net „in's Gescherr" zu leje.

Jetzt hört mer's Kall un Kallche kreische,
's dhut alles dorch die Hecke schleiche,
Ich hab kaa Word dezu gesagt
Un hab mer still en Ast gelacht.
Bald word gerufe, bald geflucht, –
Ich denk, nor munter fort gesucht,
So schnell find ihr mich diesmal net
Un krieh ich noch so arg mei Fett!
Uff amal dhat, wie ich gesehe,
Mei Dande grad voriwer gehe,

Da spring ich ihr vun hinnerricks
Grad uff de Buckel aageblicks,
Un dhu grad wie e Wildsau schnorkse
Un an de Gorjel rum ihr workse.

Sie kreischt nadierlich: Achherrjeh,
Ach, helft, mir dhut's an's Lewe geh!
Die annern awer, wie gesagt,
Die hawe sich halb schebb gelacht.
Un war der Spaß aach noch so schee,
So krag ich ewe doch mei' Schlee.
Ich nahm se hie aach ganz geduldig,
Mer is des der Erziehung schuldig.
Als es dann widder weider gange,
Da hatt mei Unkel a'gefange,
Singt mit des Basses Grundgewalt
„Der liewe Good, geht dorch de Wald" –
Da kreischt mei Dande: Welch Gedees,
Hör uff, du machst mich ganz nerwees!
No, weje mir! seegt druff mei Unkel
Un steckt mit Ruh in sein Karfunkel
(Des is sei Nas') e mächtig Bries'
Un macht e ferchterlich Genieß.

So kame mer dann nooch un nach,
Langsam uff de „A'siedel")³) aach,
Schnell word sich an en Disch geplackt
Un die „Fressalie" ausgepackt.
Der Kellner freegt: Was wünschen Sie? –
Ach, mache Se sich nor kaa Mieh,
Hatt da mei Mutter druff gesagt,
Mir hawe alles mitgebracht.
Bald druff ging dann die Füttrung los,
Es hat gemuffelt Klaa un Groß.
Zwar war des Brod schun drucke sehr,
Jedoch de „Uffschnitt" noch viel mehr,
Doch fiel uns nix do driwwer ei, –
Es war ja aach schee warm de Wei'. –
No, wie mer grad beim scheenste Esse
All um de Disch erum gesesse,

---

³) Einsiedel.

Da seegt de Unkel, ohne Spaß,
Ich glaab, Ihr Leit, mir krieje was!
Un werklich, 's hatt aach, gottverdebbelt,
Gleidruff schun ganz fidel gedrebbelt.
Schun hört mer in de Fern de Dunner,
Un dichter macht's bereits erunner. –
Mei Dande seegt: 's gibt e Gewidder,
Mir liggt's schun drei Dag in de Glidder! –

Ei Dande, sag ich, was for Bosse,
Ei hest de's doch drinn lieje losse! –

Mei Vadder, der knorrt: Schläächt Geschwätz!
Was nitzt die „Broffezeihung" jetz';
Hest-de heit morjend was gesagt,
Da hett des en Effekt gemacht. –

Schnell packe mir des Esse ei,
Un wollte in die Stubb enei, –
Da hatt mer awer, wie gesagt,
Die Rechnung ohne de Kellner gemacht,
Der stand Eich da so dick un braad
Un seegt zu uns: Es dhut mer laad,
Jedoch 's is alles schun besetzt! –
Do stande mer im Reje jetzt.

Un in de Wertschaft all die Leit,
Die hawe g'lacht wie net gescheid.
Mir warn nadierlich schee blamiert,
Doch hatt uns des net viel scheniert,
Mir sinn halt langsam fortgegondelt
Un uff de Schossee haamgedrondelt,
En Rejescherm hatt kaan's, o Schrecke,
Nor wasserdichte Weichselstecke,
Drum zoge mer uns, korz un gut,
Die Daschedicher iwern Hut.

Mei' Mutter, die macht vorne weg
Un hatt ihr Last als mit em Dreck.

Mei' klaaner Bruder ohne Node
Hot in die Pitsche nei' gedrede.

Mei' Vadder, des war gornet iwwel,
Der macht sei Hose in die Stiwwel.

Mei' Schwester die war ganz malaad
Un seifzt: Ach Gott, mei' Klaad, mei' Klaad!

Die Dande die schäbbscht hinnenooch
Un hebt ihr Röck en Meter hoch.

Die „Braut" jedoch bedracht ihr Blus'
Un seegt: Noja, die hatt de Ruus.

Ihr Braitgam maant: Was is debei,
Sei ruhig, mei Schatz, du krickst e nei'.

Mei Unkel awer zieht, o Graus,
Sei' Strimb un aach sei' Stiwwel aus
Un brummt: Des sinn halt Eier Kreem
Mit dem verfluchte Spaarsystem.
Statt daß mer dhet im Druckne sitze,
Leßt mer sich da die Haut vollspritze,
Es nechstemal, ich schwör Eich druff,
Da steiht ihr mir dem Buckel nuff!

Druff seegt mei' Vadder: Maul net so,
Hast *Du* „die gute Hose" o',
Dann hest-de, ohne lang zu schenne,
Die Zech ja dort bezahle kenne!
Ei, feixt de Unkel, des is fei,
Zu was led mer die Leit dann ei?
Will ich mer for *mei* Geld was kaafe,
Brauch ich mich net erst mied zu laafe! –

Wie mer dann an die „Herschkebb" kam,
Fuhr mer mit de Elekdrisch haam.
Am annern Dag gab's, achherrjeh,
Baa-, Kobb-, Bauch-, Zah'- un sunst'ge Weh.
Bald awer war'n mer in de Reih,
Un kimmt des nechste Jahr ebei,
Da mache mer widder nach wie vor
E *Waldbaddie* – des is doch klor.

Das goldne Handwerk

„Handwerk hot en goldne Bodden" hot mei' Vadder immer gesagt und do hot'r mich eme Schuster in die Lehr gewe. Ich war d'r awer nett uff die Kopp gefalle un hatt' bald haus, wo mein Maaster de Schuh drickt. Der hat so unnerm Pantoffel vun seiner Fraa gestanne, daß mer ihr Nägel in seim Gesicht sehe konnt. Wann er grad e bische Pech im Geschäft hat un de Draht is 'm ausgange, dann is er so in die Wut kumme, daß er aus de Haut gefahrn is. Do hat er vum Leder gezoge un hat aam des Fell so mit em Knierieme versohlt, daß die Wichs in 14 Tag ihr'n Glanz net ei'gebüßt hat. Dadurch is awer de Absatz im Geschäft immer mehr uf die Brandsohl kumme, do is er dann in die Bockshaut un zuletzt noch in e ordinär Schusterkneip un hot sich de Stiwwel so voll gesoffe, daß er zuletzt gar nix mehr leiste konnt. Wie er recht in de Näht drin war, hat er sich uff Schusters Rappe gesetzt un hat sich uff die Schlappe gemacht.

Des Handwerk hot mehr deshalb kan Spaß gemacht un do hab ich mei Kapp' uffgesetzt un bin zu eme Schneider gange.

No, bei dem bin ich aber erst recht ei'gange. Des war so aaner vun dene Hochgestochene. Er konnt uff- un zuschneide, am beste awer konnt er abschneide. Uff Handarbeit hat er net viel gewe, desto mehr awer sei Fraa. Die war d'r wie e Bügeleise, immer hitzig – un spitzig wie e Nadel. Wann die ihr Mundwerk uffgetan hat, do is des gange wie e Nähmaschin'. De Faden hat se net mehr verlor'n, des is gelaafe wie e Röllche Zwern. Wann ihr Mann an e Paar Hose net en A'zug for ihr'n Jüngste erausgeschnitte hot, nachher is'm glei' mit de Ell uff die West gerickt un hot em so de Krage eraus gemacht, daß'm des Herz in die Rockschees gefalle is. Da war der Mann ganz veränert, sunst war er zart wie Sammt, awer da fing er doch an, uns am Zeig zu flicke. Manchmal war's schlimmer wie in der Höll. Knöpp' war'n aach ka' do, die Tasche leer, un des Futter is mittags mit em Millimetermaaß verdalt worn. Do war ich dann in 4 Woche so derr, daß ich en Gaasbock zwische de Hörner kisse konnt. Da hab' ich gedacht, 's is höchste Zeit, du machst dich uff die Lappe un werst Bäcker, da kriegst de wenigstens was zu achele. No, da hat mer's dann aach besser gefalle.

Mei' Maaster war kugelrund, wie e Milchbrödche, en Kopp hat er, wie en Radanekuche, so fett war er, wie e Kreppel un e Gemiet hat er, so weich, wie Schmalz. Sei' Fraa hieß Rosine, sie war so platt wie e Kuchebrett, e Paar Baa' hat se wie Wellebengel un e Maul wie e Backowetür. Ihr anzig Getränk war die Milch der frommen

Denkungsart un ihr täglich Brod e Fastebretzel. Ihr Red' war süß wie Anisgebackenes un floß wie Honig.

No, bei dene Leit hett' mer's ganz gut gefalle, wann nor des Teigknete net gewese weer. Wann mer do net vorher so richtig in die Händ gespukt hat, is aam des ganze Zeig an de Finger klewe gebliewe. No, den Teig hette se sehe solle, den ich do als gemacht hab', de Herrngarteteich war schenner. Hef hat mer ka' mehr gebraucht, des hot nor Wasserweck gewe. De Kuche, des war so mei' Liebhawerei, namentlich de Zimmtkuche, do hab ich mehr gesse, wie gebacke. Mei' Maaster is bald hinner mei' Schlich kumme un hot mer de Brotkorb vor die Tür gesetzt.

Do hot'r grad en Delikatessehändler en Hausborsch gesucht; no, denk ich, delikat esse tust de aach gern und hab mich gemeld't. Ja! delikat esse, nix wie Fischköpp un Ochsenmaulsalat. Morjens dann in aller Herrgottsfrüh uff un per Velociped-Dreirad die Delikateßier in de Häuser erumtrage. Dann hat mer aach noch for de Konkurrenz ka' Ruh' gehatt un muß laafe wie e Hersch. Jeder frische Bicking un Rollmops muß annonciert wern un die Besitzer hette sich am liebste gegeseitig totgefüttert, wann net jeder widder de beste Bisse selbst verkaafe wollt.

No, so e verbisse Feindschaft un gegeseitig Dickdun wann mehr selbst nix debei hat, konnt mei' Mage net verdaue.

Do hat ich mer dann vorgenumme, jetzt emol e Geschäft zu lerne, wo mer bald en reiche Mann werd, un do is mei' Wahl uff die Metzgerei gefalle.

Des is awer e schwerer Beruf un es geheert e besunnere Bildung dezu. Dann net jeder kann mit Ochse un mit Rindvieh umgeh', wie sich's geheert.

Zu eme orndliche Metzger geheert vor alle Dinge 's gute Schlachte. E Kuh muß z.B. so geschlacht wern, daß mer se als prima Ochsefleisch verkaafe kann. E Kalb derf net älter sei' als 14 Tag, dann wann's älter is, geheerts in die Rindviehklass'.

Dann die Worscht! E jeder glaabt, e Worscht besteht nor aus Haut un Füllsel. No, im allgemeine stimmt des ja aach. An de Haut läßt sich net viel mache, nor, daß mer am liebste die dickste un schwerste Därm nimmt. Zum Füllsel gehört dann noch, außer mindestens 50% Wasser, e gut Bindemittel, wie Weck- un Kartoffelmehl, gemahlene Knoche, Silz, e bische Schwerspat, dann noch Pfeffer, Salz un Knoblauch, no! un de Rest besteht aus Fleisch. – Dann noch e dick Kordel zum Zubinne un des Frankfurter Werschtche is fertig.

Sie sehe, des Metzgerhandwerk is net so leicht, un was hot mer net erst sei' Last, die Kunne all zu befriedige. Do will e jed' Hausfraa 's best' Stickelche hawe un ka' Knoche, als wann mer so en Ochs wie en marinirte Hering verdale könnt.

Sie glawe gar net, was iwerhaapt dene Metzger an de Knoche for en Verlust entsteht, sie misse se grad so deier verkaafe wie's Fleisch, un sie wiege doch viel schwerer.

No, die Sache hab' ich all' erst später kenne gelernt, dann in de Lehr werd mer net so in alle Kunstgriff ei'geweiht. Mei' Maaster hot aach e riehmlich Ausnahm gemacht, nor im Uffschlage is er mit de Heerd gelaafe.

Wann sich dann jemand do driwer uffgehalte hot, is'r aus Rand und Band kumme, un wie ich mich dann vor lauter Fraad, daß er's emol gesteckt hot krigt, hinnerm Hackklotz driwer ausgelacht hab, is'r so fuchsdeiwelwild worn, daß ich e Stund druff mit mei'm Bündel uff de Gass' gestanne hab. Was jetzt? hab ich mehr gedenkt, un da ich des abhängige Lewe müd war, hab ich mich selbstendig gemacht un hab e Vermittelungsa'stalt for weibliche und mennliche Dienstbote a'gefange. Daß ich Erfahrung genug hab, wern Se ja wohl gemerkt hawe.

Der Schulaufsatz

Robert Stromberger

Ort der Handlung: Küche einer Durchschnittsfamilie
Personen: Vater, Mutter, Ulla (12 Jahre)
Vater kommt nach Hause, Mutter arbeitet, Ulla müht sich mit Aufgaben ab.

VATER: Na, Spatz, was macht de Aufsatz?
ULLA: De Anfang hab ich schon.
VATER: Laß mal hörn.
ULLA *(liest)*: „Warum ich mich auf Weihnachten freue. Ich freue mich auf Weihnachten, weil ich da viel geschenkt kriege." – Weiter komm ich net.
VATER *(noch souverän)*: Na, überleg doch emal; über was freut mer sich dann alles! Außer de Geschenke, 'doch ganz einfach.
ULLA: Ich weiß es aber net.
VATER: Aber Kind! Mer freut sich über – na, beispielsweis über – –
MUTTER *(vollendet grinsend)*: Über die Ferie.
VATER: Die hat se an Ostern auch! Nei, an Weihnachte freut mer sich vor allem über – – Däs is aber auch ein blödes Thema! Über was freut mer sich?

ULLA: Über die Geschenke. Aber däs hab ich schon geschriebe.
VATER: Aber so kannste doch den Aufsatz net anfange. Mer schreibt ja net gleich am Anfang, daß mer sich über sei Geschenke freut; was macht dann däs fer'n Eindruck!
MUTTER: Wieso? So is es doch.
VATER (*widerwillig*): Natürlich is es so, aber – –
ULLA: Dann kann ich's auch schreibe.
VATER: Nei, däs kannste net! Net am Anfang! Am Anfang da will de Lehrer was anneres hörn. Außerdem hat däs nix mit dem Sinn von Weihnachte zu tun. Däs Aufsatzthema heißt: „Warum ich mich auf Weihnachten freue". Wodrauf geht dann däs Weihnachtsfest zurück?
ULLA: Auf's Christkind.
VATER: Auf Christus, sehr richtig; der is da geborn worde. Un deshalb freue wir uns.
ULLA: Aber ich kann doch net schreibe: „Ich freue mich, weil Christus geboren wurde."
VATER (*wird langsam nervös*): Helga, setz dich doch mal her.
MUTTER (*kommt an den Tisch*): Du hilfst ihr doch.
VATER (*zu Ulla*): Ich hab ja auch nur vom Sinn gesproche. Vom Ursprung. Friede auf Erden und den Menschen ein Wohlgefallen.
ULLA: Soll ich däs schreibe?
MUTTER: Nei, däs kannste net schreibe.
ULLA: Ihr sagt immer nur, was ich net schreibe kann! Was kann ich dann schreibe?
VATER: Du mußt von der Freude ausgehen. Von der Freude, die unter uns gekommen is.
ULLA: Über unser Geschenke?
VATER: Du schenkst doch andere auch was! Oder etwa net?!
ULLA: Du hast mer ja noch kei Geld gegebe.
VATER: Ich mein, in deim Aufsatz!
ULLA: Ach so.
VATER (*ist aufgestanden und geht, tiefe Gedanken suchend, durch die Küche*): Um die Freude, Freude zu bereite, darum geht es! Um die Vorfreude, wenn mer die Geschenke aussucht, wenn mer se liebevoll verpackt, wenn mer am Heilig Abend in die Kirch geht, die Glocke hört, däs Orgelspiel, wenn mer vorm Christbaum steht un Weihnachtslieder singt, wenn – –
ULLA: Aber, Vati, däs stimmt doch alles gar net: wir geh net in die Kirch, un wir singe auch vorm Christbaum kei Weihnachtslieder.
VATER: – –

MUTTER: Nicht mehr ... (*Steht auf und arbeitet weiter.*)
VATER (*zu Ulla*): Sag emal, was willst du schreibe: en Tatsachebericht oder en Aufsatz, für den du e gut Not kriegst?
ULLA: Aber ich kann doch net lüge.
VATER (*sieht ratlos zu Mutter*): Helga, verdebbel, sag doch auch emal was!
MUTTER: Du kannst unmöglich von dem Kind verlange, daß es etwas schreibt, was net stimmt.
VATER: Sie kann aber auch net schreibe, wie's is! Da is der Aufsatz nämlich schon zu End!
ULLA (*nun völlig hilflos*): Was soll ich dann jetzt mache?
(*Schweigen*)
MUTTER: So blöd is däs Thema gar net ...
VATER (*entschlossen zu Ulla*): Ich will dir was sage: du vergißt morge dei Heft un hörst dir erst emal an, was die andere geschriebe habe. Schluß für heut.

Scherbengericht   K. P.

Es fiel schon mancher dick herein,
Der sparsam wollt' beim Schenken sein.
In Kürze sei hier angeführt,
Was jüngst dem Doktor Schmitz passiert.

Ein Blumentopf im Jugendstil
Der Schwiegermutter längst gefiel.
Im Kunstsalon „Geschwister Knopf"
Erstand er deshalb solchen Topf.

Er hat ihn ganz nach Haus' gebracht,
Da rutscht der Topf ihm und verkracht.
Er sollte auf den Weihnachtstisch.
Der Kostenpunkt – wie ärgerlich!

Besänft'gungsmittel sollt' er sein
Für Schwiegermuttes Zipperlein.
Die Gattin wurde nicht gewahr,
Was mit dem Topf geschehen war.

Er unterwies die Dienstmagd fein:
Die *Scherben* sollt' sie packen ein;
Bedacht' er doch im Handumdreh'n,
Daß der Topf auf's Land mußt geh'n.

Er dacht' dabei mit arger List,
Wenn nur's Paket bei Muttern ist;
Sie meint dann, ist der Topf entzwei,
Daß beim Transport passiert es sei.

Die neue Magd, erst kurz gemiet't –
Echt Vogelsberger Landgestüt! –,
Wollt' recht ihm zu Gefallen sein,
Packt Stück für Stückchen *einzeln* ein.

Das Ganze legt sie in die Kist',
Und als die schön vernagelt ist,
Hat sie dieselbe mit Bedacht
Auf's nächste Postamt schnell gebracht.

Die Schwiegermutter freut sich schon,
Daß der geliebte Schwiegersohn
Ihr aus der Residenz auf's Land
Gewiß was Schönes heut' gesandt.

Wie wurden ihre Augen weit
Ob solch' vermess'ner Zärtlichkeit.
Von oben bis nach unten stack
Ja voller Scherben nur der Pack.

Und der geliebte Schwiegersohn,
Der hatte obendrein zum Hohn
Sich Zeit und Mühe nicht gespart,
Jed' Stück in Löschpapier verwahrt.
Als sie demnächst nach Darmstadt kam
Und ernstlich in's Gebet ihn nahm,
Da wurde ihr mit Freuden klar,
Daß er der Schlimmste doch nicht war.

Nickeleesje

Hartmuth Pfeil

„Nix wor's – Ui, de Pimm! hot alles glei gekrische."
„Kaa Wunner, mit dem Hietche un dene poar Hoarn drunner …"
„No, no! Liewer Alder, wann die poar Hoarn morje in deiner Supp schwimme dehte, hetste was zu speuze!"

Die Christkindcher, odder: Wie de Unkel, der sunst garnet so war, emal gebschnitzig gewese is

Robert Schneider

Der Unkel vun dem heit die Redd,
Sein Name nenn ich liewer net,
Sunst geb's am End en beese Krach,
Er dhut aach weiters nix zur Sach.

Der hat Eich e Geschäft gehatt,
Bekannt war's in de ganze Stadt,
Jetzt hat er's glicklich aus em Kreiz
Un is Kummerzienrat bereits. –

Wie er doch noch vor ein'ge Jahr
In seim Geschäftche tätig war,
Do kimmt en Kommi wojascher
Mal aus der Harzer Gejend her,

Die Zwaa, die war'n Eich, ohne Kohl,
In aam Geschäft in Erfurt mol, –
Jetzt war erfreit mer, des is klar,
Daß mer sich sah nach lange Jahr.

Un manch Erinn'rung, manche Freid
Aus der verlebten Jugendzeit,
Un mancher Feez un manch Geschicht
Word da verzehlt un uffgefrischt.

Da seegt de Unkel: Ach herrjeh,
Wie war des damals doch so schee, –
Kannst Du vielleicht erinnern doch
Dich uff die Bauernwertschaft noch?

Was war der dort als e Gedees, –
Un was gabs dort for gute Kees!
Sie warn wie e Zwaamakstik groß,
Doch ungeloge ganz famos. –

Da seegt der anner: Sei nor froh,
Die gute Kees sinn heit noch do,
Un wann der's recht is, loss' ich halt
E' Postpakedche schicke bald. –

Gut, seegt der Unkel, was e Glick,
Schick nor ganz ruhig zwaahunnert Stick,
Des Weihnachtsfest is in de Neh',
Des gibt Christkindcher wunnerschee.

So war der Hannel abgemacht. –
E' paar Dag druff doch, wie gesagt,
Da kam der Eich e Schreiwes her,
Ob die Bestellung richtig wer'.

De Unkel schreibt druff glei redur,
Sie sollte se doch schicke nur. –
Un so verging e Dager acht,
Es hott schun kaans mehr dra' gedacht.

Da kimmt de Unkel awends haam,
Doch wie er in sei Dorfahrt kam,
Do fellt er vor Gestank fast um,
Un 's ging Eich alles mit em rum.

Da stande ja zwaa Kiste aach, –
De Unkel schennt: Zum Dunnersdag!
Was is des for e Schweinerei
In dene dreck'ge Kiste drei'?

Da kimmt sei Fraa in aaner Hatz
Un seegt: Ach Gott, mei liewer Schatz,
Denk nor vun dene Frachtfuhrleit
Die große Ungezogenheit.

Die schmeiße die zwaa Kiste hie,
Un stinke dhun se wie noch nie,
Doch uff em Frachtbrief, ohne Späß,
Do steht wahrhaftig dei Adreß.

Un nach dem Frachtbrief, wie ich les,
Da wer' der Inhalt – lauter Kees,
Des is e Errtum sicherlich,
Die Kees die sinn doch net an Dich?

Des stimmt, die Kees die sinn bestellt,
De Unkel seegt, doch Himmel, Welt,
Zwaahunnert Stick sinn die doll,
Doch so kaa große Kiste voll!

Schnell word e Kist da uffgemacht
Un aan vun dene Kees bedracht,
Da war'n se, ach jetzt denkt Eich blos,
Fast wie e Subbekümbche groß,

Un so verlaafe war des Zeig,
Wie ei'gemeerter Kuchedeich,
Un en Gestank noch ohne Frog,
Die ganze Rheinstroß roch denooch.

Jetzt stand der unser Unkel da
Un guckt sich die „Bescheerung" a',
De best is, hatt er dann gedacht,
Zum beese Spiel gut Mien' gemacht.

Drum seegt er: Settche, waaßt-de was,
Des gibt en scheene Weihnachtsspaß,
Den Kees, den packe mer gut ei'
Un schicke'n der Verwandtschaft fei'.

Die keesbeschenkt Verwandtschaft war
Nadierlich baff, des is doch klar,
Vum Unkel kame gans kurjos
Kristkindcheskistcher forchtbar groß.

Diesmal, so rief mer iw'rall froh,
Leßt sich de Unkel besser o' –
Doch als der scheene Duft entweicht,
Da war mer allerseits entteicht.

Un gab's drum aach e Mordsgedees,
War doch de Unkel los sei Kees,
Un die Verwandtschaft aß sich lahm,
Bis en de Staab zum Hals rauskam.

Drum wann Ihr Eich for Eier Geld
Emal so Harzer Kees bestellt,
Dann merkt Eich stets un ohne Stuß
Die Dickde un de Radius.

Weihnachtsputz

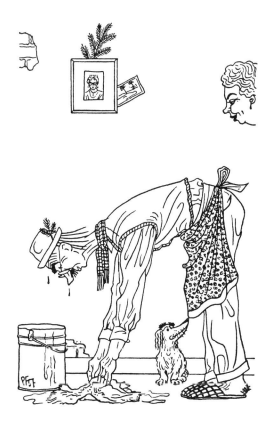

„Also, an dir is e Muster von eme Ehemann verlorn gange."
„Redd ehrlich, Määdche – en Hambel maanste."

Hartmuth Pfeil Geschenke

„Loß nor, Bebber, es Kriskinnche verdaalt die Sachelcher schun richdich: die Klaane krieje die Große und die Große die Klaane."

Heinrich Enders Zum Bescheerowend

Jetzt loßt uns Halleluja singe,
Die Feierdäg sind endlich do!
Wann erst die Weihnochtsglocke klinge,
Dann is kaa' Mensch wie ich so froh,
Wann schmetternd künde die Trumpete
Vum Kerchtorm erst die heilig Nacht,
Dann geht doch endlich, endlich flöte
Die Hatz, der Zores un die Jagd.

Weihnochte is des Fest der Freide:
Wann nor als des „Vorher" net wär!
Doch wie zu kaane annern Zeite
Treibt's weihnochts aam wie doll rumher.
Do haaßt's, Kumfekt und Gutsel mache, –
(E recht groß Mahn voll unbedingt!) –
Un neweher die Siwwesache
Besorje all, wo's Krißkind bringt.

Do haaßt's, im Stormschritt Kuche backe,
E Weihnochts-Gänsje zu ersteh,
Denewer noch Pakettcher packe, –
's muß alles wie am Schnierche geh!
E Dannebeemche gilt's zu kaafe
Un uffzubutze Knall un Fall,
Do kam-mer renne, klettern, laafe,
Un schließlich fehlt's doch iwwerall.

In hunnert Läde muß mer dappe,
Wo sich die Menschheit stumpt un drängt,
Wo vor de Nos se weg aam schnappe
Grod des, wodra' aam's Herzje hängt.
Do haaßt's, zu wähle un zu priefe,
Ob alles gut un fehlerfrei,
Daß förmlich aam die Aage triefe
Vun all der miehsam Guckerei.

Un bei dem all: des Hundewetter,
Der Stormwind un der Rejegraus!
Bald is dorchnäßt mer bis uff's Ledder,
Un wie en Strohwisch sieht mer aus.
Do soll de Schärm, de Rock mer halte,
De Hut danzt uff em Kopp aam rum –
Herrje, wos sieht mer do Gestalte –!
Vahill dei' Antlitz, Publikum!

Is mer dann grod im schennste Treiwe
Un denkt, jetz bin ich fertig bald,
Bladauz, werrn schwazz die Erkerscheiwe,
Un Dier un Dor werrn zugeknallt!
's is Feierowend, wie 's Gewitter
Geschlosse werd mi'm Glockeschlog:
Gut' Nacht, ihr Leit, kummt morje widder,
's is morje grod noch so en Doog!

Un dann dehaam der Kinnerkrempel,
Wo vor Awattung fast vageht
Un voller Ungeduld im Tempel
Aam 's unnerste zu öwwerst dreht!
Do kam-mer wehre bloß und hiete,
Daß kaans sich in die Gutstub schleich',
Doch ich bin hinner'n wie de Ziethe
Einst aus em Busch: schwapp, haw'-ich eich!

So geht's mit Haste un mit Jage,
Bis die Bescheerung rickt ebei,
Bis festlich hell die Glocke schlage,
Do is die Unruh flugs vabei.
Dann loßt uns Halleluja singe,
Macht eier Herz em Krißkind weit,
Mög's all eich Glick un Friede bringe!
Vagniegte Feierdääg, ihr Leit!

Hans Herter

O Dannebaum

Mer glaabt net, was en Weihnachtsbaam
Fer Arweit doch dhut mache,
Un hott mern glicklich mol dehaam,
Dann gehn ersd los die Sache.
Schun bis mern hott im Ständer dreu,
Braucht Säge mer un Beilcher,
Un wackelt-er noch owwedreu,
Dann hilft mer nooch mit Keilcher.

Dann werd die Spitz zurechtgestutzd,
Mit Glanz behängt die Zweige,
Die Äst mit Kugle ausgebutzt,
Soweit se hald noch reiche,
Un während bei dem scheene Spaß
Mer dauernd schwebt in Neete,
Stehn annern rum un soge, daß
Se's besser mache dhete.

Do dhuts en Schloog, e Glock is hie,
Zu dormlig sinn die Dinger,
Bald widder stichd mer sich un wie
geheerig in die Finger.
Mer schmickt den Baam fast ganz allaa
Mit Krach un Dunnerwetter,
Dann awwer singt die ganz Gemaa:
„Wie grüün sind deiiine Bläädder".

Die Weihnachtsgans   Georg Lotter

Gansbrate is wohl en Genuß,
En jeder werd des wisse,
Bei unserm Schorsch doch gab's Verdruß,
Er hetts bedenke misse.

Er selwer is sehr scharf dodruff,
Er mechts gern aach mol esse,
Doch sei Fraa maant: „Mann her uff,
Ich kann's besser ermesse."

Lisbeth wor sporsam eigestellt,
Helt nix vum Gensebrate,
Hot nie e Gensje drum bestellt
Un will vum Kaaf abrate.

Do seegt sich Schorsch: Schlau muß mer sei!
Glei duht zum Markt er laafe,
Macht flugs in e Geschäft enei,
Um e schee Gans zu kaafe.

Sie kostet ihn, des is jo stack,
– dann's wor kaa stattlich Viehche
Grad fimfunzwanzig deitsche Mack
Un werd kaum acht Pfund wiege.

Es denkt sich awer unser Schorsch:
Der Preis werd net verrate,
Uff jeden Fall do hab ich – horch –
Feierdags Gensebrate!

Dehaam seegt er zu seiner Fraa:
„Guck mol, die wor net deier,
Kost fuffzeh Mack, sie is net klaa
Un billiger wie die Steier."

Die Lisbeth hot druff nix gesagt,
Kann sich aach gornet freie,
Weil sie noch nie e Gans gemacht.
Mer muß ihrs halt verzeihe.

Am erste Festdag soll die Fraa
Fer ihn die Gans herrichte,
Was weiter mit dem Vieh geschah,
Des lehrt uns die Geschichte:

De Feierdag, der kam ebei,
Un Schorsch is ganz zufridde
– es muß jo schließlich aach mol sei –
Allaa zur Kerch geschritte.

Denooch sucht er sei Freinde uff,
Die beim Friehschoppe sitze,
Er gießt schnell e poor Halwe druff,
Um alsbald abzuflitze.

Zieht haam mit hochgeschwellter Brust,
– mit Appetit gelade –
Is voller Freid un voller Lust
Heit uff sein Gensebrate.

Un wie er steht vorm Korridor,
Muß er sei Näsje hewe,
Do kam es unserm Schorsch so vor,
Als keem der Duft vun newe.

Ja, werklich bei de Nachbarin
Riecht es nooch Gensebrate,
Doch ihm will's garnet in de Sinn,
Zu denke an sein Schade.

Dann an dem heil'ge Feierdag
Is allerhand geschehe,
Fer unsern Schorsch en harte Schlag
Un schwer zu iwwerstehe.

Sei Lisbeth wor der Sorge voll,
Hilflos, trostlos, verlasse,
Wie mer e Gans herrichte soll,
Des konnt se halt net fasse.

Zur Nachbarin laaft se drum schnell,
Um dort ihr Leid zu klage,
Doch die – gewitzt fer solche Fäll –
Hot ihr glei vorgeschlage:

„Lisbeth", seegt se, „quel dich net so,
Mit dere Gans der bleede,
Reich mer se her, loß mer se do,
Frei dich uff die Monete.

Ich geb der außer zwanzig Mack
Mei zwaa Kotlett zum Esse."
Un so sin die, is des net stack,
Ganz aanig bald gewese.

Lisbeth, die wor so voller Glick,
Sie maant, sie hett gewunne,
Un Schorsch hot, als er kam zurick,
Selig sie vorgefunne.

Bald wor de Mittagsdisch gedeckt,
Die Mahlzeit stand parade,
Schorsch hot des Schnäwelche geleckt
Schun nooch seim Gänsebrate.

Un wie dann bringt sei sporsam Fraa
Zwaa Kotlett nor zum Esse,
Do guckt de Schorsch! „Was bringste da,
Host du die Gans vergesse?"

Sei Lisbeth rieft grad wie im Rausch:
– sieht net, wie's Schorschje leidet –
„Ich hab gemacht en klore Dausch,
Mich mancher drum beneidet.

Verdient zwaa Kotlett un finf Emm,
Des werd ich nie bereie,
Drum, Liewer, sei mol net plem-plem
Un duh dich mit mer freie!"

Doch Schorsch wor en geschlagner Mann,
Schwört, niemals mehr zu lieje,
Vielleicht kimmt so der Dag eran,
Wo er kann endlich krieje

So'n Gensebrate – duftig fei –
Als Labsal fer sein Mage,
Un wann es muß im Wertshaus sei
Dorch Lisbeth'chens Versage!

Heinrich Enders

Sylvester

Rasch jetz de Suppekumpe her,
Heit dient als Bunsch-Terrin' uns der,
Un Gläser 'bei, Essenz, haaß Wasser,
Heit spiele mer emol die Prasser! –
Wann's alte Johr um Mitternacht
Ganz leis sich uff die Socke macht,
Kimmt mit 'me Mords-Hallo des junge
Glei' dicht dehinner her gesprunge,
Un so e froh Begewwenheit,
Die muß mer feiern doch, ihr Leit!

Guckt hi', dort schleicht des alte Johr,
En Mummelgreis mit weiße Hoor,
De Buckel krumm un schlapp die Haxe,
Die Knie fast am Zusammeknackse,
Un seifzend, miehsam hinnerher
Schlaaft er en Sack, so voll un schwer,
Dodrei' is alles des enthalte,
Wo uns vasproche einst der Alte
Un wo er, – 's is e Schand, waaß Gott! –
Dann doch all net gehalte hot.

Alt Johr, zu End' is jetz dei' Frist,
Zieh' hi, woher de kumme bist,
Kaa' Mensch duht sich nooch dir mehr sehne,
Aach greint kaan Deiwel um dich Träne,
Dei' Dei'rung, Hitz un Truckenheit,
Die denke uns uff Lewenszeit,

Wos de an Krieg, Vaträg, Prozesse
De Welt beschert, bleibt unvagesse,
Um aans jedoch soll Dank der sei':
Vielleicht um dein famose Wei'!

Un's alte Johr vasinkt in's Nix. –
Doch guckt, dort kimmt schun 's neie fix,
So morjefrisch, so zukunfsselig,
So ausgelasse, jung un fröhlich!
Un Gläserkleppern un Gesang,
Pistoleknattern, Glockeklang,
Prost-Neijohr-Rufe zum Erschrecke
Un Feierwerk in alle Ecke
Begrieße 's uff sei'm erste Schritt,
Womit's die bossig Welt betritt.

Un Klaa' un Groß un Alt un Jung
Ergreift e wohr Begeisterung;
Stumm duht mer um die Häls sich falle,
Un ganze Salve Kiss duhn knalle,
Mer schittelt sich geriehrt die Händ
Un winscht sich Gutes ohne End,
Un Wei' un Bunsch duhn stromweis fließe,
Den Aageblick recht zu begieße,
En Juwel herrscht, e Lust un Freid',
Als käm' der jetzt die „goldern Zeit."

Du jung, nei Johr, dei Reich beginnt,
Jetz zeig' dich huldvoll uns gesinnt,
Duh Glick uns un Gesundheit bringe
Un recht viel Geld vor alle Dinge,
Mach' dere Deierkeit e End,
Die Not, den Druck un Jammer wend',
Un jedem, jeder duh erfille,
Wos se erhoffe sich im Stille,
Daß, zickst-de einst vun danne dann,
Mer lowe dich un preise kann.

Rasch jetz de Suppekumpe her,
Heit dient als Bunsch-Terrin' uns der,
Un Gläser, 'bei, Essenz, haaß Wasser,
Heit spiele mer emol die Prasser!
De letzte Schlog vun Mitternacht
Vaklingt schun, horcht, wie's baaft un kracht!
Die Fenster uff, stoßt a' mi'm Böhlche,
Kall, drick mol los dei' Knallpistölche,
Un all stimmt ei' im frohe Chor:
„Glick zu, Glick zu im neie Johr!
Prost Neijohr!"

Gute Vorsätze

Heiner Wilke

Richtiggehend duhn ahm riehrn
Nach de erste Neijohrsnacht
Die entsachungsvolle Schwiern,
Die mer weuselig gemacht.
Ja mer schweert: Vor alle Dinge
Stell ich's viele Raache eu,
Werd de Fraa oft Blume bringe,
Un ich brems mich aach beim Weu.

Eine Stund werd ich dann laafe
Jeden Owend ganz gewiß,
Un kahn Schnaps werd ich mehr kaafe,
Weil des Zaig so deier is.
Ab sofort werd ich net streite
Iwwer Bonn un Politik,
Ei, ich kennt mich selbst net leide,
Hielt ich mich da net zurick.

Äweso des Fernseh-gucke
Gibts zwar noch, doch sehr dosiert,
Un sollt mich es Fell mal jucke,
Werd meu Fraache ausgefiehrt.
Efter geh ich mit ihr esse,
Ich ess nur e Klaanigkeit,
Denn ich werd – net zu vergesse –
Um die Hifte langsam breit.

Des duht mer sich selbst versprechc,
Fiehlt sich dabei als en Mann,
Bald schun duht mer's Wort dann breche,
Weil mer's halt net halde kann.
Doch mein Vorsatz is gescheiter,
Un ich halt meu Wort sogar:
Ich mach diesjahr aafach weiter,
Grad so – wie ich vorsjahr war.

Hartmuth Pfeil

Maskerade

„Manch aaner trägt es ganze Johr a Laff."
„Mit seine wohre Fissionomie deht merrn an Fassnachd gor net kenne."

Heinrich Enders

Juhu, die Faßnocht!

Es braust en Ruf wie Dunnerhall,
Im Saalbau do is Maskeball,
Im Tornersaal, im Schitzehof
Is Karnevals-Klimbim un Schwoof,
's Britannia aach un 's Hessebrai
Die mache narrisch Treiwerei,
Jed' Rest'ration, jed' Kneipche heit
Stimmt ei' in all die Faschingsfreid,
Un wo mer hi'guckt, allemol,
Do is Radau, Juchhe un Kohl,
Un alles is bestußt, gepickt
Un ganz varickt!

Un is es Geld aach noch so knapp,
Die Faßnocht bringt uns all in Trapp,
Dann, wos e echter Heiner is,
Der kennt dodrei' kaa' Hinnernis,
Un wann die Faßnocht kimmt era',
Do packt der 's mit Gewalt en a',
Er hot kaa' Ruh mehr im Gebei',
Bis daß er mitmacht mitte drei'.

Maskeball

Hartmuth Pfeil

„No, wie dann, Du Nachtschaddegewex?"
„Naa, naa, mei liewer Schwan; do kennt jeder
kumme un sage: ‚Kiss mich, ich bin de Pimm!'
Waas mer dann, ob du de ächde bist? Du host ja
gor kaa Butzje debei!"
„Mei Butzje ligt dehaam im Kerbche un
schleeft, teire Keenichin der Nacht; awwer mer
kennde ja emol nach dem liewe Dierche gucke!"

Hartmuth Pfeil **Nadur**

„Schebber, die häld sich aach ohne Nadrium-Nitribitt abbeditlich frisch. Die is mer roh liewer, als wie du gebacke …"

Robert Schneider **Auf dem Maskenball**

Fernher tönt wilder Jubel –
Ich aber saß seelig und froh
In einer verträumten Ecke
Bei meinem Domino.

Es war ein herziges Mädel,
Und sie plauderte so naiv –
Ich war entzückt und schaute
In's Aug ihr heiß und tief.

Wir hatten uns gefunden
Im bunten Maskengewühl,
Und die lockenden, lustigen Weisen,
Sie kümmerten uns nicht viel.

Wir haben geschwatzt und getrunken,
Wir haben geküßt und gelacht –
Und so vergingen die Stunden,
Eh' beide wir's gedacht.

Doch als ein Mann von Ehre
Und auch als guter Christ,
Dacht ich, – du mußt's ihr gestehen,
Daß du verheiratet bist. –

Und als ich ihr's bang gestanden,
Da küßte sie mich und sprach:
„Was is debei, du Schoodche,
Schwei still – ich bin's jo aach."

Do biste platt

Georg Lotter

Die Faßnacht die is zwor vorbei,
Doch do geschah so mancherlei.
Do danzte, weil kaa bißje morsch,
Mit junger Maske unser Schorsch.

Ach, wor des do e lebhaft Bopp,
Un Schorsch wor's schwinnelich im Kopp.
Do seggt zu ihm die holde Fee:
„Gell, Schorsch, ei gell, du kannst net meh!"

Do seggt Schorsch: „Ei, duhn se mich kenne,
Weil se mich mit Vorname nenne?"
„Ei freilich", seggt die Klaa gewitzt,
– un ihr de Schalk im Nacke sitzt.

„Ich hab sogar vun dir e Kind,
Obwohl's e poor Johr her schun sind!"
„Wos redds'de Mädche – heer emohl
Verzappst mer jo en scheene Kohl.

Des is do jo der reine Hohn,
Verwechselst mich wohl mit meim Sohn!"
„Naa, naa", seggt do zu ihm die Klaa,
„Vun dem Borsch hab ich jo schun zwaa!"

No, sowas, des is jo allerhand,
Schorsch hett die Maske gern gekannt,
Die mächtig duht sei Neigier wecke,
Wer mag unner der Maske stecke?

Doch, als die Demaskierung kam,
Do guckt des Schorschje wie im Draam
Un sieht, daß dieses holde Wese,
Sei Schwiegerdochter is gewese!

Vom letzten Maskenball

Eine holde Maske
Hat mich jüngst entzückt!
Hab' ihr im Gedränge
Sanft die Hand gedrückt!

Als wir Walzer tanzten,
Hab' ich hochbeglückt
Meine Unbekannte
An mein Herz gedrückt!

In der Fensternische
Hab' ich dann geschickt
Auf den weißen Nacken
Einen Kuß gedrückt!

Doch als ohne Maske
Ich sie dann erblickt,
Hab' ich aus dem Saale
Schnell mich selbst gedrückt!

Es war am Aschermittwoch Hartmuth Pfeil

„Holde Fee, gell jetzt werd-ders aach kalt. –
Kumm, mir drinke noch e Ku-hunnjäckche."

Heiner Wilke   Nachlese

Im Kopp spielt e Leier,
Mir warn bei de Feier
Bis moijends ganz frieh.
Was kost schon es Läwe,
Was kost schon de Sekt,
Mir läwe nur äwe,
Weils äwe uns schmeckt.

Mir warn nur am Towe
In de närrische Zeit,
Jetzt sin mer kielowe
Zum Faste bereit.
Die ganz Zeit mir trachte
Nach heechstem Genuß;
Meu Konto zeigt sachte
En traurige Schluß.

Diät werd gegesse,
E weichgekocht Ei,
Ich bin ganz versesse
Uff Hawwerschleimbrei.
Selbst Weu laß ich stehe
Un Kunjack un Pils,
Ich mags net mehr sehe:
Es streikt selbst die Milz.

Meu Fraa die is sauer,
Ich heer wie se schweicht,
Un mir uff die Dauer
Es Daschegeld streicht.
Sie soll mich bestrafe,
Wenn ihr es gefällt;
Ich will ja nur schlafe,
Da braucht mer kaa Geld.

Das Bett als Mittel, um Stumme zum Reden zu bringen, oder: O rühret, rühret nicht daran

M. W.

Lernt da auf einem Maskenball ein Heiner ein gar sanftes Mägdelein kennen, und sie traten bald in den Stand der Ehe. Nach kurzer Zeit entpuppte sich die junge Frau als arger Trotzkopf, die über jede Kleinigkeit sehr bös werden konnte und tagelang nichts sprach, und nichts war imstande, sie zum Reden zu bringen. Das ging dem Mann gegen den Strich, und eines Tages wühlte er die Schränke, ja die ganze Wohnung um, als ob er etwas Verlorenes suche, sie sieht zu und regt sich nicht, bis er anfängt, die Betten auszuräumen, und als er im Begriff stand, auch noch die Matratze herauszuheben, da rief sie ganz entrüstet: „Ei, was suchste dann?" Er ganz gelassen: „Dein Maul, un alleweil hab' ichs gefunne."

Gut Holz!

Hartmuth Pfeil

„Butzje, jetzt gibt's en Puddel."
„Ruh do hinne! Alles werd umgelegt, wie am Luiseplatz – bis uff de Kenig als Munement."

Heiner Wilke **Was Süßes**

Versammeln Männer sich zum Kegeln,
Da hawwe se ihr extra Regeln;
Un schon bei Regel nummer zwei
Is ziemlich Alkohol debei.
De Walter un seu Sportskollege
Die duhn sich dienstags gern bewege
Beim Kegel-Kugel-Kampf-Turnier
Un zwischedorch da gibbt es Bier.

So kann mers meistens net vermeide,
Daß unsre Kegler nach dem Streite
– no sache mers mal ganz gelind –
Beim Haamwertsgehn net nichtern sin.
De Walter hat doch stets Verlange,
Hält ihn de Alkohol umfange,
Nach Sießem, wie nach Zuckerschnee,
Nach Glumbe odder Praliné.

An einem solchen Dienstagabend
Hat er, an Sport un Bier sich labend,
Dann speeter – midde in der Nacht –
E Gier nach Sießem haamgebracht.
Belohnt werd dann des Suchens Miehe,
Er sieht uff em Kredenzje lieje
E klaa Pralinche hibsch un feu,
De Mund weit uff un – zack – eneu.

Er kaut druff rum, doch nach re Weile
Sieht mern dann in die Schlafstubb eile,
Er breewelt: Des is Schabernack,
Des hat en saafische Geschmack.
Die Inge lacht un spricht von owe:
Des sin ja aach poor Saafeprowe
Vom Kaufmann, wo ich sunst als kaaf.
Des schmeckt net nur, des Zaig is Saaf.

De Walter heert jetzt uff zu brumme,
Weil ihm jetzt doch die Träne kumme,
Halb vom Geschmack, halb von de Lust,
Denn lache hat er jetzt gemußt.

Aach Inge lacht, is des e Wunner,
E ganz Oktave ruff un runner;
So lustig war's seit Jahren net
Bei dene zwaa im Ehebett.

Bladonisch Lieb!   Georg Benz

Liesel is heit ganz meschucke,
Hot im Haus fer niemand Zeit;
Selbst ihr Schwester dhut groß gucke
Un waaß net, was des bedeit?
„Liesel", sagt sie ganz ironisch,
„Gell, du host es große Los;
Du bist heit so furchtbar komisch,
Sag, was is mit dir dann los?"

„Ach, ich bin ganz uffgeriwwe,
Daß es so was scheenes gibt;
Denk, mein Schorsch hot mir geschriewe,
Daß er mich bladonisch liebt!
Deshalb bin ich so benumme,
Deshalb bin ich so beglickt,
Un er will am Samstag kumme.
Ach, ich frei mich wie verrickt!"

„Liesel", sagt dodruff ihr Schwester,
„Des is ja en scheene Trieb,
Ich bin wohl e ald Semester,
Doch, was is bladonisch Lieb?"
– „Ja, des is net unnerstreche",
Sagt es Liesel, zweifelnd-still,
„'ch wer vun Kobb bis Fuß mich wäsche,
dann kann kumme grad was will!"

Allaa?   Hans Herter

Es Gretche is e sauwer Bobb,
E goldig Oos mit Locke.
Gemold, gebutzt, en Wellekopp
Un's Hietche schebb druff hocke.

Un Baa'cher hott-se, Dunnerkeil,
Mit seidne Strimp versehe,
So daß die Mannsleit alleweil
Ihr Aage dhun verdrehe.

Sie kleid' sich wie e große Dam',
De Rock so korz wie meeglich,
Kaan Owend is-se mer dehaam,
Un schwänzle geht se däglich.

Ihr Mudder awwer kann, jawohl,
Den Bleedsinn net verdrooge
Un dhut drum ihrer Dochder mol
Die Maanung grindlich soge.

„Jetzd werd mer's awwer bald zu dumm",
So seggt-se zu ihrm Gretche,
„Andauernd fliggst-de draus erum,
Des is nix fer e Mädche.

Was denke dann die Leit all do
Un deß kann net so bleiwe,
Daß du dich jeden Owend so
Allaa draus rum dhust dreiwe."

Do awwer embert's Gretche sich:
„Was sinn dann deß fer Sache?
Wer seggt dann iwwerhaupt, daß ich
Allaa draus rum dhu mache?"

Im Liebeswahn

Er: „Mein Fräulein, mir ist so wohl und so weh,
    Wenn ich Ihnen stets in die Äugelein seh'!
    Die schöne Gestalt, der reizende Mund,
    Sie geben zur Liebe mir noch mehr Grund!"

Sie: „Aber, mein Herr! Sie utze' und scherze'! –
    Die Liebesbeteuerung kommt nicht von Herze';
    Würd' ich Ihnen glauben, – ich hätte 'nen Sparre',
    Sie halten doch stets ein paar Mädchen zum Narre'!"

Er: „Ich schwör's Ihnen zu, das sollte nie sein!
    Nein, diesmal sind sie es *allein!!*"

Ibsen   Robert Schneider

In einer stillen Laube
Da saßen zwei allein,
Rings duftete der Flieder
Im Abendsonnenschein.

Und sie sprachen leis und innig,
Und sie sprachen allerhand:
Vom Lenz und von der Liebe,
Von der Teu'rung im ganzen Land.

Und von der neuesten Mode,
Vom Wetter und der Natur.
Von der letzten Eheirrung,
Von moderner Literatur.

Dann sprachen sie vom Theater,
Da fragt er sie unterdeß:
Mein Freilein, kenne se Ibsen? –
Ei, seegt se, wie macht mer dann des?

Wilhelm Stühlinger **De Boort is ab, die Hoorn sin fort!**

Mein Freund, der hott en Boort gehatt,
So struppig wie en Karrer.
Jetzt is er widder schee un glatt,
Wie unser alter Parrer.
Aach owwe is er korz geschoorn,
Bis in die Ank enunner.
Fort sin seu lange, schwarze Hoorn.
Es is es reunste Wunner.

Ich habb es endlich doch geschafft,
Habb so lang druff gedrunge,
Bis ich mit aller Wucht un Kraft
Seun Mennerstolz bezwunge.
Seitdem habb ich en doppelt gern,
Des sin gewiß kaa Bosse,
Nochdem vum Hals bis an die Berrn,
Er sich hott scheere losse.

Devor hott er alsfort seu Noas
Un aach seu Schnuut verzoge
Un ausgesähe wie en Hoas.
S'is werklich net geloge.
In aamfort hott er sich gekratzt,
Weil's iwwerall daht jucke.
Ich bin vor Zorn als fast verblatzt
Un konnt' net hie mehr gucke.

Seun Schnorrboort roch, o Mißgeschick,
Nooch Knowwelich un Zwiwwel
Un aach nooch Handkees mit Mussik.
Es ward mer manchmal iwwel.
Er hott gemaant, er kennt mit Schnaps
Den Mebbselduft verdreiwe.
Ich habb geglaabt, er hett en Klaps
Un wollt net bei em bleiwe.

Jetzt kann er sich Gesicht un Kopp
Aach endlich widder wesche.
Seun Wersching is net meh en Mopp,
Un's duht aach net meh steche,

Wann er mir gibt en feste Kuß.
Woas hott des als gebitzelt.
Des wor wahrhaftig kaan Genuß
Un hott aach bees gekitzelt.

Doch ääwe is er so adrett,
So feu un abbedittlich.
Ich finn en seitdem goor zu nett,
So sauwer un so sittlich.
De Boort is ab, die Hoorn sin fort,
Un ich bin aageblicklich,
Seit dere Schuur, ja, mit aam Wort
Dodriwwer iwwerglicklich.

Vorher un nachher

Karl Schaffnit

Vor fünf, sechs Johr – 's hatt' stack gerejent –
Is mer owends e junger Mann begejent,
Wor kreuzfidel, halb schläächt vor Vergnüje;
Am Wetter konnt' des doch net lieje!

„No?", sagt ich, „he! Wo gewese heit?
Bei dem schöne Wetter gewiß net weit?" –
„Wos?", hot er gekräht, „Wetter hi', Wetter her!
In de Berkstrooß warn mer, die kreuz un quer.
Wos lickt mir an dere Rejenerei!
Hurra! Die – Liebste wor debei!" –

Am Sundagowend beim Schöppche-Bloose
Bin ich widder uff selwigen Mann gestoße.
„No?", sagt ich, „wo dann gewese heit?" –
„Ach!", sekt er, „in de Berkstrooß, awer net weit." –

„No, recht amesiert dort?", haw ich gesagt.
Do hot der der Mann e Gesicht gemacht,
Als wann er e bißche an Zäh'weh litt!
„Ach!", sekt er, „naa'! Mei' – Fraa wor mit."

Hartmuth Pfeil   Naß, nasser ...

Ernst-Ludwig Stay   Je nachdem

Meistens wird sich net besunne,
Wenn sich's grad emal gefunne,
Daß mer zu em Hochzeitsbrate
Hi und da werd eingelade.

Stand der Freind vom Brauterich
Bei de Mutter in de Kich,
Wo se grad de Hochzeitskuche
Mit de Finger tat versuche.

Un sie weljert sehr geschickt,
Un sie babbelt un sie nickt,
Ja, sie schafft sich halwer dot,
Sieht net was für'n Unheil droht.

Wie es Schwert vom Damoklees
Hängt an ihrer kleine Nees
Hell e Drebbsche rund un dick
Wie e fechterlich Geschick.

Un der gute Mann duht's sehe,
Aber kaum kann er sich reje,
Stiert nur als des Drebbsche aa
An der Fraa ihrem Neeschen draa

Wie es baumelt dick und schwer
Iwwerm Kuche hi un her.
Un da fregg't ihn grad die Fraa:
„Gell, Sie kumme morje aa?"

Ängstlich guckt er noch dem Tröpfche:
„Je nachdem, wie's fällt, Frau Knöbbche!"

Anarchie un Quetschekuche   Karl Schaffnit

's gibt manchmol aan, halb schläächt, halb doll,
Kaa' Judd, ka' Därk', kaa' Christ,
Der mögt die Welt vermassakriern,
Den haaßt mer Anarchist.

So haw ich eich en Kerl gekennt,
Der hätt's Weltall verroppt
Un g'sekt; doch lieber hot er sich
Mit – Quetschekuche g'stoppt.

De Zunnerhannes hot gar gern
In Anarchie gemacht,
E zunner-feuer-rotes Oos,
Wo alles gern hätt' g'schlacht.

Vom „Schaffe" wollt er wisse nix;
Bloß wann's net annerst ging
Un ihm sei' Fraa nix gewe wollt –
Des war dann so e Ding!

Zu so 'me Blödsinn als wie er
Hot sie sich nie erkühnt,
Als Wäschfraa schö', johrin, johraus
Ihr Stückche Brot verdient.

Von morjends sechs bis awends acht
Gesaaft gewissenhaft,
Vier Kinner noch in Schul geschickt,
Ihr Dame! Des haaßt „g'schafft"!

Un doch war alles lieb's un gut's,
Sie hot for alles g'sorkt,
Sie hot's verdient, er hot's verduhn
Un noch dezu geborkt.

Do sieht mer, was die Lieb net duht!
Es bleibt sich ewe gleich,
Des himmelgute Mutterherz,
Egal, ob arm, ob reich.

Er hot gekrische un geschnapst
De liewe, lange Dag
Un hatt' mit lauter Bolledick
Sein Jammer un sei' Plag.

Doch kam er awends endlich haam,
Do war er zahm und still,
Do is verstummt sei' großes Maul,
Un aus war's mi'm Gebrüll.

Do hatt' die Arnachie e End,
Dehaam war – Monarchie!
Do war er simpler Unnerdahn,
Un Herrscherin war – *sie*!

Do hot er kaan gefresse mehr
Un aach kaan mehr verschluckt,
Do hot er ganz vernünftig sich
Vor seiner Fraa geduckt. –

Doch außer dere Bolledick
Un de Bequemlichkeit
Hatt' dieser Zunnerhannes noch
E anner schwache Seit:

Sei' Leibspeis' war – die wirkt' uff ihn
Mit zaub'rischer Gewalt –
Es war ja weiter nix debei –
De – Quetschekuche halt.
So Quetschekuche! Sag ich euch!
Wie knusprig un wie süß!
Wann's jeden Dag den gewe könnt',
Wär hier des Paradies!

Sei' Fraa hot des recht gut gewißt
Un hot em jedes Johr
En Quetschekuche aach gemacht,
Wann sein Geburtsdag wor. –

No, aa'mol kam er widder bei,
Er hot net dra' gedacht,
Sie awer hot's vergesse net
Un widder aan gemacht.

En Quetschekuche, net sehr groß,
's war'n ewe orme Leit!
Sie hot sich uff ihrm Mann sei' Fraad
De Dag vorher schun g'freut.

Den Kuche lekt se uff's Kummod
Un deckt en weislich zu
Mit so 'me olde Zeitungsblatt
Un lekt sich dann zur Ruh.

De Hannes war im Wertshaus noch
Un schnapst un räsonniert
Un flucht un schilt, daß unser Welt
Net besser werd regiert.

Die annern hawe zugehört
Un hawe'n ausgelacht,
No, endlich, so em Uhrer elf,
Hot er sich haamgemacht.

Grad wollt er in sei' Bett enei',
Da zog em dorch die Luft
So lieblich in sei' Kuppernas
Der – Quetschekucheduft!

Er hot gedenkt: „Aha!! – Sie schläft.
Wann ich se wecke deht,
Do deht ich bloß verrote mich –
Es is schon zimmlich speet!

„Ich lek mich g'scheiter in mei' Bett – –
Allein – der fei' Geruch!
Ich glaab, daß ich net schloofe kann,
Eh' ich den Kerl versuch!"

Er krawwelt sacht' ins Bett enei',
Doch schloofe kann er net.
„Wann ich den Quetschekuche nor
Gor net geroche hätt'!

„Allein was kann ich dodezu?
Mer muß doch schloofe aach!
Hie Schloof! – Hie Quetschekuche! Ja!
Des is jetzt hier die Frag!" –

De Zunnerhannes werft sich rum
Im Bett die Kreuz un Quer,
Ja, bei so Umständ is de Schloof
Aach u'geheuer schwer.

Zwaa Uhr spielt's uff em Glockespiel –
Un noch kaa' Aag net zu!
„Fraa!" – „No?" – „Fraa!" – „Was?" – „Fraa!" – „No? Was is?"
„Fraa!" – „Loß mer doch mei Ruh!"

„Fraa! Heit is mein Geburtsdag doch!
Der Kuche riecht so fei'!
Stei' uff un steck e Streichholz aa'!
Ich – beiß emol enei'!" –

„Ich sag der! Unnerstehst de dich!"
Sekt sie, „do werd nix draus!
Du läßt en ganz, sunst schmeiß ich dich,
Waaß Gott, zum Bett enaus!"

„Wart, bis es Dag is! Ich bin müd,
Hob g'schafft als wie en Gaul:
Den Kuche krickst de morje früh,
Jetzt schloof un hal dei' Maul!" –

Do hot de Hannes tief geseufzt,
Un widder noch're Stund
Hot er gebrummt: „Uns orme Leit
Is ewe nix gegunnt!"

Un endlich, endlich schlief er ei' –
Is widder uffgewacht –
Halb vier spielt's uff em Glockespiel,
Un's war noch – dunkel Nacht!

Do konnt' er sich net halte mehr:
„Ich fress' en uff de Stell!
Wann unseraans mol ebbes hot,
Do werd's jo – niemals hell!" –

Um sechs do is die Fraa eraus,
Nimmt noch drei Böhncher mehr
For *heit* de Kaffee – heit derf's sei'! –
Un fraat sich gor zu sehr.

Schon steht de Kumpe uff em Disch,
's is alles hergericht,
Do wacht aach grod de Hannes uff
Un macht e komisch G'sicht.

De G'sammtausdruck, der wor net neu:
Wie immer, noch recht dumm!
Allein do warn so rote Strich
Um's ganze Maul erum!

Un wie die Fraa geht ans Kummod
Un will – – jetzt denkt den Fall! –
Den Quetschekuche hole her,
Do war – mei Kuche all!

Hans Herter

Quetschekuche

Die Kerb is rum, de Geldsack leer,
De Quetschekuche läbt net mehr,
Der wie e Dischplatt wor so groß,
Un Bauchweh hott die ganze Bloos.
De Vadder hält sein Mage als,
De Sohn, die Mudder äwenfalls,
Un jeder kriggt debei zu heern,
Daß nur die Quetsche schuld dro wärn.

So gehts e Woch dagaus, dageu. –
Kaum kimmt de Freidag doch ebei,
Do steijt de Vadder uff de Baam,
Macht Quetsche ab un schlaaft-se haam,
De Bub entkernt, die Mudder riehrt,
E Kucheplatt werd eugeschmiert,
Un bald steht widder nei un frisch
En Quetschekuche uff em Disch.

Es wär doch aach kaan Sunndag net,
Wann mer kaan Quetschekuche hätt',
Un frehlich dunkt die Gadd ihr Schnut. –
Un wann-se Bauchweh krieje dhut.

Georg Benz

Kwetschekuche!

Kann-mer sich was bessres suche
Als e gut Stick Kwetschekuche?
Richtig saftig, sieß un lecker,
Frisch vum Ofe oder Bäcker,
Un womeeglich als die Heh
Aus echte Bohne en Kaffee!
Fir so etwas lebt doch im Bann
Stets jed Fraa un jeder Mann!

Fraa Erna wirkt in ihre Kich,
Vollbelade is de Disch,
Sie knät, sie wäljert, siebt un riehrt,
Kucheblech wern eingeschmiert,

Deigk kimmt uff die Bleche druff,
Gewalzt erunner un enuff,
Un im Nuh do stande roh
Unbelegt zwaa Kuche do!

So, jetzt Kwetsche, Gott s'is doll,
Kaa Plätzje frei, de Disch so voll,
Kann des Blech, um Platz zu grieje,
Net so lang wo annerst lieje?? –
Sooo! jetzt kann ich mich aa riehrn,
Kwetsche dhun sich stolz formiern
Schee akraat in Reih un Glied, –
Gott, was bin ich doch soo mied ...

De ganze Dag als renne, hetze,
Warum dhu ich mich net setze?? –
Siehste, des is jetzt gemiedlich,
Un sie setzt ihr Kwetsche friedlich,
Still ringsum, sie lebt im Traum,
Ein Vöglein sang im Kwetschebaum!
So formt sich in aller Ruh
Der Deigk mit blaue Tirmcher zu.

So, der erste wer soweit, –
Deiwel, wo is dann der zweit?
Ringserum ihr Aage suche,
Nirgends liggt der zweite Kuche.
Nix zu sehe in de Kich,
Es wor doch niemand do wie ich? –
Sie hebt sich vun ihrm Sitz empor,
No, was geht dann dohinne vor??
Sie guggt erum, ihrn Atem stockt,
„Die Krenk, ich hab ja druffgehockt!!"
Sachte, un ihr Aage flimmern,
Streicht de Deigk sie sanft vum Hinnern.

Die Kuche worn zur Kaffeezeit
Doch wunderbar noch zubereit.
„Herrlich", un de Christian lacht,
„Kwetschekuche, was e Pracht!"
Un er beißt, er kaut un läggt,
Jedes Stickche besser schmeckt.

„Fraache", sagt er dann zum Schluß,
„Des wor wärklich en Genuß,
Des wor mein Geschmack getroffe,
Der zweite hot, des sag ich offe,
Den erste fast noch iwertroffe!"

E. S. Die verkennt' Millich!

E Biebche geht die Strooß entlang,
Treegt in de Hand e Millichkann.
E Schutzmann stellt sich in e Dor
Un denkt: „Den nemm ich jetz mol vor."
Des Biebche kimmt ganz ohne Bange
An sellem Dor vorbeigegange;
Der Schutzmann awer nimmt's am Ohr
Un zieht's zu sich erei ins Dor.

Dort senkt dann der Gesetzesmann
Sei Meßglas in die Millichkann;
Un wie des a'zeigt! „Wasser 80"
Do hot er nemmehr lang bedacht sich:
„Wie haaßt De, des gibt e Brotegoll;
Mehr Wasser wie Milch, so was is doll!"
„Milch weer's, no wern Se nor net grobb",
Seegt's Biebche, „des is jo Metzelsopp!"

F. W. Die Trichine!

„So iweldran war ich noch nie
Wie ewe mit em Koche;
Mer hawe e Sau, e Prachtstückvieh,
Die vorig Woch gestoche,
Den zorte Speck! des weiße Schmalz!
Die schöne gude Schinke!
Wie dhun die Lappe aus em Salz
So abbeditlich winke.

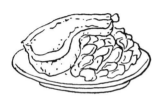 

Un! – wann ich jetzt am Disch als kreisch
Un mach die triebste Miene –
Mein Alter ißt kan Schweinefleisch
Vun wege de Trichine.
Die zorte Riwe in de Kaut
Die wollt ich schun verschmerze,
Doch ach! mein Bitt voll Sauerkraut,
Die geht mer schwer zu Herze;
Ich muß dezu – ich duh's sunst nie –
Jetzt als en Schellfisch brote;
Du lumpiges Trichinenvieh!
Ich waß mer nit zu rote.
Wie kam mer wege so 're Sach'
Nor gar so lang sich wehre,
No wort – ich waas jetzt, wos ich mach –
Ich will dich schun bekehre!"
So schillt die Fraa un räsonniert,
Dann holt se's aus 'm Keller;
Jetzt werd gekocht, versucht, transchiert,
Un hergericht die Deller.
Glei nochher kumme vun de Jagd
Ihr Alter un ihr Junger,
Die hawe hait sich müdgemacht
Un hawe en Bärehunger.
„Geh hin lieb Fraa un hol uns was,
Mir hawe noch nix im Moge
Vun frih bis owends, es is kan Spaß,
Ich kann ders gar net soge!"
„No", segt se, „es werd wos iwrig sein,
Ich will im Keller gucke;
Sie bringt e kalt Stick Rindfleisch rein,
Ganz faserig un drucke;
Dann bringt se noch in aller Ruh
En Kes un harte Eier,
En Hering legt sie noch dazu;
(Dann Bicking sinn zu deier).

„Ihr Herrn", segt se, „nor alles das
Is ganz allaan for ihne,
So Sache schode niemand was,
Die howe jo kan Trichine,
An dene Speise kann mer sich
Noch Herzenslust so lawe;
Ich awer hob nochher for mich
Wos anerst noch im Hawe!"

Un wie de Mann am Häring kaut,
Do hot se's rein getrage:
Ui! Schweineknöchel un Sauerkraut! –
Die dampe un die raache.
Jetzt riecht de Mann un runzt die Nos
Un guckt als schäl eniwer,
Uf amohl stellt er weg sei Glos
Un seegt „Jetzt Fra eriwer!
Des Ding is besser, uf mei Ehr!
Als Kes, un Fisch un Vögel,
Trichine hin, Trichine her,
Ich eß jetzt Schweineknöchel!"

Karl Schaffnit Schlickser

Host de net so hier un do schun
Als emol en Schlickser g'hatt?
Will der mol e Mittel soge,
Wo nix kost un – sicher batt.

Stellt er sich – doch u'berufe! –
U'gerufe widder ei',
Steckst de links un rechts en Finger
In dei' schöne Ohrcher nei'.

Un dann trinkst de zwaa, drei Schlückcher
Wasser, Kaffee oder Bier,
Wos es is! – Er is vorüwer,
Is vorüwer, sag ich dir!

Host de niemand, der des Wasser
Dir ans Meilche halte duht,
Stellst de 's vor dich, bückst dich runner:
De Effekt is grod so gut.

E frommer Wunsch Karl Schaffnit

Die Fraa steht am Herd, is üwwel dra':
Die Milch laaft üwwer, die Supp brennt a',
De Brate brotzelt – es is e Schann!
Es riecht schon ganz brenzlig – was macht mer dann!
's Kätzche erhebt e Mordsgekrisch,
Dorch Mack un Baa' geht's – 's is färchterlich!

Wann nor die Leit net so dappig sei' dehte!
De Milchmann hot em uff's Füßche getrete.
Noch jemand? Aha! De Briefträjer schellt;
Natürlich gleich wütend des Aliche bellt.

„Herrje! Es schlägt zwölf! Jetzt kimmt gleich mei' Mann!
Es is zum Verzwazzle! Was mach ich dann?
Ei, soll de Spektokel dann kaa' End erreiche?
Jetzt fängt mer jo aach noch des Kind a' zu kreische!
Ei, bist de dann still! Wort! Ich kumm der enei'!
Ei, Elsche! Willst de dann bravche sei'!"

No, Gott sei Dank! Do kam de Mann
Un stolpert fast üwer die Millichkann.
„Ach", jammert des Mutterche, „gut, daß de kimmst
Un an meim Elend A'teil nimmst.
Ach, geh mol enei'
Zu dere Klei'!"
Stumm dappt er enei' an den Kinnerwage,
Hot's Elsche e bißche erumgetrage
Un hot eich des Ormesche a'geredt:
„Mensch! Wann ich dich nor schun – verheirot hätt'!"

Karl Schaffnit

Geizhäls

Vater und Mutter saße beim Esse,
Drei Kinnerche hawe debei gesesse,
Es hot-n geschmeckt – es war e Staat!
Flaasch un Kadoffel un Gummernsalat.
Un wies eso kam – ich waaß es net,
Mer hot eso vom „Sparn" geredt,
Un schließlich stritt mer hi un her,
Wer heit schun de sparsamst gewese weer.

De Vater segkt: „Ihr liewe Leit!
Ich hab noch nix gefrihstickt heit." –
„Un ich", fängt eifrig die Mutter a,
„Hab ka Zwiwwelche an de Salat geda." –
„Un ich hab", hot Gretche sanft gehaucht,
„Heit unser Zahbärschtche net gebraucht."
„Un ich", prahlt de Heiner, „hab nix geschriwwe;
Do is mei Dafel schö sauwer gebliwwe."

Zuletzt ergreift ds Schorschche ds Wort:
„Ich", lächelts bescheide, „hab nix gesport.
Ich waaß awer besser, wie ihr, gewiß,
Wer von uns all der sparsamst is!
Die Mutter is es! Ja, heert mich nor a:
Ka Zwiwwelche an de Salat geda,
Un zwaddens – des hot se noch gar net gsogt –
Ds Flaasch hot-se aach net gar gekocht!"

Dann hot sichs Schorschche schnell gebickt,
Sunst hätt-s um e Hoor e Ohrfei krickt!

Kinnergebet

Peter W. Dinkel

Morjens

Liewer Gott
Ich hab im Traum
Heit nacht ins Bett gepißt
Liewer Gott
Ich krägt die Schläg
Wann des mei Mudder wißt

Liewer Gott
Ich laach so naß
Drum bin ich uffgewacht
Liewer Gott
Saach du nor wie
Mers trocke widder macht

Liewer Gott
Ich bin aach lieb
Vielleicht e ganzes Johr
Liewer Gott
Wann nor mei Mudder
Haacht mer net uffs Ohr

Liewer Gott
Ich hab so Angst
Ach bitte helf mer du
Liewer Gott
Ich deck dieweil
Es nasse Bettche zu

Owends

Liewer Gott
Ich dank dir schee
Mei Bete hot bewerkt
Liewer Gott
Die Mudder hot
Tatsächlich nix gemerkt

Wilhelm Kaminsky Ausdauer

E klahner Dobch steht vor em Haus –
Es wor net mehr so hell –
Unn streckt sei' korze Ärmcher aus,
Will greife nooch de Schell.

Doch merkt er bald, er is so klah'
Unn kann trotz aller Kniff
Dorch Hibbe, Strecke gar net dra'
An den zu hoche Griff.

Wie alles dann vagewens scheint,
Do werd er ärjerlich;
Er stellt sich vor des Haus unn greint,
Unn wischt die Aage sich.

Do geht vorbei e fremder Mann,
Der frehkt: „Was is dann los?" –
„Ich grein, weil ich net schelle kann",
So sehkt em do des Oos.

Der Mann hatt' Mitleid in de Brust,
Hebt in die Heh' den Strick;
Der bembelt schnell nooch Herzenslust
Unn freit sich zu sei'm Glick.

Glei druff, do sehkt des klah' Schenie:
„Net wohr, des wor recht schee?
Jetzt haaßt es awwer laafe, Sie,
Sunst gibt's vielleicht noch Schlee."

Moderne Kunst
C. E.

„Klavierspiele, ach, des is doch gar zu schee,
Wenn mer so kann die Fingercher seh',
Wie die danze, wie die springe,
Un dann duht des aach so herrlich klinge.
Gellese, Freileinche, mei' Klaa derf als komme
Zu Ihne manchmal, es deht er fromme,
Daß se so e bisje klimpere kann.
Es heert sich des als aach so herrlich an!" –
„Ja, liebe Frau, meine Zeit, die ist Geld,
Ich kann nicht so tun, wie's Ihnen gefällt;
Jede Stunde, die ich einer Schül'rin muß geben,
Die kostet Geld; nicht umsonst ist das Leben.
Auch versichere ich Sie, ich habe keine Zeit,
Es tut mir wirklich von Herzen leid.
Aber meine Stunden, die sind so ziemlich besetzt,
Ich habe kaum eine Stunde frei mehr jetzt." –
„Na, was kostet bei Ihne dann sowas?
Es is mer ja grad nur um den Spaß!" –
„Nun, eine Mark, da wir sind Nachbarsleut',
So viel kostet eine Stunde bei mir noch heut'." –
„Was, aa' Mark? Naa, des muß ich Ihne sage,
Sowas deht sich mit mei'm Geldbeitel net vertrage,
Nemme Se nur net so voll des Maul,
Da verdiene Se ja werklich mehr wie mei' Gaul!"

April
Rolf Kallheiner

„Ui, Mudderche, woß maans'de dann,
Awweil do is en großer Mann
Die Drebb enuff geschliche.
Sei Schdiwwel hadd'err in de Hend,
Ich bin fast wedder'nen gerennt
Unn hedd beinoh gekrische!

Du maanst, ich kohl'derr ebbes vor?
Ich will hier schdärwe, wann's net wohr,
Wie kanns'de do nor lache?
Ich traam doch net; ich bin doch wach;
Bei unser Frailein is'ser – ach!
Wann der'se dod deht mache!" –

„Um's Himmelswille, Bub, geschdeh,
Hos'de wahhafdig woß geseh?
Do sind'mer jo kaa Werrder!
E so e miserawel Welt!
Horch? hodd's net awweil drauß geschellt?
Zu Hilf! – Schbitzbuwe!! – Merrder!!!" –

„Au Backe, Mudder, dei Gekrisch! –
Mer kennt jo wärklich färchde sich:
Die Hälft wor jo gelo(g)e!
S'is gor kaa Fremmer – sei doch schdill –
De Vadder wor's jo – ätsch, April!!
Heit bis'de reigeflo(g)e!"

Robert Schneider   Poussiern!

Des Kallche, – Ihr kennt doch des Kallche all –
Den so oft ich Eich vor dhat führe,
Der seegt jüngst dehaam emal Knall un Fall,
Sei Freund, der Fritz, dhet „poussiere".

Sei Mutter, die war der de erst ganz baff
(Un des will bei der schun was sage),
Sie denkt: jetzt guckt eich mal so e Aff,
Den muß ich doch glei emal frage.

Drum fregt se so hinnerum: „Kallche, sag,
Was haaßt dann des nur ,des Poussiere',
Du gehst ins Pijoo¹), darum kannst de mer's aach
Emal uff deitsch expliziere."

Un voller Ernst, ohne sich zu geniern,
Dhut hinner's Ohr er sich die Fedda schiewe
Un seegt: „Ja, Mutter – Poussiern – Poussiern –
Des haaßt mer so viel als wie – Liewe."

---

¹) Das Alte Pädagog; es war früher die Vorschule zum Alten Realgymnasium.

„Ja", seegt druff sei Mutter, „des is ganz schee,
Doch muß ich dich noch emal frage:
Was dhut mer dann unner dem ‚Liewe' versteh',
Kannst du mer des aach noch sage?"

Da dhut ganz perplex unser Kallche fast
Sich druff mit de Antwort entferne:
„Ja, Mutter, wann de des jetzt noch net waaßt,
Dann werste's aach net mehr lerne!"

E uklor Vorstellung   Johannes Funk

Die klaane, muntre Annelis,
Die waaß noch net, was Sterwe is,
Hot noch kaan Dode net geseh'
Un kann des Ding net recht versteh.
Un wie's do haaßt, daß der un der –
Se kennt en aach – gestorwe weer,
Besinnt se sich un fregt zeletzt:
„Wie is des, Vadder, schnappt der jetzt?"
„Naa", segt de Vadder, „'s is noch schlimmer,
Der hot jetz ausgeschnappt for immer."

Der Knoddelbub   J. Heß

En Darmstädter Knoddelbub, en arme,
Rafft Knoddle zamme uff de Strooß;
Do kimmt e Auto hergesaust
Direkt uff's Knoddelbübche los.

De Autler rieft em vun owe 'runner:
„Geh aus'm Weg, du Buweplag."
De Knoddelbub springt neweniwer,
Droht hinneher un ruft em nach:

„Jed' Auto soll de Blitz verkrache,
Recht stinke kennt'r Schritt vor Schritt,
Awer Knoddle, gute Knoddle mache,
Ja gell, des kennt'r net!"

Peter W. Dinkel

Jugenderinnerunge

In Traase bei Dammstadt
(Die Geschicht is es wert)
Wa-mer links ab
Richtung ‚Dippelshof' fährt
Do kimmt mer zum ‚Ohle Bach'
Der also gleich
Net weit vun de Quell
Fließt in en Teich
Un bei dem Gewässer
Des mer ‚Vogelteich' nennt
Do is noch e Päädche
Was jeder dort kennt
Vun do aus fiehrt schnurstracks
Am Schwimmboad vebei
En pfeilgroade Wääg
In de ‚Fürthwääg' enei
Der macht noch en Schlenker
Un biegt dann links ab
Un bringt oam zum Reitplatz
Wo die Gailscher uff Trab
Vum Fürthwääg aus sieht mer
Wie 's ‚Koepche' do ligt
Un sich gor lieb
In die Landschaft nei schmigt
Un am Fuß vun dem Hüjel
Am Fürthwääg vorm Feld
Do is e klaa Stell
Die 's Gemiet mir erhellt:

E Weid steht do heit noch
Die so gern ich betroacht –
Uiii hawwe mir Buwe do
Wettpisse gemoacht!

De oam Vadder   Hans Herter

De Bäcker Merwes traf, jawohl,
Neilich es klaane Liesje mol
Un fing glei aa zu frooge:
„Ja, sog emol, wo kimmste'n her,
Mer sieht vun eich jo gor kaans mehr,
Ihr seid scheints umgezoge?"

„Eija", sproochs Liesje do un lacht,
„Mir hawwe uns halt dinn gemacht",
Un Boge dhut-se spucke:
„Mir wohne in de Siedlung draus
Un hawwe jetzt e eigen Haus,
Gell ja, do dhun-se gugge?"

„Ich hab e Zimmer ganz fer mich,
Mei Bruder hott e Stubb fer sich,
Mit Disch un Stihl un Ofe.
Un jeder hott sogor'n Verschluß,
Nor unser oame Vadder muß
Noch bei de Mudder schloofe."

„Der Bub will haam!"
Aus der Schule

Karl Schaffnit **Der Bub will haam**

Vor Jahren zog vom märk'schen Sand
Ein Lehrer nach dem Hessenland,
Weil es in einem Blatte hieß:
In Hessen sei das Paradies
Für Lehrer; hier sei's wunderbar
Gemütlich und im ganzen Jahr
Nicht so viel Müh' im Lehrerstand
Als wöchentlich im Preußenland;
Die Klassen klein, Gehälter groß,
Das sei doch wirklich ganz famos!
Und jedenfalls sei's ganz gescheit,
Man nütze die Gelegenheit
Sobald als möglich ja sofort;
Denn momentan grad' seien dort
Sehr viele Stellen unbesetzt;
Drum greife nur auch zu man jetzt.
Der junge Lehrer liest das Blatt,
Und rasch er sich entschlossen hat.
Er schreibt dem Liebchen einen Brief,
Manch Tränlein ihm vom Auge lief!
Die Liebe gibt den Segen mit,
Dann tut er den gewagten Schritt,
Er nimmt das Ränzchen von der Wand,
Er nimmt den Wanderstab zur Hand.
„Mit Gott!" Und nun ging's unverwandt
Und hoffnungsfroh ins Hessenland.
Wie dort er „reingefallen" ist,
Bereut es hat nach kurzer Frist,
Wie ihm das Herz oft war so schwer
Gar traurig zu erzählen wär'.
Wo er ein Paradies gehofft,
Da ward ihm angst und bange oft,
Und hundertfache Not und Pein
Gar häufig stürmten auf ihn ein.
Das Schlimmste aber, was ihn schreckt,
Das ist der „Heina"-Dialekt!
So gern er ihn begriffen hät' –
Er hört ihn, – doch „vasteht en net!"
Und ach! gar oft auch können ihn
Trotz allem eifrigen Bemüh'n

Die kleinen Heiner nicht versteh'n.
Wie wird das Ding zu Ende geh'n?

Einst hatt' an einem Vormittag
Er wiederum mit Müh' und Plag'
Ein halbes Stündchen wohl gelehrt;
Sein Herz war ihm so recht beschwert.
Er spricht sie doch so deutlich an,
Daß jeder ihn verstehen kann –
Sie schauen dumm ihm ins Gesicht,
Die Heiner reagieren nicht;
Er bleibt für sie 'ne fremde Welt,
Und wenn er auf den Kopf sich stellt.
Auf einmal springt ein kleiner Wicht
Vom Platze auf, geniert sich nicht,
Er fasset seinen Bücherpack,
Stopft sein Kommißbrot in den Sack,
Er krabbelt aus der Bank heraus
Und will durchaus zur Tür hinaus.
Der Lehrer hält ihn bei dem Schopf.
„Was fällt dir ein, du kleiner Tropf?"
Worauf man das Geschrei vernahm:
„Ich will jetzt haam! Ich will jetzt haam!" –
„Was ist denn ‚haam'?" der Lehrer spricht,
„Was heißt denn ‚haam'? Ich weiß es nicht!" –
„Ach, haam will ich, ich will jo haam!
Ach, Mamme, haam! Ach, Mamme, haam!" –
„Was willst du hab'n? Komm, sag' es mir!
Wüßt' ich es nur, ich gäb' es dir!" –
„Ach, loß mich haam! Ich will doch haam!" –
Dem Lehrer die Verzweiflung kam.
Zur ganzen Klasse er nun spricht:
„Ihr Jungen, ich versteh' ihn nicht;
Ihr könnt viel besser ihn versteh'n,
Was will er nur? Sagt mir es schön!"
Vom ganzen Chor die Antwort kam:
„Der Bub will haam! Der Bub will haam!" –
Doch, Gott sei Dank! auf dies Geschrei
Kommt endlich Hilfe jetzt herbei:
Der Schule Diener zeiget sich.
„Nun, der versteht's! Der rettet mich!"
Der Diener fragt: „Wos is dann los?" –

„Ei, tun Sie mir die Güte bloß
Und fragen Sie den Jungen hier,
Was eigentlich er will von mir."
Der Diener tut nun ganz vertraut,
Dem Heinerchen im Haar er kraut:
„No, Liewesje, wos willt de dann?"
Der Heiner fängt von vorne an:
„Ach, haam, ach, haam, ich will jo haam!" –
Und als der Diener dies vernahm,
Da lächelt fein sein schlau Gesicht,
Und etwas spöttisch er nun spricht:
„Herr Lehra, des is sunnabor,
Daß des net zu begreife wor,
Un Ihne net glei 's Richt'ge kam,
's is weida nix: – der Bub will haam!" –
Die beide schauen an sich starr,
Da schreit der Diener wie ein Narr:
„Zu seine Mudda will a haam!"
Jetzt endlich das Verständnis kam:
„Nanu, nun kann ich's ooch versteh'n,
Der Junge will zu Hause jeh'n!"

Bald auch der Märker Abschied nahm,
Nach Norden zog er wieder – „haam".

Georg Lotter

Zum Schulofang

Un wann des Osterfest kimmt noh,
So is der große Dag glei do,
Wo Kinner, die sechs Johr sin alt,
In unser Volksschul kumme bald.

De Lehrer nimmt se in Empfang,
Un daß de Klaane net werd bang,
Leßt er des Rechne, Lese, Schreiwe
Vorerst bei dene unnerbleiwe.

Fer ihn gilt do als hechst Gebot
– dann er hot halt sei liewe Not –
E rechte Freundschaft ohzubahne
Un Zutraue wecke bei de Klaane.

Drum liest er vor erst aus de Fibel
Un e Geschicht aach aus de Bibel
Vun Adam, Eva un de Schlang,
Gar manchem Knerps dem werds do bang,

Weil die zwaa aus dem Gadde misse
Weje dem klaane Appelbisse.
Die Berschjer die sin all ganz Ohr,
Am annern Dag nimmt er se vor

Un stellt bei ihne glei die Frage:
„Wer von euch allen kann mir sage,
Warum Adam mit Eva verließ,
Das wunderschöne Paradies?"

„Ihr Kinder, nun ihr wißt es doch!"
Do hebt's Kallche die Finger hoch
Un rieft ganz laut, der klaane Steppel:
„Herr Lehrer, die worn an de Eppel!"

's Moritzche

Des Moritzche is net mehr klei',
Sechs Jahr alt war er letzt:
Er geht schon in die Schul enei',
Vier Woche sin's grad jetzt.

Dumm is er net, der kleine Borsch,
Im Gejedahl, gescheit!
En Schlingel is er dorch un dorch, –
Doch's Lerne macht em Freid.

Er is der Best' in seiner Klass',
In allem is er gut,
Jedoch am meiste macht's em Spaß
Wann's Rechne komme tut.

Da rechnet er so schee un zählt,
Es is e wahrer Staat!
Wann sich e ann'rer längst gequält,
Er schon die Lösung hat.

Un middags, wann die Schul is aus,
Zählt er so vor sich hin
Die Fenster all an jedem Haus
Un wie viel Scheiwe drin.

Er zählt die Bilder an der Wand,
Die Schlösser am Büffee,
Er zählt die Finger an der Hand,
Dem Puddelhund sei Fleh.

Un awends noch als Hemdematz
Guckt er am Fenster vor,
Un zählt die Küsse, die ihrm Schatz
Die Bawett gibt am Tor.

Korz, wo er geht un wo er steht,
Wo's was zu zähle gibt,
Vun morgens frieh bis awends spät
Im Zähle er sich übt.

Die Alte, die heern's meistens gern,
Net wenig stolz sein sie,
Doch manchmal kann aach lästig wern
E solches Zählschenie.

Dann aamol ward die Mudda bees,
Weil er gezählt hat flott,
Wie middags sie neun Hefeklees
Mühlos verspisse hot.

Un aamol hat em eins versetzt
Der Vadda ins Gesicht,
Weil, wieviel Scheppcher der gepetzt,
Er treulich hat bericht'.

Als annern Tags die Tante kimmt,
Nur leis drum zählt er da,
Wieviel sie Kuchesticker nimmt
Zu ihrem Kneipp-Mokka.

Doch, daß ihn net hat ganz kuriert
Die Ohrfeig, zeigt sich bald; –
Drauß' auf der Gass' etwas passiert,
Mer heert e Peitsch, wo knallt.

Da drunne treibt e Hannelsmann
Vier Schweinercher daher;
Am Bein sin sie gebunne an,
Sie grunze gar so sehr.

Da tut der Klei' en Juwelschrei
Un macht en Freidehupp:
„Da drunne sin grad so viel Sei,
Wie mir hin in der Stub!"

Wahres Geschichtchen

Ihr Leit heert zu, was jüngst for'n Spaß
'me Lehrer bassiert in de kleenste Klass',
Der hielt seine Kinner e Vorlesung
Über Maria Verkündigung.
Wie Gott durch eines Engels Mund
Dieser die Geburt des Christkind' dhut kund.
„Und zu Maria in's Kämmerlein
Trat eine lichte Gestalt herein
Mit einem weißen Flügelpaar."
So kündet der Lehrer der lauschenden Schar.
„Nun sagt mir, liebe Kinderlein,
Wer mag das wohl gewesen sein?"
Da streckt sein Finger so'n klaaner Borsch:
„Ich waaß es, Herr Lehrer, de Klapperstorch."

August Dreste

Moderne Schutzengel

In Religion war Unnerricht,
De Lehrer zu de Kinner spricht:
Sagt Kinder, wenn ihr schlafen geht,
Wer kommt dann hin zu euch ins Bett?
Und wer hält dann die ganze Nacht
Bei euch im Schlafe treue Wacht?
(De Lehrer wollt als Antwort heer'n,
Daß dann als Engel beien weer'n.)
Un kaum hatt'r sei Frog gestellt,
Empor aach schun en Finger schnellt,
's Kallche, sitzter aach weit unne[1]),
Hat scheints die Antwort druff gefunne.
Wie'n sodann de Lehrer freegt,
's Kallche schmunzelnd zu em seegt:
Herr Lehrer, wann mir gehn ins Bett
Un hawe kaum uns zugedeckt,
Spür'n mer am Körper dann, am ganze,
Daß trei bewache uns die Wanze!

E. Pfersdorff

Mißverständnis

Ein kreuzfideler kleiner Bub,
Der singen konnt und tanzen,
Kam in des Apothekers Stub:
Ich will was für die Wanzen.

---

[1]) Damals saßen die guten Schüler vorne oder oben, den Leistungen entsprechend stufte sich die Sitzordnung nach hinten oder unten ab.

Provisor fragte: „Für wieviel?"
Antwort hat ihn gewundert.
Der Kleine sprach: „Ei no, für viel,
Ich schätz se auf Zwölfhundert."

Entteischung   August Dreste

E's Kallche war beim Unnerricht
Stets aaner vun de Dumme,
Un jeden Tag mußt er in de Schul
Vun 12 bis 1 noochbrumme.
Doch net allaa beim Unnerricht,
Aach bei de Hausuffgawe
Do war stets immer alles falsch,
Fast war's ja net zu glawe.
's Kallche macht sich net viel draus,
Daß er mußt stets noochbrumme,
Er seegt sich halt in seinem Sinn,
Mer brauch aach heit die Dumme.
Seim Vatter wars jedoch e Graus,
Dem Kallche sei' Noochsitze,
Dehaam beim Lerne will'ern als
Vun jetzt ab unnerstitze;
Un jeden Owend hilft'erm dann
Beim Rechne, Lese, Schreiwe,
Un richtig brauch de Kall net mehr
Lenger in de Schul zu bleiwe.
Sei Vatter war net wenig stolz,
Daß er des hat erreicht,
Weil dorch sei Hilf' sei Bub net mehr
Stets noochzusitze breicht;
No, seegt'r zu seim Bub emol,
Waaß des dei Lehrer aa',
Daß ich d'r stets beim Lerne helf,
Weil du's net kannst allaa?
Der waaß des schun seit leng'rer Zeit,
Platzt do de Kall eraus,
Desweje seegt'r stets zu mir:
„Kall, geh nor ruh'g nooch Haus,
Sin aach dei Aufgawe stets falsch,

Brauchste doch net dozubleiwe,
Dann unner de Dummheit von ann're Leit
Sollste dann doch net leide!"

G. S.   „Fallobst"

De Lehrer hot heit widder mächtig sein Schaff'!
E halb hunnert Heiner; e belzig Vergnije.
Des is e Gejuck, e Gefrog, e Gegaff;
Es is manchmal grad um des Unglick zu krieje.

Kaum, daß er en Moment de Rücke verwend
(En Lehrer drickt aach emol wo annerst de Schuh),
Do geht des Gefuchtel schun los mit de Händ;
Des Oosezeig hot aach net amendslang Ruh!

Heit hawe se Botanik, Erdkunde, Deitsch;
Sie spreche vun Planze, vun Flüsse und Städte,
Un weil de Herr Lehrer gebertig aus Neitsch,
Drum kimmt er zum Schluß uff die „Eppel" zu redde.

Er redd vun de „Eppel", no wie mer so redd;
Die Lauser, sie wisses, sie kenne sei Schwäche;
Er schwätzt aach vun „Schnitze" (vum Wei' redd er net);
Un kimmt dann aach schließlich uffs „Fallobst" zu spreche.

Nun fragt er, zu was all man Fallobst verbraucht;
Die Antworten folgen genau hübsch im Satze.
Der aa sagt: mir bloddsche's und dann werds gestaucht,
Der anner: mir esse's zu Wasserspatze!

So geht es dann weiter, als schön in der Reih;
Die mache „des" mit, die mache „jenes";
Der sagt: wanns viel gibt, kriejes die Sei!
Die meiste, sie wisse vun Fallobst was scheenes!

Nur aaner, des Kallche, steht do ganz allaans;
Ihn freegt de Herr Lehrer: was er sich gedacht;
Ja, seegt druff der Heiner: „Mir hawe doch kaans,
Kann ich doch aach sage net, was mer mit macht!"

Nun, wenn ihr auch kein's habt, der Lehrer drauf spricht,
So darfst du es immerhin auch einmal wagen,
Mir schön, denn darauf leg ich stets viel Gewicht,
Einen Satz mit dem Worte „Fallobst" zu sagen!

Dodruff gibt er Antwort, des Kerlche hot Witz,
Dann Heiner sin immer, wanns gilt, bei de Spritz.
Drum freegt er, de Dobbcher, so laut als er kann:
„Herr Lehrer, sag mol: wann *vallobst'de* Dich dann!"

Gekochte Wasserspatzen

In diesem Zusammenhang sei allen, die das im vorangegangenen Gedicht genannte Gericht „Wasserspatzen mit Fallobst" versuchen möchten, das Rezept mitgeteilt. Es stammt aus einem Darmstädter Kochbuch des Jahres 1839, „nach langjährigen Erfahrungen niedergeschrieben und im Druck herausgegeben" von einer anonym gebliebenen Köchin, die „30 Jahre ununterbrochen in der Küche beschäftigt" war und „8 Jahre bei Herrschaften, 10 Jahre in Gasthäusern und die übrige Zeit in bürgerlichen Haushaltungen gedient" hatte.

Man schneidet Milchbrote in fingersdicke Scheiben, legt sie eine Weile in dünn angerührten Pfannkuchenteig, dann tut man sie in kochendes, schwachgesalzenes Wasser, läßt sie nicht lange darin kochen, bringt sie dann mit dem Schaumlöffel auf eine Platte und schmelzt sie mit geröstetem Brote. Die Brühe kann man recht gut am folgenden Tage zu irgend einer beliebigen Suppe verwenden.

Anonyme Köchin

„Eidechse"

Thesinger

Der Lehrer fragt sei Buwe:
„Jetzt spitzt 'mal Euer Ohr!
Wer kann'nen Satz wohl bilden,
Drin ‚Eidechse' kommt vor?"

Da meld' sich's klaane Schorschje,
Sein Finger er glei' streckt;
„Na, so sage Du mir's, Kleiner!"
Der Lehrer zu em seckt.

„Ei, neilich in de Nacht 'mol,
Ich war grad uffgewacht,
Do heer' ich, wie mei' Mutter
Zum Vater hot gesagt:

Des Kätche schleeft heit scheißlich,
Was is dann do nor los?
Un wann ich noch er hieguck',
Do leit des Luder – blos!"

Mei Vater brummt: „Ach, loß mer
Doch nor emol mei Ruh;
Un is se blos gestrampelt,
No, dann *ei deck'se* zu!"

Ein Gedicht

Der Lehrer gibt als Hausaufgabe an: „Jeder soll, soweit er es fertig bringt, ein Gedicht machen, aber es muß sich reimen!"
Am nächsten Morgen fragt er das Fritzchen nach seinem Gedicht:
Fritzchen: „Mir wolle noch long lewe,
         Awwer besser doch als ewe!"
„Gut", sagt der Lehrer, „wer hat noch ein Gedicht?"
Karlchen: „Ich, Herr Lährer!"
Lehrer: „Nun, schieß mal los!"
Karlchen: „Moin Vadder, der steht am Meeresstrond
         Und helt die Ongel in de Hond,
         Unn an der Ongel hengt enn Barsch,
         Deß Wasser steht ihm bis ans – Knie."
Lehrer: „Aber, Karlchen, das reimt sich doch gar nicht."
Karlchen: „Ja, Herr Lährer, do wor grod Ebbe, wann nähmlich die Flut kimmt, donn reimt sich's."

Georg Wiesenthal

Das Laster des Fluchens

In der Bessunger „Buweschul" behandelte in den achtziger Jahren ein Lehrer das Laster des Fluchens. Er führte dabei aus: „Fluchen ist eine schlechte Angewohnheit. Wenn eine Frau schreit ‚ach, Herr

Jesses', so ist das eine Gotteslästerung. Oder es fällt etwas hin, so heißt es ‚zum Donnerwetter nochmal', das ist auch eine Gotteslästerung."
Bei diesen Worten spähte er in die Klasse, bemerkte etwas Ungehöriges und schrie empört: „Es Gewidder soll den Kerl hole, wo dohinne hoggd un frißd!"

Der nützliche Star

Der Lehrer erzählt, wie nützlich sich der Star machen könnte, wenn er statt Kirschen und Erbsen das Ungeziefer fressen würde. Der kleine Heiner paßte wieder einmal nicht auf und gibt auf die Frage, wie sich der Star nützlich machen könnte, die Antwort: „Ei, wenn er e Bienche wär, könnt er Honig mache."

Lehrers Geburtstag

Zum Geburtstag des Lehrers bringt Heiner einen mächtigen Blumenstrauß angeschleppt. Erfreut über diese Wandlung des sonst keinesfalls so aufmerksamen Heiner bedankt er sich, worauf ihm Heiner erwidert: „Ei no, mei Mutter is in de Lade gange un hot en kaaft, do konnt ich doch net naa sage."

Die Aufgabe

„Wenn ich sechs Gläser Bier hinstell, un dein Vadder drinkt eins devo, Heiner, wie viel bleiwe dann mir?" fragt der Lehrer in der Rechenstunde.
„Gor kaans, Herr Lehrer", lacht Heiner, obwohl er genau weiß, daß ihm die Antwort Ärger einbringt. Das geschieht auch in Gestalt einer schlechten Note. Dies wiederum läßt Heiner nicht auf sich sitzen:
„Mei Uffgab kenn ich schon, Herr Lehrer, doch ich glaab, Sie kenne scheint's mein Vadder net."

Georg Wiesenthal „Was ist ein Geiser?"

Im Geographieunterricht wurde die Insel Island mit ihren Vulkanen und Geysiren durchgenommen. Frage: „Was ist ein Geiser?"
„Herr Lehrer, de Geiser is des Mennche vun de Gaas", gab Fritzchen zur Antwort.

Wilhelm Stühlinger # Erlebte Stilblüten

Aus dem Religionsunterricht

Der Lehrer fragt: „Was wißt ihr von Israel?" Eine Schülerin antwortet: „Des is e Meewelgeschäft in Orhellje. Do hot mei Dande ihr Schloofstubb kaaft."

Es ging um das Sprichwort „Müßiggang ist aller Laster Anfang!" Der Lehrer fragt: „Was soll das bedeuten?"
Ein Schüler antwortet kopfschüttelnd: „En Laster hat en erste Gang un en zweite Gang un en dritte Gang un aach en Rückwärtsgang. Awwer vun eme Müßiggang hab ich noch nix gehört."

Es ging um eine Spruchkatechese über 1. Mose 3, 19: „Im Schweiße deines Angesichts sollst du dein Brot essen!" Der Lehrer fragt nach der Bedeutung dieses Spruches im Zusammenhang mit der Schöpfungsgeschichte.
Ein Schüler antwortet: „Des heißt sicher so viel wie: Du sollst solange esse, biste schwitzt."

Aus der Heimatkunde

Bei einer Schulvisitation fragt der Schulrat nach dem höchsten Berg im Vorderen Spessart. Die Lehrerin will den verdutzten Schülern helfen, indem sie hinter dem Rücken des Schulrats mit beiden Händen den ‚Hahnenkamm' andeutet.
Prompte Antwort eines Schülers: „De Kühkopp!"
Der Schulrat lacht und fragt weiter: „Nun, weil gerade der Kühkopf am Altrhein genannt wurde, wollen wir uns ihm einmal zuwenden. Ihr wißt sicher, daß auf dem Kühkopf viele Vögel nisten und brüten. Was könnt ihr mir für ‚Brüter' nennen?"
Es kamen folgende Antworten: „Nestbrüter" – „Wasserbrüter" – „Schnelle Brieter" – schließlich „Saufbrieder".

De Unnerschied

Hans Herter

De Lehrer in de Schul hott letzt
Vun Unnerschiede mol geschwätzt,
Dhut dann sei Buwe frooge:
„Wer kann de Unnerschied mir vun
Vielleicht em Birofreilein un
'me Dienstmädche mol soge?"

Do hockt die Klass' erst do un schweigt,
Die Froog is nämlich net so leicht,
Die Andwort um so schwerer,
Bis daß de Fritz sein Finger streckt
Un uffgerufe wichdig seggt:
„Ich waaß es jetzt, Herr Lehrer."

„E Birofreilein schafft ihrn Kram,
Verbringt ihr Freizeit dann dehaam
Am eigne Disch un Ofe. –
E Dienstmädche bleibt immer do
Bei ihrer Herrschaft, weil-se jo
Bei ihrem Chef derf schloofe."

Der Mensch

Hans Herter

Schulaufsatz

Der Mensch besteht aus Knochen, Flaasch und Hoorn. Letztere wachsen in der Mehrzahl uff dem Kopf. Sofern man keine Platt hott. Den Kopf, auch Knorrn, Berzel, Wersching oder Geweih genannt, braucht man, um sein Härrn in der Schule anzustrengen. Aber auch um seine Mitze druffzuhocken. Im Kopf befinden sich zwei Aagen zum Guggen und eine Nase zum Niesen und Riechen. Dieselbe nennt man auch Zinken, Leetkolwen, Tulp und Gummer. Außerdem hat der Mensch einen Mund, wo auch als Schnut, Schnawwel odder Maul driwwer gesagt wird und den man dringend zum Essen und Drinken beneedigt. Aber aach zum Schwätzen und Babbeln. Die Zähn im Mund sind für den Zähdokder bestimmt. Der Kopf des Menschen besitzt aach noch zwei Ohrn, die wo wie der Hals efders gewäschen werden missen und nicht alles zu heern brauchen. Der Mensch hat ferner einen Rumpf, mit dem man beim Torne rumpfbaigt macht und der wie alles iebrige in Haut eigepackt

ist. Am Rumpf sind oben zwei Ärm, an denen sich die Hände mit jedesmol finf Fingern, aach Poode un Griffel genannt, befinden. Man braucht die Hände zum Anfassen und Greifen, aber auch, um anderen damit eine zu kleben.
Die Finger haben noch Fingernägel, die meisdens schwazz sind. Die Beine, die unten am Rumpf sind, beneedigt man zum Laufen und Kicken. Weswegen man auch die Fieß dazu braucht, wo aach finf Zehen haben, mit Nägel, wo immer geschnitten werden misse, weil sonst zu viel Löcher in den Strimpfen erscheinen. Manche Fiße haben auch Hieneraagen. Was aber eigentlich nicht dazu geheert.
Der Rumpf hat hinten einen Ricken, wo man sich drauflegt, und gleich gäjenieber den Bauch, der wo als weh dhun dhut, wenn man zu viel gepickt hodd. Der Mensch hat aber auch eine Brust und euwennig noch alles Meegliche, wo aber nur der Herr Dokder kennt. Ebenso hat der Mensch noch ein Herz, was immer bumbert, und Blut. Daß man sieht, wann man sich in den Finger geschnitten hodd. Dann hat der Mensch auch noch ebbes, wo er sich druffhockt, was man aber nicht sagen darf, weil man sowas nicht seggt.
Der Mensch setzt sich zusammen aus Männer, Fraue, Mädchern un Buwe. Aber auch aus Damen und Herrn. Man sagt aach immer „der Mensch" und niemals „das Mensch". Nämlich das ist was anderes. In der Mehrzahl haaßt der Mensch „die Menschen". Und wann die ersten Menschen nicht an die Ebbel gegange wärn, wärn mir heite noch im Paradies.

Georg Wiesenthal

Aus dem Realgymnasium

Ein Herr stieg die Treppen des Realgymnasiums empor. Im ersten Stock arbeitete eine Putzfrau. „Ist das hier das Realgymnasium?" fragte er die Frau.
„Naa, des is e Schul", erhielt er zur Antwort.

Eine Klasse des Realgymnasiums machte einmal einen Ausflug nach dem Römerkastell Hainhaus bei Bad König. Nach der Besichtigung der Altertümer wurde Einkehr gehalten, und man stärkte sich mit Hausmacherwurst und Handkäs.
Da meinte einer der Schüler zu seinem Lehrer: „Des Hainhaus hot heid sein Kombaradiv erlebd!" „Wieso das", fragte der Lehrer verwundert. „Ei, 's Hainhaus is doch heit zum Heiner-Haus awa'sierd", war die Antwort.

Der Metzgersohn

Georg Wiesenthal

Ein Metzgermeister schickte seinen Sohn in das Realgymnasium. Schon nach kurzer Zeit erkannten die Erzieher, daß der Junge niemals das Klassenziel erreichen werde.
Der Klassenführer ließ sich den Vater kommen und teilte ihm mit, sein Sohn sei ja recht aufgeweckt, aber es sei falsch, daß man ihn mit der höheren Schule quäle. „Lassen Sie ihn doch lieber Metzger lernen", schloß der Lehrer seine Darlegungen.
Da wurde der Meister aber wild und rief im gekränkten Vaterstolz: „Wos, Metzjer soll er wer'n? Ja, maane Sie dann vielleichd, do kennt mer die Buwe dezu brauche, die wo zu dumm sin, um in die heher Schul zu geh'!"

Es bleibt, wie es war

Georg Wiesenthal

Als vor Jahren ein paar Ballonheiner[1]) in eine höhere Klasse versetzt wurden, kauften sie zwei Farrenschwänze[2]) und legten sie auf den Lehrertisch mit einem Zettel: Für unsere Nachfolger.
Am anderen Tag kam der Lehrer, nahm die Farrenschwänze und teilte den staunenden Schülern mit: „Ich will eich nor sage, daß ich die Klaß weider behald, un dodemit versohl ich eich in Zukunfd."

Verbum Domini manet in aeternum

Georg Wiesenthal

Über dem Portal der Schloßkirche im zweiten Schloßhof waren die lateinischen Worte zu lesen: Verbum Domini manet in aeternum (Das Wort Gottes bleibt in Ewigkeit).
Ein Vater, dessen Sohn das Gymnasium besuchte, fragte im Vorbeigehen den Sprößling: „Was kannst Du aus dieser erhebenden Inschrift entnehmen, mein Sohn?"
„Daß ‚in' de Akkusadiv reschierd", war die Antwort.

---

[1]) Schüler der Ballonschule am verschwundenen Ballonplatz an der Ecke Alexander-/Magdalenenstraße.
[2]) Farre = junger Stier.

Karl Lotz

Dreifach Pech

Eine wahre Begebenheit

Das Alte Realgymnasium hatte einen zweiten Hofausgang, der zur Pädagogstraße führte. Dort, am Treppchen zur Dönchesborngasse, stand vor einigen Jahrzehnten – als es noch kein Radio gab – oft ein Altwarenhändler mit seinem Wägelchen, vor das ein Esel gespannt war. Für Altpapier und Lumpen gab es hier kein Geld, der Händler erstattete dafür Luftballons, Windrädchen, Gummibläschen, Pfeifen und dgl. Kirmeskram. Manchmal kam es vor, daß junge „Alte-Realgymnasiasten" den Esel zu necken versuchten, was allemal auch den Händler in Trab brachte.

Als wieder einmal eine solche Neckerei des Esels auf die Spitze getrieben wurde, schnappte sich der Händler den ersten besten Jungen und verprügelte ihn. Ausgerechnet – wie oft in solchen Fällen – war es ein völlig unbeteiligter Junge, der nur dem Treiben der bösen Buben mitzugesehen hatte. Weinend lief er in den Schulhof zurück. Hier schnappte ihn der im Hof Aufsicht führende Herr Professor, der beobachtet hatte, wie er von dem Altwarenhändler eine Tracht Prügel bekam. Der Herr Professor gab ihm auch noch eine Ohrfeige. Jetzt war das Maß des unbeteiligten Buben voll. Weinend, schluchzend zog er am Ende der Pause mit seiner Klasse auf den Stufen des breiten Treppenhauses hinauf. Dort stand wie oftmals der Herr Direktor, Herr Geheimrat Münch, peinlich darauf achtend, daß alle Klassen geordnet in ihren Saal gingen. Und wehe dem, der z. B. mit den Händen das Treppengeländer berührte (man erkannte darin eine große Ansteckungsgefahr für Krankheiten). Da kam auch unser schluchzender Klassenkamerad bei dem Herrn Direktor vorbei. Der Herr Geheimrat hielt ihn sogleich an und begehrte den Grund seines Jammerns zu erfahren. „Ei, de Herr Professor unne im Hof hot mir a Ohrfeig gegewe, dobei hab ich dem Esel gar nichts getan!"

„Klatsch" knallte noch einmal eine Ohrfeige, diesmal aus des Herrn Geheimrats Hand. Und die war nicht von Pappe!

Herman Müller

Der Schulhof des Ludwig-Georg-Gymnasiums mit Dilthcykastanie und ehemaligem Südbau und der aus Professor Karl Baur, Hofrat Dr. Georg Lauteschläger und Heinrich Wagner gebildeten Lehrergruppe.

Vom Ludwig-Georg-Gymnasium, dem „alten Pennal"

Der Globus
Willi Wilbrand

In der älteren Schülergeneration, sagen wir bei den Schülern, die zwischen 1840 und 1880 dort an dem Busen der Wissenschaft saugten, wurden die ersten beiden der folgenden Schülerepisoden erzählt:
Im Klassenzimmer steht unter anderem ein großer Schrank, dessen Inhalt Kreide, ein Handtuch, der Deutstock und ein großer Erdglobus aus Papiermaché bilden. Der Lehrer kommt, nachdem es geläutet hat, noch nicht in die Klasse, weil er sich verspätet hat. „Hoffentlich kriegt sei Frau wieder ein Kind, und er kimmt gar net!" ruft einer. Es wird allerlei Unfug gemacht, unter anderem macht einer den Schrank auf und setzt sich hinein. Da im selben Moment der Lehrer das Klassenzimmer betritt, wagt der Schüler nicht mehr herauszusteigen, er bleibt im Schrank sitzen und zieht die Tür zu. Seine Abwesenheit wird zwar nicht bemerkt, bei ihm

macht sich aber dringend in kleinem Umfang ein Bedürfnis geltend. Wenn er unvorsichtig ist, wird er bemerkt, da der alte Schrank nicht dicht ist. Da, in seiner Not, sieht er den Erdglobus, macht oben die Schraube ab und ... ist gerettet. Einige Tage später ist Geographiestunde. Als der Globus aus dem Schrank herausgeholt werden soll, findet man dort eine durchweichte, klebrige Masse in Scheibenform zusammengesunken. Der mit dem Herausholen des Globus beauftragte Schüler hatte ebensowenig wie seine Kameraden eine Ahnung, was dem Globus passiert war, da der Attentäter dichtgehalten hatte. Er zog also die klebrige Scheibe heraus, der Lehrer steht mit Entsetzen vor dem Monstrum, ebenso die Klasse, weniger entsetzt als erfreut über den Zwischenfall. Plötzlich ertönt aus dem Hintergrund eine Stimme: „Ich hab immer gesagt, die Erd ist kei Kugel, sondern en Pannekuche."

Willi Wilbrand

Der Opal

Im Jagdschloß „Mönchbruch" war im engeren Jagdkreis Ludwig IV., nachdem man im Forst Mönchbruch gejagt hatte, Jagdtafel. Es waren – wie üblich – die Oberförster der Reviere, in denen gejagt worden war, als Gäste mit anwesend, unter ihnen der Forstinspektor Frey vom Forsthaus „Woogsdamm". Es war dem Großherzog gesteckt worden, daß dem Frey als Schüler des Darmstädter Gymnasiums (das alte Pennal genannt) einmal eine merkwürdige Geschichte passiert sei. Nachdem Ludwig IV. ihm zugerufen hatte: „Frey, wie war doch die Geschichte mit dem Opal?" konnte Frey als gehorsamer Untertan sich nicht weigern und fing also an:
Wir hatten die Naturgeschichte beim Professor Franz Bender [1814–1892] und haben nach und nach das ganze Naturreich durchgenommen. Eine naturwissenschaftliche Sammlung gab's damals im alten Pennal noch nicht. Ich hatte aber einen Onkel, der hatte eine Gesteinssammlung, was dem Professor Bender bekannt war. Als wir dann in der Naturgeschichte an die Mineralogie kamen, forderte mich der Professor Bender auf, aus der Sammlung meines Onkels immer die Steine mitzubringen, die er im Unterricht durchnehmen wollte. Von den Halbedelsteinen sollte in der nächsten Naturstunde der Opal an die Reihe kommen. Als Professor Bender sagte: „Frey, dein Onkel hat in seiner Sammlung sicher einen Opal?", erhob ich mich und sagte: „Jawohl, mein Onkel hat in seiner Sammung einen Opal." – „Schön, dann bringe ihn das nächstemal mit", sagte der Professor. Mein Onkel hatte in seiner Sammlung zwar keinen Opal, aber ich hatte in der

Schützenstraße eine Tante, die einen Kramladen betrieb. Zu dieser Tante ging ich und sagte: „Geb mir mal ein schön Stück Kandiszucker." Sie gab mir ein Stück, ich wickelte es sauber in Watte und legte es in eine Schachtel mit der Aufschrift Opal. In der nächsten Naturstunde gab ich es dem Professor Bender, der hielt das Stück gegen die Sonne und sagte: „Ein schönes Stück, ein sehr wertvolles Exemplar von einem Opal; den kann ich nicht den meist schmutzigen Fingern der Schüler überlassen, ich will ihn lieber jedem einzeln zeigen." Sprachs und ging von Bank zu Bank und zeigte jedem Schüler einzeln den „Opal". Dann sagte er: „Frey, gib mir mal dein Schächtelche, ich will den Opal selbst einwickeln, damit ihm nichts passiert." Er gab mir dann die Schachtel zurück und legte mir noch ans Herz, den Opal ja vorsichtig meinem Onkel zurückzugeben und ihm gleichzeitig den Dank der Schule für die freundliche Überlassung zu übermitteln. – Nach einiger Zeit fing mein Nachbar auf der Schulbank an fürchterlich zu lachen. Professor Bender sprang hin und sagte: „Was lachste dann, du dummer Bengel?" Die Antwort lautete: „Weil der Frey eben sein Opal gefresse hat, Herr Professor."

Der Rauchquarz   Willi Wilbrand

Der Verfasser erhielt von einem ihm persönlich nicht bekannten Gefreiten, welcher „Rings um den langen Ludwig" im Felde gelesen hatte, folgende Zuschrift: „Zur Duplizität der Ereignisse, im Hinblick auf Ihre schöne Geschichte ‚Wie der Frey seinen Opal gefressen hat', teile ich Ihnen nachstehendes mit. Wir waren vor ca. zwölf Jahren im alten Pennal bei der Behandlung der Minerale angelangt, und an dem in Frage stehenden Tage sollten Kristalle, speziell Quarzarten, durchgenommen werden. Vor Beginn der Stunde versteckte einer in einem der bereits vorsorglich aufgestellten Mineralienkästen ein Stück Kandiszucker. Zunächst verlief die Stunde ganz regulär, bis die ominöse Schachtel mit dem Kandiszukker an die Reihe kam. Der Lehrer entdeckte das Stück, erstaunte, schüttelte den Kopf und mußte sich schließlich zu der verblüfft-verlegenen Erklärung bequemen, er habe dieses Stück noch niemals in der Sammlung gesehen, könne sich auch gar nicht erklären, wo dieser Kristall auf einmal herkäme; da er aber nun einmal da sei, so wolle man ihn bestimmen, das sei gleichzeitig eine gute Übung. – Eine Menge Mineralogie-Lehrbücher usw. wurden herbeigeholt, und nun ging's eifrig an das Bestimmen, wobei wir uns natürlich ganz besonders beteiligten. Das Ergebnis lautete, daß es sich um ein seltenes Stück Rauchquarz handeln müsse. Voll Stolz auf diese Entdeckung reichte unser Lehrer unser Kandiszuckerstück in der Klasse herum, das wir, uns gut beherrschend, mit gebührender Ehrfurcht bestaunten. Zum Schlusse wurde eine neue Mineralienschachtel angelegt, mit der Aufschrift ‚Rauchquarz' versehen und der Sammlung des Pennals einverleibt, wo sie sich, so Gott will, heute noch befindet."

Willi Wilbrand	Es war ein alter, also ehrwürdiger Brauch, den jeweiligen Direktoren des alten Pennal den Umnamen „Dopp" zu geben. Für einen dieser Herren, der dort über 20 Jahre der Schulmonarch war, gab es nichts Fürchterlicheres als der Gedanke, an seiner Anstalt könne eine Gymnasialverbindung bestehen. „Wer Bier trinkt, der stirbt; sie sind alle früh gestorben, die ich kannte, die Bier tranken", sagte er oft. Das Gerücht, daß es trotzdem eine „freischlagende Gymnasialverbindung" gäbe, verstummte nicht, und es wurde sogar behauptet, daß die Mitglieder samstags nachmittags in ihrer Stammkneipe am Marienplatz sich zu versammeln pflegten. Der „Dopp" beschloß, die Verbrecher eigenhändig festzustellen, und begab sich zu diesem Zweck schon nachmittags um 3 Uhr in die betreffende Wirtschaft. Dort trank er von 3 bis 6 Uhr ein Glas und einen Schnitt Bier. Da die Gymnasiasten sich nicht sehen ließen, beschloß er, seine Zeche zu bezahlen und wieder nach Hause zu gehen. Er rief den Kellner, dieser lehnte jedoch den Empfang des Geldes mit den Worten ab: „Die Gymnasiasten im Hinterzimmer haben Ihre Zeche bereits bereinigt."
Willi Wilbrand	„Die Schüler der vorderen Bänke müssen sich so setzen, daß ich die Hintern sehen kann."
Willi Wilbrand	„Wer während des Unterrichts mit seinem Nachbarn schwätzt, erhält Arrest; meine Ohren reichen bis zum Hintersten."
Willi Wilbrand	In der griechischen Grammatik gibt es eine Anzahl Wörter, deren Konjugation einem die Lust am ganzen klassischen Altertum verleiden kann, es sind dies die Verba auf „mi". Man kann sie nicht konstruieren, man muß sie einfach auswendiglernen. Es gibt Leute, die, wenn sie, obwohl sie schon vor 50 Jahren Maturitas gemacht haben, nachts von den Verben auf „mi" träumen, unter Stöhnen aufwachen, vom Alp gedrückt. – Es wurden wieder mal die Verben auf „mi" exerziert. Da meldet sich ein Primaner, weil er „rasch wohin müßte". Das veranlaßte den Professor zu folgendem

Ausspruch: „Das Schönste in der griechischen Sprache und man kann sagen im klassischen Altertum überhaupt sind die Verba auf ‚mi', und so oft ich sie konjugieren lasse, verlangen Sie nach dem Klosettschlüssel, Sie Rohling, Sie!"

Wie leicht eine Anekdote im Laufe der Jahre sich verändert, beweist folgendes: Der aus Darmstadt stammende Bildhauer Professor H. hatte den Auftrag, eine Büste von Hindenburg anzufertigen. Als der Feldmarschall hörte, daß H. aus Darmstadt stamme, erzählte er die Verba-auf-„mi"-Geschichte folgendermaßen: Zur Direktion sei ein Vater gekommen, der seinen die Prima besuchenden Sohn gern in seinen Betrieb haben wollte, während der Sohn aber lieber weiter ins Gymnasium gehen wollte. Der Direktor soll dann dem Vater gesagt haben: „Wir kommen demnächst an die Verba auf ‚mi', lassen Sie Ihren Sohn dieselben noch mit durchnehmen, dann hat er noch etwas für sein ferneres Leben."

Willi Wilbrand

Als der Direktor [Dr. Adalbert Becker, 1836–1897] mit dem Spitznamen „Dopp" in den Ruhestand getreten war, wurde ein Herr Direktor [Peter Dettweiler, 1856–1907], der seiner Persönlichkeit nach ungefähr das genaue Gegenteil der vorhergehenden Direktion war. In seiner Antrittsrede in der Aula warb er etwas um die Gunst der Schüler. Unter anderem sagte er: „Ich weiß, welch wenig schönen Spitznamen mein Vorgänger hatte; wenn der Direktor an dieser Schule der Tradition nach unbedingt einen Spitznamen haben muß, dann bitte ich um einen schöneren."
Da ertönte aus einer der hinteren Reihen der Schüler eine Stimme, die rief: „Nach-Dopp".

Willi Wilbrand

Die Trink- und Rauchstatistik

Willi Wilbrand

In den oberen Klassen des alten Pennals war es ein alter und infolgedessen ehrwürdiger Brauch, im Sommer wenigstens einmal gemeinsam auswärts ein Faß zu trinken. An sich war das Biertrinken außerhalb der Stadt nicht verboten, nur das gemeinsame Vergnügtsein war untersagt. Eine übereifrige Lehrkraft hatte herausgebracht, daß beim „Nippchen" (ein Lokal an der Haltestelle Eberstadt der Main-Neckar-Bahn) eine solche Lustbarkeit steigen sollte. Von dem nahen Wald aus schrieb er die Namen von 20 Schülern auf, welche dort einpassierten. „Gläser klirrten, Rauchschwaden kamen aus den Fenstern, und gesungen wurde auch", berichtete er nachher der Direktion. Als die Primaner abgezogen waren, stellte er beim Wirt fest, daß das Faß 40 Liter enthalten habe und daß ein Schüler aus der Zigarrenfabrik seines Vaters eine Kiste mit 50 Zigarren mitgebracht habe, die ebenso wie das Faß völlig geleert worden sei. Die betreffende Lehrkraft und die Direktion beschlossen dann, nach einem fein ausgeklügelten Plan die Haupttrinker und -raucher festzustellen. Es wurde eine Liste der 20 Sünder aufgestellt und so geordnet, daß der brävste zuerst vernommen und zum Geständnis des Umfanges seiner Trink- und Rauchleistung gebracht werden solle. Der Brävste, der zunächst zur Direktion zitiert wurde, hatte angeblich nur ein Glas Bier getrunken und war Nichtraucher. Der nächste hatte $1^{1}/_{2}$ Glas Bier getrunken und eine Zigarre nur halb geraucht usw. Mehr als drei Glas Bier gab keiner zu. Zuletzt wurde derjenige zitiert, den man nach Leistung und Betragen für den Anstifter hielt und dem man den größten Konsum an Bier und Zigarren zutraute. Als er zur Direktion kam, wurde er angebrüllt: „Sie Trunkenbold, Sie Säufer, Sie Abschaum, Sie haben, was sich aus dem Geständnis Ihrer Genossen ergibt, 18 Liter Bier getrunken und 15 Zigarren dazu geraucht."

Willi Wilbrand

Das Sinkandogebirge

Es ist Geographiestunde, in der Rußland durchgenommen wird. Der Lehrer fragt einen Schüler: „Welche Gebirge liegen östlich des Ural?" Dem Gefragten, der keine Ahnung hat, flüstert sein Hintermann im reinsten Odenwälder Dialekt zu: „Es sin kan do."
„Das Sinkandogebirge", war die prompte Antwort des Schülers.
Dem Lehrer kam diese Antwort so ungeheuerlich vor, daß er einen Kollegen holte und diesem von der Klasse bestätigen ließ, daß soeben in ihr das Sinkandogebirge entdeckt worden sei.

Wilhelm Heinzerling

„Chemie" bei „Babba Schopp"

Ich will noch meine Eindrücke über den lieben guten „Babba Schopp" [Heinrich Schopp, 1834–1913] schildern, die mir noch in angenehmster Erinnerung sind. Seine ganze Persönlichkeit strahlte Lebensfreude aus, die er unwillkürlich auf andere übertrug. Der Grundzug seines Wesens war Freundlichkeit; er sah das Leben von der heiteren Seite an, und wenn er auch einmal zankte und rief: „Heinzerling, du dreibst widder Näwedinge, du bist iwwehaubd e bäser Bub, ja, du bist ja noch bäser wie mein Lodwig, ich sag's dei'm Vadder, den kenn' ich gud", so lautete dies schrecklicher als es war. Bis heute hat er meim Babba noch nix gesagt!

Bei Experimenten in der Chemie, die damals noch recht im Anfangsstadium war, war er übertrieben vorsichtig – aus Verantwortlichkeitsgefühl für die ihm anvertrauten Schüler –, aber es wirkte manchmal so komisch, namentlich, wenn er uns den Wasserstoff entwickelte.

„Babba Schopp" erscheint mit seinem, von uns sehr beneideten Assistenten Bauer, der einen kleinen Tisch mit Reagenzgläsern, Spritzflasche, einem Wasserbad und verschiedenen Utensilien und Chemikalien bringt. „So, Ihr Buwe, macht erst emal e Fensder auf, es riecht hier nach Seire! So, jetzt will ich eich emal de Wasserstoff vorfiehrn. Bauer, komm emal mid deim Disch her unn schdell en emal vor die Klass'! Hald, net so dicht an die Bänk' – deß is nämlich gefährlich. So, jetzt baßt emal owachd: Hier is e Flasch, sehd er se? Also e Flasch, da haww ich Zink eneigedan; jetz schidd ich Wasser dorch die Glasröhr, die owwe de weide Hals had, sooo – – – wenn ich jetz da enein Schwefelseire schidd, gibt deß de Wasserstoff – awwer deß is gefährlich! – Ihr vunn der ersde Bank, emal jetz all erausgehn unn weider zurick; Bauer, was meinsde? Die zweid' Bank muß auch eraus, so, als zurick, als zurick, des is nämlich gefährlich! So, so!! – – Heinzerling, was lachsde dann da, wo ich mein Läwe in die Schanz' schlag'; Bauer, schreib en ein; e Schdund Arresd!! – So jetz werd die Schwefelseire zugegosse, unn da endwickelt sich dadrin der Wasserstoff; sehd er's? Jetz wird davorne e Schdreichholz drangehalde an die spitz Glasröhr, unn dann gibt's e lang Flamm. – Jetz awwer Achdung! Na, die drid Bank muß aach noch eraus! Als zurick, als zurick, noch mehr, noch mehr! – – Jetz wolle mer anschdecke: Bauer, geb emal e Schdreichholz! Was, da sinn kei' da? Geh enunner zum Pedell, hol e Schachdel. Ihr Buwe kennt eich widder setze, bis der Bauer widder da is. Als widder enein, als widder enein!! Na, der Bauer macht awwer lang, wahrscheinlich had der Pedell auch kaa gehabt." –

„Godd sei Dank, da is der Bauer endlich; also die drei Bänk widder enausgehn, als zurick!! Als zurick! Deß is nämlich gefährlich!!! So, Bauer, jetz wickel noch emal zwei Handdicher um die Flasch, unn dann wolle mer anschdecke, wickel se awwer ja gud drum, Bauer, es is nämlich gefährlich!!"

Nun geht „Babba Schopp" mutig auf die Flasche zu und hält ein Streichholz dran; es entwickelt sich ein kleines Flämmchen. „Es brennd, es brennd!! Seht, er Buwe, deß is der Wasserstoff!!!"

Kasimir Edschmid **Im Karzer des LGG**

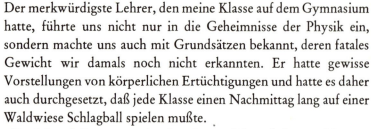

Eine Erinnerung

Der merkwürdigste Lehrer, den meine Klasse auf dem Gymnasium hatte, führte uns nicht nur in die Geheimnisse der Physik ein, sondern machte uns auch mit Grundsätzen bekannt, deren fatales Gewicht wir damals noch nicht erkannten. Er hatte gewisse Vorstellungen von körperlichen Ertüchtigungen und hatte es daher auch durchgesetzt, daß jede Klasse einen Nachmittag lang auf einer Waldwiese Schlagball spielen mußte.

„Der Mensch", sagte er mit grimmigem, nicht unkokettem Humor, „ist nicht dazu da, eine gelehrte Puppe zu werden, obwohl er ja leider dazu erzogen wird, er muß vielmehr auch darauf vorbereitet werden, sich gegenseitig den Schädel einzuschlagen." Er sagte das öfters, und wir nahmen es im sportlichen Sinne mit Geheul auf.

Der Lehrer war ein gut aussehender Bursche mit wilden Augen, und wir rechneten es ihm hoch an, daß er das anständige Feindschaftsverhältnis, das zwischen Lehrern und Schülern damals bestand, anerkannte. Er suchte uns hineinzulegen, und wir probierten dasselbe mit ihm. Das war eine klare Situation.

Eines Tages kontrollierte er unsere Physik-Hefte, um festzustellen, ob sie richtig geführt seien. Die Hälfte der Klasse besaß keine. Er befahl uns, am Nachmittag desselben Tages die Hefte in seiner Wohnung vorzuzeigen. Es war ein Samstag. Wir waren über die Zumutung verärgert und beschlossen, ihm einen Denkzettel zu geben.

Einer von uns vier, dessen Bruder später Nobelpreisträger wurde und der selbst schon mit sechsundzwanzig Jahren den Posten eines Unterstaatssekretärs der Weimarer Republik innehatte, lebt nun als Professor der Columbia-Universität in New York. Der andere leitet eines der größten Museen in USA, der dritte starb als Besitzer einer Garage in San Francisco, nachdem er vorher in Deutschland ein bekannter Rechtsanwalt gewesen war.

Nun ... wir waren siebzehn Jahre alt. Es gab damals keine Taxis, aber dafür viele Pferdedroschken. Jeder von uns mietete eine, und so fuhren wir mit vier Wagen durch die Stadt. In der stillen Straße des Lehrers fuhr ein Wagen nach dem anderen vor, die Pferde scharrten, die Türen wurden aufgerissen und knallten wieder zu, die Hufe klapperten, die Droschken fuhren ein Stück weiter, und auf diese Weise kam die ganze Straße auf die Beine.

Der Lehrer machte die Tür auf, warf einen Blick auf die Hefte, öffnete sie nicht einmal, nickte, grinste und ließ uns wieder gehen.
Am übernächsten Morgen wurden wir von dem Direktor verhört. Es stellte sich dabei heraus, daß nicht der Physiklehrer uns angezeigt hatte. Er war ein wüster Kerl und hatte Sinn für Frechheit. Er war es nicht. Der Mathematiklehrer war der Denunziant gewesen.
Dieser Mathematiklehrer hatte bereits meinen Vater beim Maturum in Mathematik durchfallen lassen und besaß daher eine ererbte Abneigung gegen meine Familie. Bei der schriftlichen Abiturprüfung später blieb er stundenlang neben meinem isolierten Tisch stehen und genoß es, während die ganze Klasse spickte, mich vor meinem weißen Bogen sitzen zu sehen.
Erst als ich – während er, von der Natur gezwungen, ein paar Minuten den Prüfsaal verlassen hatte – das Lehrbuch unter dem Hemd herausziehen konnte und eine Formel erwischte, vermochte ich, eifrig mit dem Ausrechnen zu beginnen.

Zurückgekehrt klopfte der Lehrer mir wohlwollend auf die Schultern: „Nur so weiter." Leider hatte ich aber eine falsche Formel abgeschrieben, nicht die für den Inhalt, sondern die für den Umfang des zu berechnenden Gegenstandes. Und mein Lehrer, der dies natürlich erkannt haben mußte, hatte mich getrost und fürsorglich an seiner treuen Hand weiter in das Unheil hineingeleitet. Er war ein distinguiert aussehender alter Herr mit einem kleinen weißen Bart, blauen Augen mit rötlichen Wangen. Er roch stets diskret nach Eau de Cologne. Dieser Mann also hatte uns angezeigt.
Wir erhielten für unsere Droschkenfahrt 2 Stunden Karzer. Wir wurden, jeder an einem anderen Tag, in einem hochgelegenen Zimmer eingeschlossen, und der Schlüssel wurde abgezogen.

Dieser Karzer war berühmt, weil er fast dreihundert Jahre schon als Erziehungsobjekt gedient hatte. Vielleicht waren die Generationen vor uns von der Tatsache, daß sie eine Weile eingesperrt wurden, wirklich moralisch beeindruckt und hatten die Einkerkerung als Schande empfunden. Vielleicht auch nicht. Für uns war die Demonstration lachhaft.
Es war eine merkwürdige Kammer, und ich genoß die Kuriosität ausgiebig. Denn überall prangten noch Sprüche, die lange vor uns an die Wände geschrieben worden waren. Und sogar der Stuhl und der Tisch, an dem so viele treffliche Schüler ihre Strafe abgesessen hatten, war mit eingekerbten Initialen verziert.
In dieser Schule hatten Georg Büchner, der die Schule verhöhnt hatte, und Justus von Liebig, der schon mit vierzehneinhalb Jahren

davonlief und gar kein Maturum machte, und Stefan George, der eine mittelmäßige Note in Deutsch eingebrannt bekam, viele Jahre ihrer Jugend verbracht.

Ich erhielt, ehe man mich einschloß, die Aufgabe, ein griechisches Verbum mit allen Launen seiner Entwicklung aufzuschreiben. Ich schrieb jedoch nur, als ich an der Wand ein Herz entdeckte, das den Namen „Elli" trug, darunter.

>   Ach, liebe Kleine, finde ich dich auch,
>   die ich so oft schon traf an anderen Orten,
>   hier eingekratzt nach liebem altem Brauch
>   von einem dieser Toggenburg-Konsorten.

Als die Kammer wieder aufgeschlossen wurde, erhielt ich noch einmal zwei Stunden Karzer. Ich kam auf diese Weise nicht darum herum, das unregelmäßige griechische Verbum mit allen seinen Stationen und seiner ganzen turnerischen Eleganz schließlich aufzuschreiben.

In meinem Maturumszeugnis stand dann als Führungsnote: „Ungenügend wegen Verhöhnung einer von einem Lehrer getroffenen Maßnahme und eines Falles von nächtlichem Wirtshausbesuch."

Als mein Vater, der, obwohl er infolge der Urteilskraft des Mathematiklehrers im Maturum durchgefallen war, ein Schüler Röntgens und Professor der Physik war, das Dokument las, sagte er: „Du wirst dieses Dreck-Zeugnis dein Leben lang, was du auch immer anfangen willst, leider vorlegen müssen."

Mein Leben hat es nun aber gefügt, daß ich dieses Zeugnis niemals irgendeinem Menschen oder irgendeiner Autorität zu unterbreiten hatte, es sei denn als rein formeller Ausweis, um auf verschiedenen Universitäten studieren zu können.

Aber es war mir wertvoll genug, es neben einigen anderen Dingen in mein Banksafe einzuschließen. So blieb es erhalten, während 1944 so ungefähr alles, was ich besaß, in dem Feuerwerk, das ein paar hundert englische Flieger entfachten, verbrannte.

Was blieb? Die Erinnerung an einige Lehrer, die keineswegs so waren, wie sie hätten sein sollen; die Erinnerung an einen Scherz und die darauf folgende, in keinem Verhältnis zur Gegebenheit stehende Bestrafung durch den humorlosen Obrigkeitsstaat. Aber auch die Erinnerung an ein erlebtes Stück Biedermeier, das rührt in seiner naiven Ahnungslosigkeit und seinem fast liebenswerten Glauben an Gemütswerte, die schon lange nicht mehr Wirklichkeit waren.

Plastik im neuen LGG

Hartmuth Pfeil

„Kaaner waaß, wos-de bist, Liewer. Ich waaß es: du bist entweder e Modell for en moderne Schulmaaster – odder du bist e Denkmal for die Hockebleiwer."

„Un wann's Krieg gewwe sollt'..."
Vom Großherzoglich-Hessischen Militär

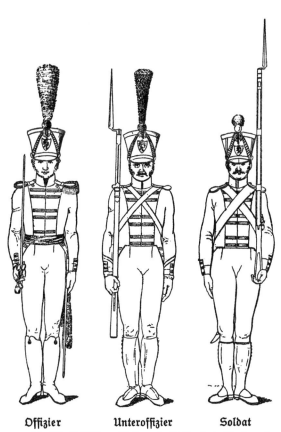

Karl Esselborn

Der Exerzierfeldwebel Ramstädter

Zu den bekanntesten und originellsten Militärpersonen, die es je in Darmstadt gegeben, gehörte der Exerzierfeldwebel des Leibgarderegiments Christian Gottlieb Ramstädter [1761–1831]. Den Darmstädter Knaben, die an Ferientagen die Rekruten auf den „Exert" (Exerzierplatz) zu begleiten und ihnen den ganzen Morgen lang zuzusehen pflegten, machte er einen unauslöschlichen Eindruck, und sie haben sein Andenken der Nachwelt überliefert. Eine besondere Anziehung übten seine sich bei den gegebenen Gelegenheiten wortwörtlich wiederholenden Ansprachen, von denen sich die theoretischen durch ihr reines Hochdeutsch auszeichneten, auf die jugendlichen Zuhörer aus. Eine von ihnen lautete: „Nun, Kerls, gebt acht, was ich euch sage. Bei dem Kommando ‚Achtung!' wird gar nichts gedacht. Wenn ich aber kommandiere ‚Marsch!', dann wird bei ‚Eins!' das linke Bein hinausgeworfen, daß es aus dem Leibe herausfährt, bei ‚Zwei!' wird dann das rechte Bein dem linken nachgeschmissen. Wenn es heißt: ‚Augen links oder rechts!', dann müßt ihr das kräftig tun, man muß dann jedesmal einen Krach hören." Stellten sich die „Kerle" bei der Ausführung der so erläuterten Übungen schlecht an, dann folgte die Ansprache: „Na, guckt mal an, ihr Rindviecher, ihr seid mir schöne Kandendaten", und dann folgten knallende Ohrfeigen. War er mit den Leistungen der Rekruten zufrieden, so versprach er ihnen in der Regel, daß sie mit seiner Tochter zum Fenster hinausgucken dürften. Hatte dagegen ein Mann „schlechtes Zeug" gemacht, dann drohte er ihm zur Strafe an: „Der bekommt meine Luise nicht zur Frau!"

Über einen stämmigen, aber etwas ungelehrigen Metzgerburschen erging einmal die Drohung: „Wenn Er noch einmal einen Fehler macht, so reiß ich ihm das Ohr aus und laß es vor seinen Füßen begraben; dann kann Er sich beim Bäcker ein neues backen lassen!"

Wollte sich der Exerzierfeldwebel einmal aus dem kleinen Schnapsbuttelchen, das er in seiner Tasche mit sich trug, stärken, dann kommandierte er vorher: „Front rückwärts, rechtsumkehrt! Stillgestanden!" und nahm dann seinen herzstärkenden Schluck.

Charakteristisch für Ramstädter ist es auch, daß er seiner Tochter Luise – sie heiratete später den Chirurgen bei dem Garde-Chevauxlegers-Regiment Johann Daniel Knispel – nur deshalb eine Ohrfeige gab, weil sie den Gruß eines Leutnants, der sie von der Straße aus grüßte, erwidert hatte. Wenn daher seine Tochter in seinen Ansprachen an die Rekruten eine Rolle spielte, so waren

diese Wendungen nicht ernst zu nehmende Redensarten oder Kasernenhofblüten.

1813: Völkerschlacht bei Leipzig

Eine volkstümliche Persönlichkeit war der Trompeter Fleck, der alsbald nach Errichtung des Chevauxlegers-Regiments (1790) bei diesem eingetreten war, mit diesem viele Schlachten mitgemacht hatte und ums Jahr 1821 gestorben sein soll.
Karl Esselborn

Auch 1813 erschien wieder die hessische Streitmacht auf dem Plan, unter schwerster Anstrengung des so hart geprüften Landes aus den Trümmern der russischen Katastrophe neu aufgerichtet, und dieses Mal geführt von dem eigenen Sohne des Landesherrn, dem Prinzen Emil[1]), dem unser Fleck als Ordonnanztrompeter beigegeben war. Auch bei Leipzig waren sie dabei, allen voran der tapfere Prinz und gleich hinter ihm sein Stabstrompeter, und der erzählte dann: Drei Tage haben die Hessen dem übermächtigen Feind widerstanden, immer der Prinz an der Spitze und hinter ihm er, der Trompeter Fleck, der immer wieder aufs neue sein „Vorwärts" und „Zum Angriff" blies. Wie aber der dritte Tag sich neigte und der Prinz einmal im Umschauen wahrnahm, daß fast niemand mehr hinter ihm war, als eben nur sein Trompeter, der gerade wieder sein Instrument zum Munde führte, da habe er ihm zugerufen: *„Fleck, hört nor uf jetzt, mir zwee allaans packens doch nimmer!"*
Das „Fleck, hör uf" ist dann zum geflügelten Wort im hessischen Lande geworden.
Otto Kappesser

In der gleichen Schlacht habe sich ein fliehender Darmstädter bei einem Kameraden atemlos erkundigt: „Ei, hawwe-mer dann gewunne, daß mer so laafe misse?"
Georg Hensel

---

[1]) Sohn Großherzog Ludewig I., General der hessischen Truppen, 1813 auf seiten Napoleons (1790–1856).

Alexander Büchner Bilder aus Arkadien

Das friedliche Arkadien hatte natürlich auch sein zweierlei Tuch, denn ohne Krieg kein Friede. Das Militär war sogar der bevorzugte Stand.

Ah quel bonheur d'être soldat!

singt George Brown in der „Weißen Dame"; zu deutsch:

Schießen, Hauen, Stechen tot,
Ist das nicht ein schön Stück Brot?

Ersteres wurde freilich nur bildlich, letzteres dagegen im strengsten Wortsinn genommen. Jedenfalls aber spielte das Militär in allen Schichten der Gesellschaft, je nach dem Grad, die erste Rolle in den Salons, in den Boudoirs und im Theater, wie an dem Brunnen, in der Küche und unter matterleuchteten Torbogen. Das Avancement war natürlich, außerordentliche Gelegenheiten abgerechnet, außerordentlich langsam. Denn es wurde nach Ancienneität vorgerückt, und niemals tat der Vordermann dem Hintermann den Gefallen, vor seiner Zeit zu sterben. Man war zwar stets bereit, für's Vaterland in Kampf und Tod zu gehen, wenn dasselbe dieses Opfer verlangte. Aber das kam in Arkadien nicht vor. Tatendurstig waren die jüngeren Offiziere schon; aber an Taten fehlte es viel mehr als an Durst.

Was konnte man dazu, daß der Himmel nicht einfiel? Ja, wenn sich der so etwas erlaubt hätte, dann hätte man sehen sollen! Aber er fiel eben nicht ein. So ein Leutnant hatte nur den Mund aufzutun, um für einen offenen Kopf zu gelten, während in der Tat die Strohpreise heruntergingen, wenn der Zufall wollte, daß er sich ein Loch in den Kopf fiel. Wenn ja einer theoretisch arbeitete, so wurde er angestaunt wie ein dreibeiniges Krokodil, und er selbst ging herum, ernst und gemessen, mit gedrücktem Schädel, ein rechter Atlas. Die anderen lebten flott dahin. Krieg führten sie nur mit ihren Lieferanten. Wenn die ersteren Borg und die letzteren Geld bekamen, so war dies ein Ereignis, das, ohne die Zensur, gewiß in die offizielle Zeitung, von Böswilligen „Dreckmoniteur" genannt, gesetzt worden wäre. Doch wurde es auch ohnehin schon bekannt genug. Bei solchen verzweifelten Ringkämpfen zwischen Soll und Haben gewann ein junger Kriegsmann die ganze Tücke des roten Indianers, was unter Umständen weit mehr wert ist als alle Taktik und Strategie. Ein schönes Beispiel hiervon hatten wir an einem jungen Offizier, der bei uns im Hause wohnte.

Derselbe war, was man so einen „verfluchten Kerl" nennt, und lebte wesentlich von seinem Witz oder vielmehr von der Abwesenheit des Witzes bei anderen. Als Mann, der immer zur rechten Zeit einen Spaß bei der Hand hatte, war er im Wirtshaus gern gesehen, obwohl er dort lieber Geist als Geld zeigte. Im sogenannten psychologischen Augenblick, wenn z. B. der Frühschoppen herausgeknöchelt wurde, tat er nicht mit aus allgemeinen moralischen Gründen. Es war z. B. der Todestag seiner seligen Urgroßmutter. Da konnte er doch keine Würfel anrühren! Eines schönen Morgens trat er mit einem Kameraden in eine vielbesuchte Konditorei. Sie waren in einem lebhaften Wortstreit begriffen. „Rechts!" rief der eine, „Links!" der andere. – „Was gewettet?" – „Eine Flasche Champagner!" – „Es gilt!" – „Ich schlag' durch", rief herzueilend der dicke Konditor und legte seine feiste Kralle auf den Handschlag der Wettenden. Die Flasche wurde gebracht, und während man sie austrank, fragte der Wirt nach dem Gegenstand der Wette. „Peter!" sagte der lustige Leutnant, „Du siehst doch den weißen Turm über der Straße drüben?" – „Freilich, der steht mir ja das ganze Jahr vor der Nase!" – „Ohne auf sie abzufärben. Nun ist die Frage, ob er rechts oder links fällt, wenn er einmal umfällt. Ich habe für links gewettet." – „Ich für rechts", sagte der Kamerad. – „Und sobald das geschehen sein wird, weißt Du, Peter, – wer von uns die Flasche zu bezahlen hat."

Einmal aber kam der Witzbold doch schlecht an. Er hatte einen Wortwechsel mit einem jungen Kaufherrn und fragte denselben mit der ganzen Würde seines bevorzugten Standes: „Wissen Sie nicht, was für ein Unterschied zwischen mir und Ihnen ist?" – „Allerdings", versetzte der andere, „Sie tragen das Silber auf der Achsel und ich – in der Tasche."

Als Kind hörte ich oft ein geheimnisvolles Wort, dessen Bedeutung mir erst später klar wurde. So oft nämlich der Leutnant von Leuten, die er nicht gern sah, um ein gewisses Etwas angegangen wurde, – und das kam täglich vor – so antwortete er mit einer Gönnermiene: „Wenn die Gahsch kommt", „jetzt kommt bald die Gahsch." Ich zerbrach mein jugendliches unerwachsenes Gehirnchen mit der Frage: Was ist die Gahsch und wann kommt sie? Vergeblich! Es gelang mir niemals diesem Ereignis beizuwohnen. Es mußte sich wohl am Abend vollziehen, wenn unsereins schon im Bett lag und nicht mehr mucksen durfte. Dem Klange des Wortes nach stellte ich mir die Gahsch als etwas Umfang- und Inhaltreiches von imposanter, gemessener und schwerfälliger Bewegung vor, etwa wie ein wohlgefüllter Möbelwagen oder wie eine der alten Fregatten, welche im Sonntagsputz zu Großmuttern kamen. Schließlich fielen mir aber die Schuppen von den Augen, und ich erfuhr, daß die

Gahsch nichts war als der monatliche Sold des Offiziers, der wahrlich nicht in einem Möbelwagen oder in einer Fregatte angefahren zu werden brauchte. Auch war nichts mit der Schnelligkeit zu vergleichen, mit welcher die Gahsch wieder abfuhr, wenn sie einmal angekommen war. Öfters war sie, zum Entsetzen der Interessenten, schon fort, ehe sie überhaupt kam.

Einen besonderen Typus stellen die alten pensionierten Offiziere vor. Dieselben hatten wirklich Pulver gerochen in längst vergangenen Tagen, als alle Welt in allgemeine Kriege verwickelt war. Sie hatten brav gefochten und sich mit Wunden und Lorbeer bedeckt. Jetzt aber hielten sie sich noch besser als eingemachte Gemüse oder Hummer in der Zinnbüchse. Solange sie lebten, genossen diese Veteranen als ruhmreiche Trümmer großes Ansehen. Einige von ihnen waren sogar im aktiven Dienst geblieben. Einer dieser Braven, der in den erwähnten Völkerschlachten das linke Auge verloren hatte, wurde General und Kriegsminister. Krieg gab es zwar keinen, doch konnte ein Minister nicht schaden. Aber, bemerkte der Volkswitz, selbst sein Adjutant konnte es nie dazu bringen, mit ihm unter vier Augen zu sein. Ein anderer Kriegsmann, der ursprünglich im ausländischen Seedienst gestanden hatte, erzählte öfters, er habe dreimal die Linie passiert. Wenn ihm aber jemand bemerklich machen wollte, er befinde sich demnach noch jenseits des Äquators, so war er stets zu dem handgreiflichen Beweis seiner Gegenwart auf der nördlichen Halbkugel bereit. Der Dritte im Bunde war der Stadtkommandant von Pensionopolis, ein würdiger alter Herr, der sein Amt gewissenhaft verwaltete, indem er während des Sommers aus dem Fenster auf die Straße guckte, solang es Tag war, und im Winter die Mücken an der Wand mit der Fliegenklappe in einer virtuosenhaften Weise totschlug.

Dabei war er von einer sprüchwörtlichen Vergeßlichkeit. Eines Tages sah er einen Offizier an seinem Hause vorübergehen, der ordonnanzwidrigerweise seinen Degen zu Hause gelassen hatte. „Herr Leutnant", rief er ihn an, „kommen Sie doch mal herauf!" Der Leutnant roch natürlich Lunten, und da er die Gedächtnisschwäche des hohen Vorgesetzten kannte, so schnallte er, im Vorzimmer angekommen, dessen höchsteigenen Degen um die schlanke Hüfte und trat ein. „Exzellenz befehlen?" sagte er. Die Exzellenz brummte etwas in den Bart, als sie den Offizier in ordonnanzmäßigem Zustand erblickte und setzte hinzu: „Schon wieder vergessen, was Ihnen fragen wollte! Können gehen!" Der Leutnant zog ab, brachte den angemaßten Degen an seinen Platz und erschien, ohne dieses Anhängsel, wieder auf der Straße, auf welche die Exzellenz auf's Neue hinausblickte. „Donnerwetter", murmelte sie in sich hinein, als sie den Offizier gewahr wurde. „Jetzt fällt mir's wieder ein, daß der verfluchte Kerl keinen Degen an sich hatte."

Das gelungenste jener Originale endlich war der pensionierte Hauptmann Müller, ein personifizierter Münchhausen, der übrigens allen Schnak, den er vorbrachte, selbst für bombenfeste Wahrheit hielt. Bei feierlichen Gelegenheiten erzählte dieser weitgereiste Mann, aber nur wenn keine Damen, dagegen pocula anwesend waren, wie er den Wasserbruch erworben habe, an dem er laborierte. Das hatte sich nämlich in Konstantinopel zugetragen, wohin ihn einst die Geschicke des Krieges und der Liebe auf unbeschreiblich wirren Pfaden geführt hatten. „Eines Abends", so berichtete er, „spaziere ich gedankenreich am Gestade des Bosporus. Da klopft mir ein alter dicker Herr in Weiberkleidern – Ihr wißt ja! – auf die Schulter. Dudu, eine Cirkasserin vom reinsten Bergkristall, die Nummer Eins der Odalisken aus Sultans Harem, hatte mich bemerkt und wünschte meine nähere Bekanntschaft zu machen. Nun, denke ich, die wird auch bald in den Sack gesteckt und ins Wasser geworfen werden! Ich will aber doch einstweilen einmal mitgehen, denn wer sich fürchtet, der ist selbst im Himmel nicht sicher. Ich verschweige manches und bemerke nur, daß ich gerade mit Dudu auf einer Ottomane sitze, als sie plötzlich aufspringt und schreit: „Herr Jeßes, lieber Müller, der Sultan kimmt." Da mir eine Audienz bei dem Nachfolger des Propheten in diesem Augenblick nicht zeitgemäß erschien, so begab ich mich unter das Sofa, wo gerade genug Raum war, daß ich ihn, flach auf dem Rücken liegend, vollkommen ausfüllte. Als sich aber der Beherrscher der Gläubigen nebst der Cirkasserin auf diesem Möbel niederließ, gab es etwas nach. Ich empfand einen starken Druck in der nach beiden Seiten vorspringenden Mittelregion meines Körpers, und das Zwerchfell erlitt den betreffenden Schaden. Der Sultan begab sich bald hinweg, der Schaden aber blieb, und so konnte ich mit Dudu nur noch – brechen."

Brechen auch wir hier, um zu anderem überzugehen, ab, denn wenn wir den Hauptmann in dem unentwirrbaren Labyrinth seiner Lebenswege weiter verfolgen wollten, so würden wir aus Arkadien in das eigentlichste Utopien hineinkommen.

Der Feldwebel Ihm

Karl Esselborn

Eine der bekanntesten Militärpersonen seiner Zeit in Darmstadt war der Feldwebel Heinrich Ludwig Ihm [1824–1865] von den Leibgardisten. Im Revolutionsjahr 1848 hat er eine Rolle gespielt, als er am 19. März, wo er in Arrest saß, vom General von Stosch auf Verlangen der lärmenden Volksmenge freigelassen wurde. Dies hat Wilhelm von Ploennies in das 28. Kapitel seines satirischen Romans „Leben, Wirken und Ende weiland Seiner Exzellenz des Oberfürstlich Winkelkramschen Generals der Infanterie Freiherrn Leberecht vom Knopf"[1]) eingeflochten, wie auch Ihm das Urbild des „Füseliers Schnapsloch" des Romans ist.

Georg Wiesenthal

Als die Rekrutenlöhnung in Höhe von 3 Kreuzern eingeführt wurde, schnauzte Ihm seine Rekruten an: „Was, Ihr Kerle verdiend jetz des Heidegeld und freßd des gude Kommißbrodche und wolld net schdramm exerziern?"

Otto Kappesser

Manch alter Darmstädter erinnerte sich noch lange des einstigen Feldwebels Ihm, des wackeren Vertreters des tüchtigen althessischen Unteroffizierstandes, des Mannes, vor dessen Stirnrunzeln manch Rekrutlein erschrak, wenn er es in die unwandelbaren Gesetze militärischer Disziplin einwies. Einmal saß er „auch ganz heiter" nach beendigtem Morgendienst ins „Schloß-Appels" bei einem Glas Bier und frühstückte dazu ein Stück echt Darmstädter Knöpcheswurst nebst einem dito Kornforstmeister vom Bäcker Schmidt am Schloßgraben. An einem Nebentisch saß ein Ritter von der Elle, der gewaltig bramarbasierend und flunkernd von seinen Reisen erzählte, von denen eine ihn sogar bis nach Amerika geführt haben sollte; er prahlte, wie dort alles so viel großartiger und schöner und besser wäre, so daß sich unser arm Hesseländchen nur davor verkriechen müsse. Ihm, der ihm die ganze Zeit stillschweigend zugehört hatte, fragte, da er gerade mal eine Pause machte: „Sagt einmal, gibts dort auch so Knöpcheswurst und so Kornforstmeister wie die da?" – „Ei, wo werds dann", lautete die Antwort, „an so was denkt man dort gar nicht!" – „Doch an oarm Land!" sagte da der alte Feldwebel Ihm.

---

[1]) 1909 im Verlag H. L. Schlapp in Darmstadt erschienen. Eine Neuausgabe ist in Vorbereitung.

In diesem Zusammenhang sei mitgeteilt, daß der Darmstädter „Forschdmaasder" um das Jahr 1820 von Forstmeister Lipp in Bessungen eingeführt wurde. Er ließ sich aus Kornvorschußmehl mit etwas Kümmel Wecke in der Form kleiner Laibe backen. Als Stammgast im Chausseehaus brachte er sie dorthin mit, sie schmeckten den anderen Gästen auch und wurden so allmählich stadtbekannt.

Georg Wiesenthal

Die „Darmstädter Knöpcheswurst" war eine Hartwurst mit Knoblauch.

Von der Schloßwache

In den fünfziger Jahren, als ein Leutnant Leuthner auf der Schloßwache Dienst hatte, hatten Maurer eine Leiter in die Halle gelegt, und der Leutnant befahl einem Soldaten, den Leuten solches zu verbieten, was er mit nachstehenden Worten getan haben soll: Ihr Leit, der Leitnant Leitner leit net, daß die Leiter da leit, und wenn's zwölf leit, Ihr Leit, da leit die Leiter net mehr da, Ihr Leit. Adje Ihr Leit.

A. E.

Bis in die Mitte des vorigen Jahrhunderts war die Schloßwache noch mit einem Hauptmann, einem Leutnant und etwa vierzig Mann besetzt. In regelmäßigem Einerlei gingen der Hauptmann zwischen 11 und 12 Uhr nachts, zwischen 12 und 2 Uhr der Leutnant Runde von Torwache zu Torwache. Da ein Hauptmann mit auf der Wache war, so kam es nur selten zu „Wachabenteuern"; doch gab es auch Ausnahmen. Als der Hauptmann einmal weg war, hatte der Leutnant Freiherr von S. noch Besuch. Einer der Kameraden sprang auf den Tisch, der in sich zusammenbrach. Die Inventarienstücke sollten nach der Vorschrift nur dann ersetzt werden, wenn sie der Zahn der Zeit zerfressen hatte. Die Meldung über den Vorfall, die von dem Gefreiten sofort zum Kommandanten der Residenz gebracht wurde, lautete: „Soeben zerfraß der Zahn der Zeit den Tisch auf der Schloßwache. Freiherr von S., Leutnant." Das zurückgebrachte Schreiben enthielt die inhaltsreichen Worte: Zwei Tage Stubenarrest wegen ungebührlicher Meldung.

Ernst Beck

Herman Müller

Der Glockenhof mit Staffage aus verschiedenen Zeiten. Unser schönes Glockenspiel, das wir dem Landgrafen Ludwig VI. (1671) zu verdanken haben und der Stolz jedes Darmstädters ist, lockte von jeher immer ein aufmerksames Publikum in den Glockenhof. Da wird die Wache in ihrer Uniform vor 1849 abgelöst, die

Landleute kommen mit ihren Kindern, um die schönen Choräle zu hören, der Handwerksbursche will auch das Darmstädter Wahrzeichen gehört haben, der Herr Glockendirektor Anton kommt, um zu seinen Glocken hinaufzusteigen, der Gardereiter sieht, ob noch alles in Ordnung ist.

Der General von Weitershausen

Georg Wiesenthal

Der General von Weitershausen meldete die vollzogene Mobilmachung der hessischen Truppen im Jahre 1859 kurz und bündig: „Un alle Stelle sein besetzt, un wie sein se besetzt, gut sein se besetzt."

Herman Müller

Der General von Weitershausen pflegte in seinen Mußestunden sich mit Holzzerkleinern zu beschäftigen. Die Ordonnanz mit dem Blechkasten hält ihn in seinem gestrickten wollenen Wams für einen Holzmacher und fragt zutraulich: „Is der Olt' drowwe?"
Der General antwortete ihm in seinem unverfälschten Heinerdeutsch: „Naa' – der Olt' is net drowwe, Du hast awwer drei Dag Arrest!!"

Wilhelm Kaminsky

Menner unn Buwe

E Fraa im dicke Odewald
Packt Worscht unn Budder ei';
Macht an die Eisebah' sich bald,
Sie will uff Dammstadt 'nei.

Ihr Soh' dient dort beim Milledär
Als strammer Schwolleschee;
Deßweje kimmt se Sunndags her,
Will zu ihr'm Chrischdoff geh'.

Am Ludwigsbahnhof aus sie steiht
Mi'm Bindel unn mi'm Schärm
Unn frehkt de Erschde: „Soogt, wo leiht
Die Schwollescheekasärn?"

Vaglickert hot's ihr schee der Mann;
Sie dabbt vagnigt druff fort.
Weil sie sich net valaafe kann,
Do is se aach bald dort.

Unn wie se dann enei' geh' will,
Do rifft de Poste: „Halt!"
Vor Schrecke steht se bletzlich still
Unn's iwwerlaaft se kalt.

Doch glei, do krickt se widder Mut
Unn frehkt: „Ei liewa Mann,
Mei' Bu eß hie, ach seid so gut,
Soogt, wie ich zu em kann."

E Offezier kimmt grad ebei,
Frehkt aach nooch ihr'm Begehr:
Dem sehkt se dodruff frank unn frei,
Warim se kumme weer:

„Mein Bu, den meecht besuche ich,
Hunn aach wos mitgebracht,
Wie werd de Chrischdoff freie sich!" –
Die Leit'nant awwer sacht:

„Lieb Frauchen, Buben gibt's hier nicht;
Nur Männer bei uns sind."
Do mohlt sich Angst in ihr'm Gesicht
Unn Wort' sie net glei find't.

„Wie, wos, däß hett mei' Bu gedoh'?
Ach, ach, du liewa Gott,
Do waaß ich jo kah' Wort devo',
Daß der geheiert hot!"

1866: Krieg gegen Preußen

Bei Kriegsausbruch eilen die Hessen zu den Waffen und der General zu Großherzog Ludwig III.
„Königliche Hoheit, wieviel Kanonen sollen wir mitnehmen?"
„Nemmt se alle zwaa!"

Josef Hummel   Die blinde Hesse

Als sechsundsechzig Kriegsgefahr
Un Hesse gege Preiße war,
Da hawe unverdrosse
Wie, statt dem Feind, sich drauß, im Feld
En Haufe Mist entgegestellt,
Die Hesse druff geschosse.

So uzt uns heut noch jedes Kind,
Drum hääßt es aach, mir wäre blind,
Wie kann mer so was sage!
Wenn werklich die Geschicht so war,
So lag der Irrtum, des is klar,
Doch niemals an de Aage.

Es war jo stiegedunkel Nacht,
Die Hesse gawe sauwer acht:
„Pst! Achtung! Vorsicht! leise!
Un alle Sinne angespannt!"
Uff änmol roch der Mist vom Land:
„Legt an! des sin die Preiße!"

Schlacht bei Aschaffenburg. Die Hessen dringen bei Laufach vor und stürmen das Dorf inklusive Kegelbahn. An der Spitze ein Major und der Soldat Hannickel Perschbacher. Plötzlich kommt bei den Preußen Verstärkung an. Ihr Schnellfeuer macht den Hessen schwer zu schaffen.
Der Major: „Perschbacher, was machen wir jetzt?"
„Nix wie gelaafe, Herr Major!" Perschbacher deutet nach hinten. Es wird zum Rückzug geblasen, die Hessen retirieren sich. Die Preußen rücken weiter auf Frankfurt vor.

Aus dem sogenannten Jahr 66.

Als sich im Jahre 1866 die Kunde verbreitete, dass die "PREISSE" im Anmarsch auf die Stadt und schon in der Nähe von Dieburg seien, gelüstete es einige wackere Bürger, denselben entgegen zu fahren, um die Ersten zu sein, welche den "Feind" mit eigenen Augen sehen sollten. In einem Einspänner, der mit Fourage und Wein wohlverproviantirt war, fuhren der SCHREINER HERPST mit den Collegen GAWADRATSCHUH und Beisel sowie dem alten HADRIAN in der Richtung nach Dieburg. Keinen geringen Schrecken bekamen sie aber, als schon an de "Hirsch Köpp" sie ein preußischer Offizier anfuhr: "Wollen Sie augenblicklich umkehren, Sie haben hier gar nichts verloren!" worauf Herpst: ""Ei, was hawwe mer dann gemacht?"" der Offizier: "Ach was, Sie haben sich alle Unannehmlichkeiten selbst zuzuschreiben – SIE haben ja den Krieg annjefange!"

Herpst: Wa-as – ICH – DE KRIEG – Aagefange?
""EI-ICH BIN JA DER SCHREINER HERPST!

(NB! Die Namen sind andere.)

Johann Sebastian Dang	Die Preußen hatten die Hessen geschlagen. Wie ein Lauffeuer ging die Nachricht durch die Stadt: die Preiße sinn schun draußte im Wildpark! Ganze Familien zogen los, die „Preiße" zu sehen. Wahrhaftig, da lagen sie, quer durch den Wald! Und hüben lagen die hessischen Truppen. Die neugierigen Zuschauer standen dicht hinter ihnen. Die Salven krachten, die Kugeln pfiffen. Da trat plötzlich einer der Zuschauer vor und schrie zu den Preußen hinüber: „Da heert doch emal uff, ihr Dunnerwetter! Seht-er dann nct, daß da hiwwe Leit stehe!"
Georg Wiesenthal	Als die Preußen schließlich in die Stadt einrückten, saß der Zeughausverwalter Müller gemütlich beim Frühschoppen in Böttingers Brauerei am Ludwigsplatz. Da wurde plötzlich die Türe aufgerissen, ganz außer Atem stürzte einer herein und rief: „Herr Müller, kumme Se schnell, die Breiße raame des Zeichhaus aus!" Müller schüttelte lächelnd den Kopf, klopfte auf seine Hosentasche und sagte ruhig: „Des kenne se jo gor net, ich hob jo die Schlissel im Sagg."
Ernst Beck	Die von den Truppen in der Reiterkaserne am Marienplatz zurückgelassenen grünen Waffenröcke und Mäntel wurden erbeutet, da von den Preußen alle Kammern aufgebrochen worden waren. Unter den aus dem Felde in die Heimat zurückgekehrten Offizieren wurde in Gegenwart eines hohen Offiziers des Kriegsministeriums der Verlust der Mäntel scharf getadelt. Der Oberst, der beruhigen wollte, versuchte dies mit den Worten: „Nun, meine Herren, decken wir hierüber den Mantel der christlichen Liebe." – „Dies ist auch der einzige, den die Preußen zurückgelassen haben", fuhr ihm ein Leutnant über den Mund.
Karl Schaffnit	## De Schnabbort Des, wos mer jetzt Dragoner nennt, Des hot mer früher net gekennt, Do hatt' die hessische Armee Statt dene blößlich „Schwolleschee"[1]), 's worn Kerl wie Riese, stack un lang, E bißje so en schebbe Gang,

---

[1]) Chevaux legers.

Der wo, wie mer 's jo noch wahrnimmt,
Vom himmelviele Reite kimmt.
So 'n Kerl wor Schwolleschee genannt
Un braucht' en Gaul wie 'n Elefant.
Nadierlich kann mer so en Fetze
Net uff en klaane Ponni setze.
Die allerlängste – des wor heiter!
Des gab hernacherd Gardereiter;
Geil worn for die kaa' uffzutreiwe,
Do ließ mer holt des Reite bleiwe;
Allein die Stiwwel un die Sporn
Sin lang noch beibehalte worn,
Un gor de Name hielt noch weiter:
Sie haaße heit noch Gardereiter.
Jetzt is es annerst! Schwolleschee –
Ihr liewe Leit, des gibt's net meh'!
Dragoner sin's jetzt schneidig, nett,
Aach kräftig, doch net plump un fett,
Uff flinke Geil mit Lanze gor!
Hurrah! dem, der Dragoner wor!

No also! Bei de Schwolleschee
Stand en Kapprool²) – gibt's aach net meh'!
Jetzt haaßt mer's – 's klingt aach besser schier,
's is preißisch! – Unter-Offezier.
Der hot gehaaße: Heiner Pann
Un wor en gor e schöner Mann,
Gesichtelche wie Milch un Blut,
Mit blaue Aage treu un gut,
E kühner Fechter, flinker Reiter
Un propper, schneidig un so weiter.
Kaa' Wunner, daß er, so geschickt,
De Schersch als Kapperool hot krickt.
Bort hatt' er domols grod noch kaan,
Uff aa'mol awer hatt' er aan,
Un des kam so: de Kapprool Pann,
Der jugendfrische, schöne Mann,
Der ließ sich Dag for Dag rasiern,
Des kann doch zu kaa'm Schnabbort führn!

---

²) Korporal.

Bloß aa'mol hatt' er's in de Eil
Vergesse! Derke-Dunnerkeil!
Des gab eich en Skorpions-Spekdokel
Do beim Appell! Rittmeister Schnokel
Der is fast halwer narrisch worn,
Er hot gerasselt mit de Sporn,
Hot Blitze g'sprüht un Feier g'spauzt
Un 's Heiner Pännche aa'geschnauzt:
Wos ihm dann eijentlich fiel ei'?
Er wär jo 's pure Stachelschwei'!
Allein, 's Kapprälche, Heiner Pann,
Hot sich entpuppt als schlauer Mann
Un sekt, anstatt's dumm still zu schweije:
„Herr Rittmeister wern wohl verzeihe,
Es is wahrhaftig kei' Verpasse!
Mein' Schnurrbart will ich stehn jetzt lasse."

Des wor net u'dumm! – „So? So! So!"
Versetzt de Herr Rittmeister do.
„Das ist was anderst, liewer Pann!
No, laß er'n wachse, wie er kann!"
Er is gewachse, sag ich eich,
Im ganze große, deitsche Reich
Kann's so kaan schöne Schnabbort gewe,
Als wie dem Pann sein Schnabbort ewe.
Dann kam 's Johr 70. Üwern Rhei'
Ging's Hurrah! Marsch! nach Frankreich nei'!
De Pann daht manchen scharfe Ritt
Un üwerall – de Schnabbort mit!
Un wie de Friede widder kam,
Die Schwolleschee sin widder haam,
De Pann hot 's eisern Kreiz geziert,
Aach wor er weiter avanciert,
Wachtmeister wor er worn im Krieg,
Un bald erfocht er noch en Sieg:
Bald hatt' er noch e Kreiz – Pardon!
E Fraa, die hatt' die Hose oo',
Die hatt' e Maulwerk, net mehr schö!
O liewer, schöner Schwolleschee!
Wann die mol a'gefange hatt',
Hot aach sein Schnabbort nix gebatt.

Do hinge links und rechts – kaa' Wunner! –
Die Schnabbortzippel matt enunner.
Aach „Pännercher" sin bald gekumme,
Sein Abschied hot de Pann genumme
Un hot – es hot em grod geglückt –
E Scherschje uff 'me Büro krickt.
Sein' Schnabbort trug er immer noch,
Un batt' er'n nix – so fraat er'n doch!
Uff aa'mol – dausend sapperment!
Do nahm der Bort e bossig End.

's wor Summer, awends nach em Esse,
Do hawe se im „Schwane" g'sesse
In ihrm bescheidne Bärjerklub,
's wor hinne, in de Hinnerstub,
Un von de Schnabbärt war die Redd,
Wos aaner for en Wert wohl hätt?
Es word geuzt, gefoppt, geneckt;
Do hot de Pann sein' Bort geleckt
Un hot en g'striche un gezoge
Enaus fast bis an Elleboge.
„Herr Pann! Verkaafe Se mer Ihrn Bort!"
„Aach wos!" sekt der, „des is kaa' Ort³)!
Do is mer jed Gebott egal –
Net for e Million is der mer faal."

„Net for e Million? Des wern mer sehe.
Herr Pann! Des wär zu üwerleje!
Es sollt emol e Musikäntche
Nachts aus em Bett fort zu 'me Ständche;
Vor'm Haus schun stande die Konsorte,
Do is es awer wild geworde:
„Net for e Million!" so krisch es dann,
„Net for e Million? – – – Wos krickt de Mann?" –
„Mach fort! De Mann soll, ohne Lüje,
Jo sechsundreißig Kreizer krieje!" –
„Des is wos annerster! Kumm glei'!"
Jetzt wor es recht gern aach debei. –
Also, Herr Pann! Wie sieht's jetzt aus?
Wos kost't de Schnabbort? Grod eraus!"

---
³) Art.

Do denkt de Pann: Was soll ich mache?
Mein' Schnabbort!! Ja, des sin so Sache!
Als Schwolleschee – des wor so was!
Als Bürodiener – purer Spaß!
Wos duh ich mit? Als nix wie bleede!
Viel besser bräucht ich jetzt Monete.
Un do dem Uzer mit seim Foppe,
Dem könnt mer mol sei' Meilche stoppe!

„Allo'! Herr Pann! Mit Sack un Pack
Biet ich for 'n Schnabbort – hunnert Mack." –
„Gut! Fertig soll de Hannel sei'!"
Rief Pann un schlug energisch ei'.
Die annern hawe arg gelacht
Un allerhand Geuz gemacht,
De Wert hot 's Geld dann vorgestreckt,
Schö' blank hi' uff de Disch gelekt,
'n Balwierer kam un hot geschickt
Dem Pann sei Schnabbort abgezwickt,
Der Sieger awer hot en dann,
Den Schnabbort von dem Heiner Pann,
Der rot Krakehler, der verzwickelt,
Sanft in e Zeitung ei'gewickelt,
Un aaner von de annern sekt,
Wie er en in die Dasch hot g'steckt:
„Sie sin, waaß Gott, e schlauer Kunne!
Do haaßt's: Au weih! Ich hab gewunne!"
Still hot de Heiner unnerdesse
Als noch dort uff seim Stuhl gesesse.
Dann wie de Schnabbort wor gefalle,
Do is em erst sei Fraa ei'g'falle.
Sei' Geld, des sackt er ei' ganz baff,
E G'sicht – wie e rasierter Aff!
Wor des de Pann noch! Element!
Mer hot en rein net mehr gekennt.

De annern Owend in dem Klub
Im Schwane in de Hinnerstub,
Do hatt' de Pann de Kopp verbunne,
Un dann der anner schlaue Kunne,
Der hatt' der so en g'schwollne Backe
Un uff em annern rote Placke.

Wos wor's? Dem Pann sei' eige Fraa,
Wo ihn gekennt hot so genaa,
Die hot ihrn gute, liewe Alte
Doch for en fremde Mann gehalte,
Wie nachts er ohne Schnabbort kam;
Sie wor von Haus aus schon net zahm,
Sie griff zum Besem ohne Zage
Un hot em uff de Kopp gehage.
Un aach der Uzer fing sei' Riß,
Wie er mi'm Schnabbort kumme is,
Sei Fraa' hieb gottserbärmlich druff – –
Do hört sich werklich alles uff!
De Schnabbort – 's hatt em net getraamt
Beim Miletär! – hängt ei'gerahmt
Tief melancholisch jetzt im Klub
Im „Schwane" in de Hinnerstub.

Ebbes hessisch-preißisches

Heinrich Hohmann

Seit 66 war net mehr,
Wie frieher *hessisch* 's Militär,
Des is jo männiglich bekannt
In unserm gute Hesseland.

Vun Preiße kam dann glei' hierher,
E ganzer Haufe Instrukteer;
Kommandos, Titel, Exerziern,
Korz, alles dhat mer reformiern.

Der Großherzog, Ludwig der Dritt,
Der macht des nor gezwunge mit,
Es wollt em net in Kopp enei',
Daß alles jetzt mißt preißisch sei'.

Die „Schwolleschee", die jeder kennt
Als 's ält'ste Reiterregiment,
Die hot „Dragoner", 's is e Schand,
Mer umgedaaft glei' korzer Hand.

Manch altgedienter Schwoll'scheemann
Sich damit net befreinde kann,
Dragoner klingt doch net so schee
Als des poetisch Schwolleschee.

Die Sappeur mit ihrm Ledderschorz
Die hot mer abgesägt ganz korz,
Mer hot se pensioniert sogleich,
Mitsamt ihrm Beil un Ledderzeig.

De Owwer-Sappeur, sapperment,
De Stolz vum ganze Regiment,
Der ganz allaa' ging vorneher,
Als wann e Großmogul er wär.

Noch vieles nimmt mer da beim Schopp,
Stellt alles aa'fach uff de Kopp;
Mit Mißmut sieht de Ferscht es aa',
Konnt leider gar nix ännern draa'.

Mißfalle hot em ganz un gar,
Daß an de Mitz kaa Schild net war.
Die schee aldhessisch Scheierklapp,
Geheert doch an e richtig Kapp.

Aach manchem ald' Soldateherz,
Bereitet Kummer es un Schmerz;
's war frieher doch viel lieblicher,
Un's Militär gemietlicher.

Un uff em Exert, ging es her,
Mit dene preiß'sche Instrukteer,
Gekrische ward, geflucht, geschennt,
Bis des die Hesse aach gekennt.

Dann wie die Preiße fort sin kumme,
Un die 's Kommando iwwernumme,
Do krische unser Instrukteer,
Noch preißischer als die vorher.

Verdrehte „dir" un „mir" un „mich",
Des Kauterwelsch war ferchterlich.
Debei die meiste vun de Schar
Aus klaane Bauerndertfer war.

Als später dann noch ward bestimmt,
Daß ebbes noch in Wegfall kimmt,
Woran de Ferscht nie hätt gedacht,
Da ward er doch sehr uffgebracht:

Daß Front zu mache mit Honneer,
Von jetzt ab aach verbotte weer!
Die Hand nor an de Hosenaht,
Schien ihm zu dämlich un zu fad.

Die Hand geheert an's Kappeschild,
So wie de Rahm geheert um's Bild.
Wer Front ohne Honneer gemacht,
Den hot er gar net erst beacht.

E Ei'jähriger mit viel Humor,
Der schlägt 'me annern emal vor,
Entgeje der nei' Disziplin,
Alt-hessisch mal zu grieße ihn:

„Die linke Hand am Hosebaa',
Die recht leckst an die Kapp du aa',
Fest aa'gedrickt ans Kappeschild,
Des stimmt de Ferscht glei' weich un mild."

Un werklich do der Rat war gut,
Drum hot er aach mit frischem Mut,
Glei' bei de nechst Gelejenheit,
Gegrießt ihn wie in alder Zeit.

Un de Erfolg, es war geglickt,
Er hot ihm freindlich zugenickt,
Sei' milder Blick der sagt em schon:
„De bist e braver Hessesohn!"

Ein Recognoscirungsritt

E. Pfersdorff

Ein Offizier aus Preußen
War an des Darmes Strand
Versetzt und machte Reisen,
Recognoscirt' das Land.

Mit dem beritt'nen Burschen
Durchtrabt er Wald und Feld,
Und über Gräben, Furchen
Und Zäune setzt der Held.

Die Pferde waren schneidig,
Die Reiter durch und durch;
Bald traben sie jenseitig
Von der Dianaburg.

Noch einen sand'gen Hügel
Ging es im Trab hinan;
Ein strammer Ruck am Zügel –
Und vor ihm liegt der Plan.

Weit sieht der junge Feldherr
Die Eb'ne bis zum Rhein,
Tannwälder, flache Felder,
Kirchtürme, Bäumereih'n.

Jetzt greift er nach der Karte
Und legt sie vor sich frei,
Da geht bei seiner Warte
Ein Bäuerlein vorbei.

„He, warten Sie mal eben,
Sie sind wohl hier vom Land
Und können Auskunft geben?
Ich bin hier unbekannt.

Dort steht in weiten Kreisen
Ein großer Tannenwald:
Wie ist wohl der geheißen?" –
„Des is de Orheljer Wald!"

„Und jene Pappelreihe,
Wo führet die wohl hin?" –
„Die führt, wann se verzeihe,
Uff Orhelje erin!"

„Der Bach, der nach dem Orte
Und jenseits fließt durch's Land
Bis an des Waldes Pforte?" –
„Is Orheljer Bach benannt!"

„Nun, edler Zeitgenosse,
Wie heißt der Weg, der schräg
Durchschneidet dort die Chaussee?" –
„Des is de Orheljer Weg!"

„Wie ist die Mühl' geheißen
Dort in der Bäume Kühl,
Dicht an dem Bahngeleise?" –
„Des is die Orheljer Mühl'!"

„Dort glänzen Eisenschienen,
Ein Zug fährt g'rad heran,
Wie heißt wohl diese Linie?" –
„Des is die Orheljer Bahn!"

„Wie heißt Ihr denn, Langweil'ger,
Ihr sprecht ensetzlich lahm!" –
„Ich schreib' mich Georg Arheilger
Un bin in Orhelje deham!"

1870/71: Frankreich-Feldzug

Herrlichkeiten im Kriege   Otto Kappesser

Wie wir an den rauhen Dezembertagen anno 70 nach der Einnahme von Orléans auf dem linken Loire-Ufer dem sich fechtend zurückziehenden Feinde nachdrängten, gab es wohl stundenlangen Aufenthalt in grimmiger Kälte, während von der anderen Flußseite durch den undurchsichtigen Nebel das Getöse der bei Meuny-le-mer und Beaugency und bis hinab nach Blois sich abspielenden Kämpfe herüberschallte. Da sah ich einmal, wie unser Stabstrompeter Firminger und der Vizewachtmeister Götz nebeneinander auf dem Wegrain sitzend ihr Frühstück verzehrten, wobei der eine ein regelrechtes Schinkenbrötchen, der andere aber gar ein richtiges Stück Darmstädter Knöpcheswurst und einen leibhaftigen Kornforstmeister in den Händen hielt. Ganz elektrisiert von diesem überraschenden Anblick rief ich: „Ei, um Gotteswillen, wie kommt

Ihr Männer zu solchen Herrlichkeiten?" – „Ei, die lasse mer uns von unsre Weiber vun dahaam mit der Feldbriefpost schicke!" Das war doch ein echt modern zivilisierter Krieg!

Herman Müller

Hessische Soldaten waren in einem französischen Dorfe nach anstrengendem Marsche einquartiert; in einem Hause sehr wohlhabender Bauern wurde das Nötige unwillig gewährt und auch das übliche Glas Wein vorenthalten. Ein Unteroffizier, ein echter Heiner, wandte sich deshalb in seinem mangelhaften Französisch an die reiche Bäuerin mit folgenden Worten: „Madamche!! Jetz' sag' ich weiter nix wie ferme la porte! – Dann zähl ich: aans, zwaa, drei, un' da fliggt die Tür uff!!!" (Die Bauersfrau verstand ihn vollständig und verabreichte gutwillig das erbetene Glas Wein.)

Ernst Beck

Trompeter Schön, später Diener beim Hoftheater, der sich durch Tapferkeit im Gefecht bei Boiscommune ausgezeichnet hatte, sagte, als im Jahre 1871 Waffenstillstandsgerüchte umliefen, zu seinem Rittmeister: „Der Bismarck werd doch jetzt kein Unsinn mache und Friede schließe; so viel gute rote Wein bekomme mer ja in Darmstadt in unserm ganze Lewe net mehr zu trinke."

Herman Müller

„Hawwe Se dann auch schon von dene sogenannte schöne Reitergefechte gehört? Was sind da widder so viel Leut' gebliwwe!"
„Ja, ich ärger' mich nur immer driwwer, daß unser Soldate so dumm sin un dappe immer mit."

Die Suppeprob

Karl Schaffnit

Wohrscheint's is im Deutsche Reich –
Dodruff möcht' ich wette gleich! –
Kaa' Kasern recht froh gestimmt,
Wann de Generool als kimmt
Un hält mit viel Schneid und Schwung
„Generools-Besichtigung".
Ui! des is e schlimmer Dag!
Mancher spürt's gor lang noch nach.

Kaaner kann den Mann verknuse;
Der versteht gor kaa' Flattuse!
Alles is do falsch un schlecht,
Un kaa' gor nix is em recht.
Un do helfe aach kaa' Phrase,
Un 's gibt rührend lange Nase
Owe – for die Offesiern!
Runnerzu's duht's weiter führ'n.
Ach, wie werd mer a'gebrummt,
Krickt sein Krempel rumgestumpt!
Die geringste Klaanigkeit
Werd wie Gummi ausgebreit,
Un wächst – no, ich sag der Ihne! –
Grod als wie e Schneelawine.
Üwer's ganze Bataillon
Rejent's uff die Million
Nix wie Nase un Arrest!
No, 's geht rum! Des is des best!
Un mer denkt wohl: „Dunnerschtag!"
Awer aach: „Geb Kordel nach!"
Drei Dag „Mittel" – net zum Lache! –
Sin hernachert als so Sache!
Aa'mol awer – 's war e Pracht!
Aa'mol hawe mir gelacht,
Un de Herr Gen'rool fiel rei'!
's hätt' net könne schöner sei'.

Alles hatt' er visetiert,
Rumgeroppt un inspiziert,
Feine Nase ausgedahlt,
Aach mit grower Münz bezahlt,
Un jetzt wollt' er in die Küch,
Um zu üwerzeische sich,
Ob's aach dort – Koch, hüt' dich, du! –
Ging mit rechte Dinge zu.
Hinner also dorch de Hof
Zickt er mit seim ganze Schwoof:
Owerst, Hauptmann un so weiter,
Hinne nach – e Garde-Reiter.

Mitte im Kasernehof
Do begejene dem Herr Groof

So zwaa Kerl im Koch-Kostüm,
Un wie die schnell newer ihm
Scheu vorbei sich drücke wollte
Mit 'me Kroppe, so 'me olte –
Zugedeckt un voll un schwer
Schleppte se'n mit Müh' doher –
„Halt!" rief streng die Exellenz!
So en Generool – der kennt's!
Bums! Do stande, comme il faut,
Die zwaa mit ihrm Kroppe do,
Wie e Grupp aus Mormorstei' –
Dann Gehorsam – der muß sei'!
Ach, was warn die Kerls verschrocke!
Hawe wie im Eis gestocke!
Wann mer aan gestoche hätt,
Wär kaa Blut gelaafe net!
So bei sich dacht' jeder doch:
„Uijuijui! Was gibt des noch?"

Un die Exellenz – o Graus!
Zickt ihrn weiße Handschuh aus,
Deckt ruckweis den Kroppe uff,
Guckt emol so owe druff,
Dann durchbohrt sei' Adlerblick
Die zwaa Öser, Stück for Stück,
Dann – mi'm Finger in die Brüh',
Dann – die Zung eraus wie nie,
Dann – de Finger abgeleckt –
Awer 's hot, scheint 's, net geschmeckt,
Bißche läpp'sch nach dem Gesicht!
„Keene Suppe ist das nicht!
Keen Gemüs! Und ooch keen Fleisch!
Sagt mal! Kerls! Was ist das gleich?"
Un do hot der aa' gesagt
Un der so e G'sicht gemacht:
„Sp – Sp – Spü – Spülwasser, Exellenz!"

Karl Schaffnit   Der Gefreite

Die Lisbeth is e düchtig Fraa,
Doch will ich net vahehle,
Sie is net grod sehr hell im Kopp,
Will eich so wos vazehle:

Ihr Sohn dient bei de Infant'rie,
E sauw'ra, netta Junge,
Gewochse wie e Peiferohr
Un – üwahapt – gelunge.

Er hot die Schusterei gelernt,
Un er vasteht se gründlich;
Er lurt aach schun uff's Avanciern,
Man könnt' grod sage – stündlich.

De Hauptmann hot's em a'gedei't,
Es könnt' was for en kumme;
Un richtig is es kumme heit,
In Wonne is a g'schwumme.

„De Christoph is Gefreita worn!"
So haaßt's bei de Parole.
De Christoph mit de Gefreiterschknöpp!
Des war der rein zum Mole.

Und wie die Knöppcha sitze schee',
Do guckt a in den Spiejel:
„Sie sitze gut!" – Es hebt en grod,
Als hätt' a zehe Flüjel.

Nor aans wor schad! Wann ma so geht,
Man kann die Knöpp net sehe.
„Wann ma die selbst noch sehe deht! –
Wos batt mich all mei' Drehe!"

Dann steckt a sich e Zigga o'
Und schenkt aach aa' seim Spezel:
„Da, Heina, steck da aa' aa' o'";
Dem wor des fast e Retsel.

Stolz wie e Maschall macht a haam
Zu seine liewe Mutta;
Die Lisbeth stand grod in de Küch
Un salzt e Pündche Butta.

Sie rieft ganz glücklich aus vor Fraad,
Wie se ihrn Bub duht sehe:
„Ach, guck emol, da kimmt a jo!"
Un laaft em glei' entgeje.

Un mit aam Blick – noch Weiwerort! –
Do sieht se an seim Kroge
Aach schun die Knöpp. „Wos is dann des?
Was hat dann des zu soge?"

Mit stolzem Blick de Christoph sekt:
„Gefreita bin ich worde,
Un werr ich Unner-Offezier,
Do krieg ich Silwerborde!"

Do zuckt's de Mutta üwa 's G'sicht,
Als wie vun Angst un Schrecke,
Aasilbig bleibt se bis die Nacht. –
Wos mog dehinner stecke?

De Christoph schüttelt aach de Kopp',
Doch macht er sich kaa Glosse,
Un mit Saldote-Appetit
Hot er sich's schmecke losse.

Un owends, korz vorm Zappestreich,
Werd Abschied widda g'numme;
De Christoph krieckt sogor en Kuß,
En süße, liewe stumme.

Vun seine Mutta – maan ich net,
Do worn der noch zwa Aage,
Die hatte aach entdeckt gehatt
Die blanke Knöpp am Krage. –

De nächste Doog – 's wor grod Parol –
Un kaum hatt's zwölf geschloge –,
Do hot dann zu 'me schöne Kohl
Die Lisbeth beigetroge.

Do stande im Kasernehof
Die Offeziern beisamme,
De Owerscht un des ganze Corps,
In Gala, stolz und stramme.

Do kimmt mei' Lisbeth o'maschiert
Mit sauersüße Miene,
Im Oam en große Henkelkorb,
Un knixt schee': „Fell mich Ihne!

Is net Herr Hauptmann – So un so –
En Aageblick zu spreche?
Ach, guck emol, do is a jo –
Es ist doch ka Vabreche?" –

„Was wünschen Sie? Nur kurz und schnell!" –
„Ach Gott, ich wollt' nor froge,
Warum Se dann mein Christoph grod
Geduhn zu dene Hoche?"

De Hauptmann große Aage macht,
Des ganze Corps duht gucke,
Die Lisbeth owa krickt Kurasch
Un duht ihr Angst vaschlucke.

„Sie hawe doch mein Christoph jetzt
Gefreita werde losse;
Ich meekt doch werklich bitte drum
Un losse Se so Bosse!"

„Was? Possen? Possen? Liebe Frau,
Ich weiß nicht, wie Sie's meinen.
Sie sollten sich ja freuen drum,
Statt drüber fast zu weinen." –

„Ja, ja, ich waaß wohl, wos ich waaß!
Ich loß mer aach nix soge;
Wann's Krieg gibt, hot de Michel g'sogt,
Do schießt ma – uff die Hoche.

Naa, dodefor bedank ich mich,
Daß die Franzose-Affe
Mein Christoph, der doch Schusta is,
Dohtschieße, die Schlaraffe!"

De Hauptmann hält des Lache kaum,
Sogar Herr Owerscht schmunzle;
Die Lisbeth owa, volla Zorn,
Die duht die Stern jetzt runzle.

„Nun, gute Frau, 's ist nicht so schlimm,
Und wenn es Krieg sollt' geben,
Dann müssen auch wir Offizier'
Einsetzen unser Leben." –

„Ja no, Herr Hauptmann, hör'n Se mol,
Was wär'n des for Verlusta?
Sie hawe jo aach nix gelernt,
Doch mei' Bub – der is Schusta!" –

Do wor di Disziplin vorbei,
Die Mannszucht for die Katze,
Sie howe ferchterlich gelacht,
Es wor aach zum Vaplatze.

Wer waaß, wos dann die Lisbeth net
Noch weita hett' gekrische,
Wann net e hocha Offezier
Die Sach' hett ausgegliche.

„'s gibt keinen Krieg, Sie, gute Frau,
Nicht heut' und auch nicht morgen,
Und auch um Ihren braven Sohn
Mach' Sie sich keine Sorgen!"

Die Lisbeth wor beruhigt jetzt,
Mit Knixe weita trollt se,
Un „Nix for u'gut!" rieft se noch,
Zum Christoph, sekt se, wollt' se.

Das Kotelett

Heinrich Rüthlein

Es war noch zu dere Zeit gewese, wie in de Wilhelminestraß vorm Haus vom Divisionskommandeur en Wachtposte gestanne hat. An eme schöne Abend war der Poste em zehn Uhr uffgezoge und hat, e bißje ängstlich, newer seim Schilderhaus gestanne. Nämlich, er hat im erste Jahr gedient, un es war es erste Mal, daß er vorm Haus vom Divisionskommandeur Poste gestanne hat. Jeder Soldat geht bekanntlich vor seim Divisionskommandeur dorch, soweit er kann! Wenigstens im Friede. Un also, zwaa Stund vorm Haus von de Exzellenz Poste zu steh, wo er jeden Aageblick komme kann, die wolle iwwerstanne sei! Dadebei is nie etwas passiert, bis an dem schöne Abend!

So gege halb elf hört der Soldat etwas in de Torhall, es werd uffgeschlosse, un eraus tritt de Exzellenz ihr Dienstmädche, e weiß Paketche in de Hand. Des Mädche fängt mit dem Soldat e Gespräch aa, wo er her wär, ob er schon en Schatz hätt, un so weiter. Der Soldat hat starr un steif mit seim Gewehr dagestanne un hat kei Antwort gewwe. Dann, in seine Wachtvorschrift hats doch geheiße, daß eme Poste streng verbote is, mit Passante un sonstige fremde Persone sich zu unterhalte. Des Mädche hat gelacht über sei Benehme und sagt: „No ja, wann Se nix rede wolle, da leg ichs Ihne ins Schilderhaus!" Un schon war se am Schilderhaus, legt des weiße Päckche dort uff de Boden un verschwind wieder in der Torhall. Der Soldat hat nur noch gehört, wie sie gerufe hat: „Schläächt-kopp!"

Er war noch ganz verdattert, der Soldat, da hört er was! Ein Offizier kommt von der Wilhelmstraß her! Im Helm! Weiß Gott, es war die Ronde! Jetzt war die Sach awwer so, daß es dem Offizier grad so gange is wie dem Soldat. Es war en Reserveleutnant, kürzlich erst befördert, un es war überhaupt die erst Ronde, die er gemacht hat. Un vorm Haus vom Divisionskommandeur, da wars ihm aach net so einerlei. Er setzt also de Helm fester, geht uff den Poste zu un fragt so militärisch streng, wie er kann: „Auf Wache und Posten was Neues?" Den Poste drückts in de Kehl, dadezu hat des weiße Päckche e Hand lang aus dem Schilderhaus evorgeguckt, grad unner de Latern, kurz, er wußt sich net zu helfe un meld: „Zu Befehl, Herr Leutnant, jawohl!" Der Rondeleutnant fährt zusamme un sagt ganz erschrocke: „Was?!" Un der Soldat meldet ungefähr so ähnlich weiter: „Eben kam eine Person, eine Frauensperson, aus der Torhalle auf mich zu und wollte mich in ein Gespräch verwickeln. Die Person hat dort das Päckchen in das Schilderhaus gelegt."

Der Offizier guckt den Poste aa, geht ans Schilderhaus, nimmt das Päckche un betrachts. Er war selbst ganz uffgeregt un sagt: „Was soll das bedeuten?" Aber aus dem Soldat war net mehr herauszukriege. „Unangenehm, verdammt!" sagt der Offizier leise für sich, guckt schnell die Fenster am Haus enuff un sagt dann, wieder streng militärisch: „Gut! Ich werde Meldung machen!" Er steckt des weiße Päckche in sei Manteltasch, fragt den Mann nach Name un Kompanie un stolpert schleunigst mit seine neie Schaftestiwwel die Wilhelminestraß enunner.

Es war drei Uhr die Nacht, wie de Herr Rondeleutnant, nachdem er alle Wachtposte in un um die Stadt abgekloppt hatt, uff de Schloßwach geland is. De Wachthabende von de Schloßwach, des weiß jeder alte Soldat, war immer ein Leutnant von de Leibgardiste. Un dem klagt jetzt der Rondeleutnant sei Malheur: „Denken Sie, Herr Kamerad, bei keiner Wache ein Anstand, ausgerechnet nur bei seiner Exzellenz! Was soll ich nur machen?"

Der Leutnant von de Schloßwach, en junger aktiver Leutnant, aber e sehr gewitzt Kerlche, newebei bemerkt, aus einer alte hessische Offiziersfamilie, von Fischer hat er geheiße, sagt: „Ach no, die Sach kann mer schon mache. Vor alle Dinge, was is dann in dem Päckche drin?"

Da zieht der andere des Päckche eraus un sagt: „Denken Sie, was darin ist? Ein gebratenes Kotelett!"

„Was? Ein Kotelett?" sagt der wachthabende Leutnant und hat plötzlich grad so e ernst Gesicht gemacht wie der Rondeleutnant. „Zeigen Sie mal her! – Hm, ein schönes Kotelett!" Und dann sagt er, langsam un ganz ernst: „Herr Kamerad, hat Ihnen der Posten die Meldung dienstlich gemacht?"

„Selbstverständlich! Er hat es mir dienstlich gemeldet, als dem diensttuenden Offizier der Ronde!"

„Jaa!" sagt da de Leutnant von Fischer, un sei Gesicht is noch viel ernster worrn. „Wenn das so ist, da is nix zu mache! In – dem Fall müssen Sie die Meldung weitergeben! Gehn Sie gleich ins Rondezimmer und schreiben Sie sie! Aber nicht ins Rondebuch, sondern auf einen besonderen Bogen. Sie betrifft seine Exzellenz, das gibt eine Sondermeldung!"

Und der Rondemann schreibt treu un brav sei Meldung un bedankt sich noch beim Leutnant von Fischer für die kameradschaftliche Belehrung und Unterstützung.

Am annern Morjend in aller Früh war die Meldung, in verschlossenem Umschlag, mit dem Päckche drunne in de Riedeselstraß uff de Stadtkommandantur.

Stadtkommandant war damals de Generalmajor von Winter, e geborener Darmstädter; er hatt als junger Leutnant noch sechsunsechzig mitgemacht, bei Laufach un Frohnhofen. Sein Adjutant war de Premierleutnant von Schröder, heut sagt mer Oberleutnant. Der war damals mit em Gaul gestürzt un hat e Zeitlang dort unne Adjutantedienst versehe; es is später viel aus em worrn.

De Adjutant kommt also, wies die Zeit is, nimmt sei Sache aus seim Gefach un find die Meldung mit dem Päckche. Er liest se un – stutzt. Im selbe Moment kimmt aach grad de Stadtkommandant, de Herr Generalmajor von Winter.

Des war e kleiner, e bißche lebhafter un zawweliger Mann, awwer im große ganze doch wieder gemütlich. Awwer grad an dem Morjend muß em was iwwer die Leber gelaafe sei, dann er hat sei „Gemorje" nur so gebrummelt, die Tür zugeschmisse, un so weiter. De Adjutant geht zu em un will em die Meldung un die annern Sache vorlege. Aber de Herr von Winter hört en garnet weiter aa un sagt: „Schröder! Erst müsse mer was anderes mache! De Deiwel solls hole! Der neue Kommandeur von de Infanteriebrigade, de Generalmajor von Lewitzki, is mer unterwegs begegnet. Er hat sich bedankt, daß ich ihm die schöne Wohnung in de Annastraß verrate hab. Un jetzt quält er mich wege einem Offiziersborsch! Er könnt kein richtige Bursche finne. Er hätt gern en intelligente, patente und sapperment Kerl, der zu allem zu brauche wär; der Mann hätts gut bei em, un was er mer noch all de Kopp vollgeschwätzt hat, de Herr von Lewitzki, mit seine schöne ostpreußische Sprach! Ich hatts verschwitzt, un da is er orndlich bös worrn, de Herr Brigadekommandeur. Ei, du liewer Gott, Schröder, was soll ich dann net all mache?

De Deiwel solls hole! Bin ich dann de Stadtkommandant oder bin ich Stellevermittler! Nächstens kimmts soweit, daß ich noch für die Offiziersdame die Schenkamme suche muß! Schröder! Schreibe ses uff, im Notfall tun mers in die Parol, obwohls eigentlich de Brigade ihr Sach is! Was will ich dann awwer mache? De Deiwel solls hole! Hat mer net genug Last mit de Mannschaft, da hat mer se aach noch mit de Scheneralität!"

Also, de Stadtkommandant war ganz gut vorbereit uff die Meldung, die em jetzt de Adjutant, nachdem der Fall mit dem Brigadekommandeur von Lewitzki erledigt war, vorgelegt hat.

De Herr von Winter liest die Meldung, liest se noch e Mal, greift sich mit de zwei Händ an de Kopp un sagt: „No, der Tag fängt ja gut aa! Was für ein Hornochs hat dann die Meldung geschriewe?! Ei, de Deiwel solls hole! Schröder, was mache mer dann jetz?!"

„Herr General!" sagt de Adjutant, „es ist allerdings eine sehr peinliche Sache. Aber was können wir machen? Wir müssen unsere Pflicht tun, zumal es sich um eine offenbare Unregelmäßigkeit des Dienstpersonals Seiner Exzellenz handelt."

„Gewiß, Schröder", sagt druff de Stadtkommandant, „es is e Unregelmäßigkeit. Dann es wird net regelmäßig jeden Dag vorkomme, daß die Köchin vom Divisionskommandeur dem Poste e übrig gebliewe Kotelett zustoppt! Aber, was mache mer nur? Wisse Se, des kimmt net von der Köchin allein, des weiß die Frau Ekselenz! Des is halt e gut Fraa, die für ihr Leut was übrig hat. Natürlich solls net sein; ich kann aber doch net dem Herr Divisionskommandeur melde, daß die Frau Divisionskommandeur die Soldate zum Wachtvergehen verleite tut! Da müßt er ja sei eige Fraa ins Loch stoppe! Nein, nein, Schröder, das geht net! Verreiße Se die Meldung!"

„Ich werde mich hüten, Herr General! Es handelt sich um die dienstliche Meldung eines Offiziers. Sie ist auch formell in Ordnung, man kann sie nicht zurückgeben."

„Formell in Ordnung?" sagt de Stadtkommandant. „Warum hat er se dann net ins Rondebuch geschriewe un schreibt en extra Wisch?"

„Er ist vermutlich ein noch unerfahrener Offizier. Aber das ändert nichts an der Sache, Her General. Meldung bleibt Meldung!"

„De Deiwel solls hole! So e Sauerei war ja noch net da, solang ich Stadtkommandant bin! Wie schaffe mer uns da nur en Ausweg?!"

„Ein Ausweg wird da sehr schwer sein, Herr General!" sagt de Adjutant un zuckt die Achsele.

„Er muß gefunne werde, Schröder! Un wann uns debei es Gehirn verblatzt!" Er war ganz wütend, de kleine Herr Stadtkommandant, un kreischt: „Zeige Se doch noch e Mal die Meldung! Wie heißt dann der übereifrige Unglücksmann?" Un er liest: „Leutnant der Reserve Hofmann. – Zeige Se mer doch auch e Mal des Päckche, ich will mer des ominöse Kotlett doch e Mal betrachte!"

Sie wickle des Päckche uff. De Stadtkommandant tut en Krisch ausstoße un hüpft wie en Gummiball in die Höh, de Adjutant tut ebenfalls en Krisch ausstoße un macht ebenfalls en Satz, daß sei Sporn geklirrt hawwe! Un warum?

In dem weiße Päckche war nämlich gar kein Kotlett, sondern e Stück – Kommißbrot!

Die Schreiber drauß uff de Kommandantur sind zusammegefahrn, dann so hawwe se de Stadtkommandant un sein Adjutant noch nie lache hörn. Wie se sich noch erstaunt angucke, kimmt plötzlich de Adjutant erausgestürzt, fragt eindringlich, wie des mit dere Meldung un dem Päckche vor sich gange is, un dann regents Befehle an die Schloßwache.

E Stund später melde sich zwei Angehörige der Darmstädter Garnison in de Riedeselstraß beim Herr Stadtkommandant.

Der erste, der vernomme is worrn, war de Leutnant der Reserve

Hofmann. Dem hat sei Herz net wenig gekloppt, aber zu seim Erstaune war de Herr Stadtkommandant samt seim Adjutant gar net bösartig, im Gegeteil, es is dem Rondeleutnant sogar vorkomme, als hätte die zwei Herrn sogar gute Laune. Der Herr Stadtkommandant sagt nämlich ganz väterlich: „Herr Leutnant Hofmann! Sie hawwe da e Meldung gemacht, die stimmt ja gar net! Sie melde, Sie hätte bei dem Poste vor dem Haus seiner Ekselenz dem Herr Divisionskommandeur gestern abend um elf Uhr dreißig e Päckche mit einem gebackenen Kotlett beschlagnahmt. Gucke Se e Mal, was in Wirklichkeit in dem Päckche drin is!"
De Rondeleutnant wickelt, e bißche zittrig, des Päckche uff un find – des Stück Kommißbrot. Es hätt net viel gefehlt, da wär er umgefalle. Nur sei neie Schaftestiwwel hawwen gehalte.
Da spricht de Herr Stadtkommandant weiter: „Herr Leutnant Hofmann, wie können Sie sich dann unnerstehn, mir so e falsch Meldung zu mache? Sie schreiben Kotlett, un in Wirklichkeit is es e Stück Kommißbrot?! – Was halte Sie dann dadevon, Herr Premierleutnant?" sagt er zu seim Adjutant.
Der lächelt ganz leicht un vornehm un sagt: „Herr General, ich persönlich habe natürlich keinen Zweifel, daß, entsprechend der Meldung des Herrn Leutnants, in dem beschlagnahmten Päckchen ursprünglich ein Kotelett enthalten war. Man sieht es ja noch an dem fettigen Papier. Aber zweifellos ist durch irgend einen unerklärlichen Eingriff nachträglich das Kotelett mit diesem Stück Kommißbrot vertauscht worden."
Da lächelt de Stadtkommandant aach e Mal un sagt: „Was heißt: Unerklärlicher Eingriff? Mir ist das sehr erklärlich: Des Kotlett hat einer gefresse!"
„Das dürfte schon so sein, Herr General!" sagt da de Adjutant. „Aber daran ist der Herr Leutnant schuld. Der Herr Leutnant hätte das Päckchen verschnüren und versiegeln müssen, wie es die Dienstvorschrift bei der Beschlagnahme von solchen Gegenständen vorschreibt!"
„Sehen Sie", sagt dadruffhin de Stadtkommandant zum Rondeleutnant un hat en ganz streng aageguckt, „da muß ich Sie jetzt bestrafe wege Verstoß gege die Dienstvorschrifte. Wann en Mann sein Spind uffläßt un verleit dadurch en andern zum Diebstahl, wird er aach bestraft, jawohl!"
Es war, wie gesagt, gut, daß der Rondemann sei Schaftestiwwel an hatt. Awwer de Stadtkommandant, de Herr von Winter, war gleich druff wieder sehr wohlwollend und sagt: „Nein, bestrafen will ich Sie net. Aber es gibt nur ein Ausweg! Die Meldung ist falsch, denn

ein Stück Kommißbrot ist kein Kotlett. Und eine – falsche Meldung, die kann man net weitergeben, die kann man nur – zurücknehmen! Also, Herr Leutnant Hofmann, was haben Sie mir dadraufhin zu erklärn?"
„Zu Befehl, Herr General! Ich nehme die Meldung zurück!" So sagt schnell de Leutnant Hofmann un tut die Hand an de Helm.
„Gut! Da hawwe Se Ihr Meldung wieder! Stecken Sie se ein. Das Stück Brot steck ich ein, des geb ich heut mittag meim Gaul!"
De Rondeleutnant, wie neugeborn, tut die Hand an de Helm un will sich verabschiede, da zieht ihn de Herr von Winter am Knopploch ganz nah zu sich hin un sagt zu em: „Lieber Herr Leutnant Hofmann! Hörn Se, was Ihnen ein alter Offizier sagt: Das Militärleben is ein ganz besonderes Leben; es is wie eine Schleichpatrouille vorm Feind. Mer muß acht gewwe, daß mer an dere Eck net hänge bleibt un daß mer um die anner glücklich erumkommt; mer muß leise ufftrete, daß mer net auffällt, dann wieder laut, daß mer auffällt, des heißt, daß der Feind meint, es kämen noch mehr. Man muß kalkulieren: Is der Feind stark, oder is er schwach, oder is überhaupt keiner da! Kurz, man muß an alle Eventualitäten denken! Und zum Schluß noch ein Rat: In allen kitzlichen Fällen sich vorher erkundigen bei einem älteren, erfahrenen Kameraden, wie mers zu mache hat. Sie hawwe zum Beispiel die Meldung uff en besondere Bogen geschriewe, die hätt awwer ins Rondebuch gehört!"
„Verzeihung, Herr General", sagt dadruffhin de Leutnant der Reserve Hofmann, „ich habe den Fall mit einem dienstälteren Kameraden besprochen. Dieser gab mir unter anderem auch den Rat, die Meldung – nicht in das Rondebuch zu schreiben."
Da guckt de Stadtkommandant e Mal schnell sein Adjutant aa un sagt: „So, so! No, da hatte Se ja doch Ihr Schuldigkeit getan!"
Also, die Verhandlung war fertig un de Leutnant der Reserve Hofmann hat, wie schon angedeut, ganz erfrischt un uffgemuntert die Stadtkommandantur verlasse. Er hat in seim spätere Militärlewe noch viel un lauter richtige Meldunge geschriewe un war von vierzehn bis achtzehn en sehr tüchtiger un tapferer Kompanieführer gewese. Doch des gehört ja garnet hierher, des war ja im Krieg, un die Geschicht spielt ja lang vorher im Friede.
Wie gesagt, de Stadtkommandant hatt sein Adjutant aageguckt. Wie se wieder allein warn, sagt er: „Schröder, hawwe Ses gehört? Bei eme dienstältere Kamerad hat er sich erkundigt. Des kann doch nur der junge Fischer gewese sein, der, wie Sie mer sage, heut die Schloßwach hat. No ja, da hat er je de Richtige gefragt! De Deiwel solls hole! Jetz is mer alles klar! Schröder, der klei Fischer is grad

schon so en Erzkujon wie sein Vatter! Sagt der aach noch zu dem arme Leutnant Hofmann, er soll die Meldung net ins Rondebuch schreiwe!"

De Adjutant lacht aach un sagt: „Herr General, der Herr Leutnant von Fischer hat aber an – alle Eventualitäten gedacht!"

„Stimmt!" sagt de Stadtkommandant un lacht noch mehr. „Bis jetzt warn aach die ganze Fischer all gute Offesiern!"

„Und doch hat er in dem heutigen Fall eine Eventualität außer acht gelassen, der Herr von Fischer, Herr General. Mit dem Verschwinden des Koteletts hat er nicht gerechnet", sagt noch e Mal de Adjutant un lacht wieder.

Da awwer macht de alte Generalmajor un Stadtkommandant von Winter e ganz tiefsinnig Gesicht un sagt: „Lieber Schröder! Wo is der Feldherr, der noch kein Fehler gemacht hat? Aach de gescheiste Mensch lernt nie aus un erlebt Sache, an die er net gedenkt hat. Des is ja aach ganz gut so, dann sonst gebs ja in unserm langweilige Lewe gar kei Überraschunge mehr!"

Doch die Geschicht geht weiter. De Rondeleutnant war also fort, un nach ihm hat der zweite Angehörige der Darmstädter Garnison vorm Herr Stadtkommandant gestanne. Es war der Mann von de Schloßwach, der am Morjend die Meldung mit dem Päckche uff die Stadtkommandantur getrage hat. Dem wars aach net so einerlei, dann wann mer persönlich zum Stadtkommandant befohle werd, des hat etwas zu bedeite.

Un richtig, de Herr von Winter guckt en ferchterlich streng vun owwe bis unne aa un fengt gleich aa zu kreische. No ja, wies im Leben un hauptsächlich beim Militär geht, am Kleine werd de Zorn ausgelasse. Er kreischt also den Soldat aa:

„Wie heißen Sie?"

„Gardist Meeser, vierte Kumpanie, Herr Scheneral!"

De General hat grad so scharf gehorcht, wie er geguckt hat, und hat gesagt: „Aha, Sie sind von Darmstadt?"

„Zu Befehl, Herr Scheneral, ich bin von Darmstadt!"

„So!" sagt da de Stadtkommandant, so ganz kurz un zischend, un es hat in em gezuckt. „So! Da könne mer ja aach e Mal frei von de Leber ewegrede, Möser! – Also: Sie hawwe heut morjend e Meldung hierhergebracht mit eme Päckche. De Herr Leutnant von Fischer hat mir melde lasse, daß er Ihne des Päckche, so wie ers empfange hatt, unverändert ausgehändigt hat. So! Jetz erzähle Se e Mal den weitere Hergang!"

In dem Moment awwer packt de Stadtkommandant wie uff aa Mal de Zorn, er dappt den Gardist Schorsch Möser mit de zwaa Händ, schüttelt en un kreischt: „Möser! Kerl! Sag die Wahrheit un unnersteh dich net, mir en Bär uffzubinne!"

De Gardist Möser war im erste Moment erschrocke, awwer, wie er gehört hat, daß de General „du" zu em gesagt hat, da war er ganz gerührt! Er hat gedenkt, Straf gibts doch, er hat also gebeicht.

„Herr Scheneral, ich hab gewußt, wann die Meldung uff die Stadtkommandantur kimmt, des gibt e groß Sauerei, Schweinerei, wollt ich sage, Herr Scheneral!"

„Wieso, was heißt das? Hast du die Meldung gekannt?"

„Selbstverständlich, Herr Scheneral, ich wußt doch schon vorher Bescheid."

„Wieso, woher?"

„Die Sach is doch sehr eifach, Herr Scheneral. Der Poste, dem der Fall passiert is, hat mers erzählt, wie er abgelöst is worrn, vorm Zurückmelde; der Sergeant war grad ausgetrete. No ja, der Mann is noch Rekrut, un da hat er mich gefragt, wie mer halt en ältere, erfahrene Mann fragt, ob er des beim Zurückmelde dem Scherschant melde mißt!"

„Un, was hast de dann da gesagt?"

„Ich hab gesagt, Herr Scheneral: Halt ganz dei Maul, die Sach werd schon im Sand verlaafe!"

„Das is awwer doch unerhört!" sagt de Stadtkommandant fast ganz wild. „Doch weiter! Un bei de Stang gebliwwe! Was hast du also mit dem Päckche gemacht?"

„Ich habs ja schon gesagt, Herr Scheneral. Ich hab mer gedenkt, mit dere Meldung, des gibt e Sau-, Schweinerei, un mit de Kotletter do drowwe is es aus. Ich hab doch aach schon e Mal eins kriegt, es war eigentlich en Schnitzel, awwer aach prima. Meldung haww ich kaa gemacht, dann erstens is kaa Ronde komme un dann: Ich werd doch net mein eigne Divisionskommandeur eneilappe!"

De Gardist Möser hat plötzlich stillgeschwiege, dann de Stadtkommandant hat vor Ernst fürchterlich sei Gesicht verzoge un de Adjutant noch mehr.

„Weiter!"

„No ja, un also, Herr Scheneral, wie ich an de Marienplatz komme bin –" Un da stockt de Gardist Möser schon wieder.

„Weiter, Kerl! Was war am Marienplatz?!"

„E Bank, Herr Scheneral. Un da haww ich mich druffgesetzt. Es war noch e bißche duster, un Offesiern warn noch kaa da. Un weil ich des Kotlett doch abliefern mußt, da wollt ichs wenigstens e Mal betrachte. Un da haww ichs e Mal betracht. – Ach, es war e zu schö' Kotlett!"

„Un da hast de des Kotlett eweggemacht und hast defür den Steppel Kommißbrot abgeliewert, Flabsch, misrabler! Schröder, hawwe Se dann schon so etwas gehört? So Soldate hat die deitsch Armee! Ei, dem Kerl gehört ja die Schützeschnur samt de Kokard erunnergerisse! Den schaffe mer in die zweit Klaß!"

Un tatsächlich, de Stadtkommandant packt den Gardist Möser an de Schützeschnur als wollt er se verreiße un ihn mit. Er hat en awwer doch glei wieder geh gelasse un hat ruhiger, awwer immer noch sehr ernst, gesagt: „Möser, du dienst im zweite Jahr, wie konntst de dann so was mache? Hast de der dann dabei garnix gedenkt?"

„Ich hab mer schon etwas gedenkt, awwer, ich waaß net, ob ichs sage derf?"

„Du hast mer alles zu sage un nix zu verschweige. Also los, was hast de der gedenkt?!"

„Ich hab mer gedenkt, Herr Scheneral, mit dere Meldung, des gibt, wie gesagt, entweder e groß –, Schweinerei oder: Es gibt garnix! Wie mer nämlich des Mädche von da owwe den Schnitzel gewwe hat, da hat se gesagt, ich könnt en ruhig aanehme, die Madam wißts. Des wär e sehr fei' Fraa. Sie hätt ihr uff die Weihnachte zwanzig Mark geschenkt; uff ihre letzte Stell, be eme Fabrikant, er wär sogar Hoflieferant, hätt se nur finf kriegt. No ja, haww ich gedenkt, Herr Scheneral, wann die Madam des weiß, ihre Ekselenz, die Fraa Divisionskommandeerin, no ja: Da werrn die Herrn von de Stadtkommandantur doch grad so gescheit sei un werrn aach e Mal so weit denke, eh daß se sich etwas eibrocke! Un? Was werds gewwe? Garnix werds gewwe! Die Meldung mit samt dem Kotlett bleibt liege un werd – dodgeschwiege! Un, Herr Scheneral, es wär doch schad fer des scheene Kotlett gewese; es wär stinkisch worrn. Un da haww ich mer gesagt: Liewer duh ich e Stück Kommißbrot opfern."

De Stadtkommandant hat mit verschränkte Ärm ganz ruhig dagestanne. Dann tritt er vor de Gardist Möser hie, guckt em starr un ganz ferchterlich in die Aage un sagt: „Was soll des heiße, was de da eben gesagt hast? was heißt: Totgeschwiege?"

De Gardist Möser hat em Stadtkommandant awwer aach fest in die Aage geguckt un sagt: „Dodgeschwiege, Herr Scheneral, des haaßt: Dodgeschwiege!!"

Da guckt de Stadtkommandant wieder e Mal de Adjutant aa un sagt nach ere Weil: „Schröder, betrachte Se sich e Mal den Mann! Was mache mer dann mit dem?"

Un da hawwe die zwaa Herrn Offesiern den Gardist Möser

betracht, wie mer halt so en Verbrecher betrachte tut. Bis de General wieder anfängt.
„Was treibst dann du im Zivilleben? Was bist de von Beruf?"
„Tapezier un Polsterer, Herr Scheneral!"
„Du dienst im zweite Jahr, hast die Schützeschnur, warum bist du noch kein Gefreiter?"
„Des is en Fehler vom Herr Feldwebel, Herr Scheneral! Der macht mer alles kaputt!"
De Stadtkommandant hat erst nix gesagt, dann sagt er plötzlich: „No, der werd sein Grund hawwe. Also, Möser, Sie kenne geh! Ich werd mer e Mal iwwerlege, was ich Ihne fer Straf gebb! Weggetreten!"
De Gardist Möser macht kehrt, er denkt: „Au, er seggt schun wieder Sie!" Un drauß war er. Er ist net so erfrischt un ermuntert von de Stadtkommandantur fortgange wie vor ihm de Rondeleutnant. Des Kotlett hat em im Mage gelege, un er hat gesagt: „De Schlag, es gibt doch e Sauerei!"
Un richtig, de annern Morjend in de Kasern, da is es schon losgange. Em Uhre elf war er grad en Aageblick uff de Stub, do kimmt die Ordonnanz von de Kompanieschreibstub un sagt: „Möser! Wo bist de dann? Vorhin is en Befehl komme von de Stadtkommandantur über dich! Es muß was ganz Schlimmes sein, dann de Feldwebel is ganz wild worrn, wie ers gelese hat! Was hast de dann geschafft?!"
Awwer de Gardist Möser hat nix gesagt. Er hat geschwige wie's Grab.
„No", sagt do der anner, „beim Appell kannst de dich uff etwas gefaßt mache!"
Es war em Gardist Möser sein schwerste Appell.
„Mööser!" kreischt de Feldwebel, so laut un so scharf, wie en die aagetrete Kompanie noch nie hat kreische hörn. De Gardist Möser spritzt vor.
„Stehn Sie mal gefälligst grad! Wenn ich diesen Kerl nur schon ansehe! Nun ja, wir werden ihn ja jetzt für längere Zeit los!"
„Uff lengere Zeit?" denkt de Gardist Möser. „No ja, des gibt Festung!"
Un richtig: De Feldwebel zieht sei Buch un liest:
„Gardist Möser! Sie melden sich – heute mittag in der – Annastraße einundvierzig – bei dem Herrn Brigadekommandeur Generalmajor von Lewitzki als – Bursche!!"

Willi Wilbrand   Der Stabsarzt

In den achtziger Jahren des vorigen Jahrhunderts amtierte in Darm-Athen ein Stabsarzt, an dessen Wiege die Pallas-Athene, als Göttin der Weisheit betrachtet, nicht gestanden hatte. Es war dies die Zeit, in der böse Menschen „mors" mit Stabsarzt übersetzten. Trotzdem war er an dieser traurigen Geschichte unschuldig. Er wurde mit seinem Assistenzarzt zu der Frau eines Feldwebels gerufen, die in Geburtswehen war. Der Fall war so verzweifelt, daß selbst ein großer Geburtshelfer die Sache nicht hätte bessern können. Mutter und Kind waren tot.
Als der Stabsarzt mit seinem Assistenzarzt, welcher – aber nur, wenn er sprach – stotterte, wegging, sagte dieser seinem Stabsarzt: „Ein Glück, daß mer weggange sin, sonst wär der Vater, der Feldwebel, auch noch druffgange."

Da es militärischerseits als unangenehm empfunden wurde, daß in der Kaserne beschäftigte Handwerker die Kantine mitbenutzten, kam der Befehl heraus, daß die Kantine nur von Militärpersonen besucht werden dürfe. Bei baulichen Arbeiten suchte man die Bestimmung dadurch zu umgehen, daß man den beschäftigten Arbeitern einfach eine Drillichjacke anzog, so daß sie für Militärpersonen gehalten wurden und unbeanstandet die Einkäufe in der Kantine besorgen konnten. Man hatte eine solche Drillichjacke auch einmal einem Gesellen angezogen, der nur *ein* Bein hatte. Der Stabsarzt, der ihm auf dem Kasernenhof begegnete, sagte: „Merkwürdig, sollte mir das bei der Musterung entgangen sein?"

Wilhelm Kaminsky   Ma muß sich zu helfe wisse

In's Lazarett zum Stabsarzt kimmt
E Ordenanz enei';
De Kaste de Herr Dokder nimmt,
Guckt nooch, wos er find't drei'.

Barol', Befehl unn aach Bericht,
Die sieht er all glei dorch;
Macht druff e grimmig, bees Gesicht,
Glotzt a' den junge Borsch.

Der denkt, ich hab doch nix gemacht,
Wos nor der Stabsarzt will,
Ich haw em alles schee gebracht –
De Dokder is noch still.

En Brief bald in de Hand der hellt,
Mi'm offene Kuwärt,
Wahrscheinlich ihm wos dra' mißfellt;
Der Borsch werd ganz vawärrt.

Druff: „Stillgestanden" kummandiert
Der Stabsarzt forchdbar laut,
Unn der Saldot sich net mehr riehrt,
Voll Engste er hi'schaut.

„Die Zung' heraus", de Dokder spricht,
„Soweit, als wie es geht!"
Der Borsch gehorcht, aus sei'm Gesicht
Die Zung' glei schnurstracks steht.

De Stabsarzt nimmt jetzt sei' Kuwärt,
Hellt stramm debei die Klapp,
Eriwwer unn eniwwer schnärrt
Er flink die in ahm Schwapp.

Unn iwwer dem Saldot sei' Zung'
Streicht er de Gummi naß;
Er wollt sich spar'n die A'feichdung,
Des wor de ganze Spaß.

Oberstabsarzt Gerlach

Dr. Gerlach war zuerst Militärarzt beim Feld-Artillerie-Regiment Nr. 61 und später Oberstabsarzt im Lazarett. Von ihm werden sehr viele Anekdoten berichtet; denn er hielt andere gern zum Narren, war sehr derb in seinen Scherzen und konnte sich halb tot lachen, wenn er schockiert hatte. Manchen unfreiwilligen Witz machte er schon dadurch, daß er stotterte und sich über sich selbst lustig machte.

Georg Wiesenthal	Ein Soldat kam mit einem Geschwür am Hinterteil in die Revierstube. Gerlach griff nach dem Messer und schnitt das Geschwür unter großem Gejammer des Patienten ab. Auf die Frage, warum er sich denn so anstelle, gab der Soldat zur Antwort: „Ei des dud doch weh!" Darauf bemerkte Gerlach, der stark stotterte: „Wann des gud deht, dann käme Sie ja jeden Tag zu mir."
Georg Wiesenthal	Das Operationszimmer des Lazarettes betrat er eines Tages in Begleitung eines Hundes. Auf die Frage, warum er denn einen Hund mitbringe, gab er zur Antwort: „Des is kaan Hund, des is e Hündin."
Herbert Kammer	Manöver auf der Mathildenhöhe. Seine Königliche Hoheit Großherzog Ernst Ludwig sitzt hoch zu Roß auf dem „Feldherrnhügel", umgeben von der ganzen Generalität und beobachtet – mehr oder weniger interessiert – das militärische Schauspiel. Plötzlich hört er hinter sich Hufegetrappel, schaut sich um und sieht wie Gerlachs Pferd sich nicht mehr zügeln läßt, sich aufbäumt, vorwärts und rückwärts ausschlägt, den Reiter abwirft, worauf Ernst Ludwig Dr. Gerlach zuruft: „Ei, Gerlach, was mache se denn da?" – „Ei-ei-ei, F-F-Flurschade, Kenischlich Hoheit!", kam die Antwort aus dem Kornfeld.
Herbert Kammer	Hofjagd im Messeler Park. Dr. Gerlach ist auch dabei, und ihm passiert das Pech, daß er statt des Bockes eine Rieke schießt. Um der Blamage zu entgehen, schneidet er den „Spiegel" der Kreatur heraus und packt ihn in sein Butterbrotpapier. Abends beim Jagdessen im Kranichsteiner Schloß sitzt er neben S.K.H., und als die Stimmung sich immer mehr gesteigert hat, fragt Gerlach plötzlich den Großherzog: „K-K-Kenischlich, Hoheit, wisse Se a-a-ach den Unnerschied z-z-zwische Ihne un mir?" – Darauf Großherzog Ernst Ludwig: „Nei, Gerlach, schieße se los!" Gerlach zieht umständlich sein Butterbrotpapier aus der Rocktasche, entfaltet es und sagt dazu: „K-K-Keenischlich Hoheit, S-S-Sie hawwe im Schloß en R-R-Rubens hänge, u-u-un was ich hier hab, d-d-des is e R-R-Rehbuns!"
Reinhard	Als in Medizinerkreisen einmal über eine neue Operationsmethode gesprochen wurde, rief Dr. Gerlach spontan: „D-d-die Ope-pe-operation mu-mu-muß ich lerne, u-u-un wa-wa-wann fü-fü-fünf Odewälder Ba-ba-bauern die K-kr-kränk krieje."

Bei der Musterung der Landwehr im Ersten Weltkrieg stand Dr. Gerlach mit einem jungen Kollegen vor zehn splitternackten Landwehrmännern und rief: „D-d-das G-g-ganze anbücken!" Natürlich grinsten die Männer, und auch der junge Arzt mußte lachen. Was aber dann kam, überstieg seinen Verstand. Denn der Herr Sanitätsrat guckte nicht nach gewissen Knötchen am After; er zog mit zwei spitzen Fingern die Hoden nach hinten und ließ sie wieder los. So ging es die ganze Reihe durch.
Der junge Kollege konnte sich keinen Vers daraus machen und fragte dann abseits auch ungeniert: „Aber, Herr Sanitätsrat, was soll das? Was hat das für einen Zweck?"
„J-j-ja, wi-wi-wissen's, Herr K-k-kollege, Zw-zweck hat's k-k-kein, aber Schb-b-schbaß macht mer's!"

Karl Schaefer

Schlau

K. P.

Des Dorfes Hirt war ausgehoben
Und zur Garnison verbracht.
Wiewohl er körperlich zu loben,
War er geistig schlecht bedacht.
Drum ist keck und ungeniert
Ihm auch folgendes passiert:
Sie wurden einzeln aufgeschrieben,
Dann fuhr der Hauptmann fragend fort:
„Nun, Schulze, was hast du getrieben?"
Und erhielt drauf flugs die Antwort:
„Zu Befehl, Herr Hauptmann, Säu'!"

Der Trompeter

Alexander Paul

Bei der Rekrutenaushebung war im Musikkorps des Regiments auch ein Mann namens Haspel von einem einsamen Gehöft im Odenwald eingestellt worden. Sein Geburtsort war das Dorf, das direkt hinter dem zweithöchsten Bergrücken des mittleren Odenwaldes liegt: Hammelbach. In der Zuteilungsliste stand bei seinen Personalien der Zusatz „Trompeter" eingetragen. Das war aber auch das einzige Musikalische an ihm. Er bereicherte die Kapelle um derartige Mißakkorde, daß der Musikmeister auf den Gedanken

kam, es könne dem Bataillonsschreiber am Ende eine Personenverwechslung unterlaufen sein. Er nahm sich daher den Mann vor und fragte:
„Sagen Sie 'mal bloß, sind Sie denn auch richtig der Rekrut Haspel, geboren am 11. Mai 1881 zu Hammelbach?"
„Zu Befehl, Herr Stabstrompeter."
„Und sind Sie aber auch *der* Haspel, der hier als Trompeter aufgeführt ist?"
„Jawohl!"
„Hm – wie lange sind Sie denn schon Trompeter?"
„'Befehl. Schon seit mir's denkt bin ich Peter Haspel der Sechzehnte, der Trom-Peter, der Peter von der Tromm! Ei jo freilich!"

Klaus Schmidt

Der erste Ausritt

Der Einjährig-Freiwillige sollte zum erstenmal alleine ausreiten dürfen – natürlich an der elterlichen Metzgerei in der großen Ochsengasse vorbei. Stolz und ungeduldig harrte seine Mama, die Metzgersgattin, am Wohnzimmerfenster im ersten Stock. Endlich Pferdegetrappel – aber im wüsten Galopp, und am Hals des durchgehenden Gauls die traurige Figur des Herrn Sohns. „Schorsch, wohie?", ruft die Mutter alarmiert. „Waas ichs?", schreit's zurück.

Wilhelm Kaminsky

Braucht kah' Fremdwörter

E Leidnant,
Wor bekannt,
Daß er Schulde macht.
Lebt gern fei',
Gahsch wor klei',
Hat des net bedacht.

Handwerksleit,
Seldenheit,
Daß ma Geld bekimmt,
Ohne Sorg'
Kaaft uff Borg;
Nix zu Herz sich nimmt.

Schneiderlein
Liwwert fein
Ihm e neie Hos.
Rechnung schreibt,
Doch mer bleibt
Gar lang ohne Moos.

Widder Zeit,
Net erfreit,
Find't's e bisje stack.
Rechnung jetzt
Druff er setzt:
Saldo zwanzig Mack.

Leidnant guckt,
Achsel zuckt;
Schneider wohl verrickt?
Dusseldhier
Niemals mir
„Saldo" hergeschickt.

Ein Korb

Kaiser's Geburtstag: „Soldatenball."
Die Offiziere und Mannschaften all
Froh durcheinander beim lustigen Tanz.
Von Mannschafts-Damen ein reicher Kranz.
Verschmäht's doch selbst nicht der Herr Major
Frau Feldwebel zu wählen sich aus dem Chor.
Der Hauptmann tanzt mit viel Plaisier
Den Walzer mit der Frau Unteroffizier,
Ja, ein Herr Lieutenant bietet galant
Der flotten Köchin zum Tanze die Hand.
Die aber sieht ihn sich an genau
Und sagt: „Ich dank! Ich schwitz' wie e Sau!"

Heinrich Enders **De Rittstaa'**

Musik un Milledär-Saldote
Sin eme echte Heiner stets
– Wann er net grod sich zu de „Rote"
Duht zehle – en besunnre Feez.
E „Ständche" is doch herrlich, gelle?
En „Zappestreich", wos kimmt dem gleich?
Un e „Barad" macht's Herz aam schwelle,
Do fiehlt mer sich im Himmelreich.

Doch 's allerschennst vun all dem Schöne,
Wogeje all des annern matt,
Is, wann en flotte Marsch duht töne,
Un's Milledär zieht dorch die Stadt,
Hui! rapp'le uff do alle Fenster!
Manch Mädche haamlich seifze mog:
„Ach Gott, jetzt kimmt mei' allerschennster,
Mei' glicklichster Moment im Doog!"

Drumpete schmettern, 's bummt die Drummel,
Gor lieblich klingt de Schellebaum,
Dann Schritt un Tritt – de ganze Rummel
Vafliggt druff, wie en scheene Traum.
Doch echte Heiner – Gott vadebbel! –
Die gucke dem net ruhig zu,
Die treibt's, un wär's de scheppste Steppel,
Bei so 're Musik mitzuduh!

Un vornewegg duhn se maschiere,
Deneweher im gleiche Schritt,
Un kaaner duht de Takt valiere,
Un jeder peift voll Eifer mit.
Begeist'rung blitzt aus alle Aage;
Käm' aaner jetz un wollt en wehrn,
Ich glaab, den dehte se vahaage,
Bis er die Flöh deht huste hörn!

So ziehn se mit dorch alle Stroße,
So ziehn se mit bis zur Kasern –
Ihr maant, daß se sich jetz die Nose
Dort an dem Dor vabellern wern?
O naa', des sin kaa' Heinermode,
So hi'zustärme stump un roh,
Des Hauptpläsier winkt noch! Ihr Schote,
For wos is dann de *Rittstaa'*[1]) do?

De Rittstaa', fest un stolz gemauert,
Zugänglich rings vun jeder Seit;
Geschlechter hot er iwwerdauert,
En Zeige längst vagangener Zeit! –
Un alle Heiner wie's Gewidder
Die stärme nooch em Rittstaa' hi'
Un torne hortig nuff uff's Gidder
Un gucke vun do runner kieh'.

Die Musik zickt samt de Saldote
Bewunnert dorch's Kasernedoor,
Un hell bis in die letzte Note
Mischt Juwel sich vum Heinerchor,
Laut tönt de Ruf vum Rittstaa' runner:
„Och, wos e Lust Saldot zu sei'!"
De olte Darmgeist selbst dief drunner
Stimmt rauschend in den Juwel ei'.

Georg Lotter

Die Urlaubsgans

Beim Barras einst do gab es Sache,
So manches is do als bassiert
Un so e Stickelche zum Lache
Erzehl ich eich ganz unscheniert.

Des Stickelche is delikat,
Es hannelt vum Rekrut
Un Wachtmaaster, der Diplomat,
Drum horcht mol uff recht gut:

---

[1]) Der Rittstein, oder auch Rütschstein, ist das kleine Plateau gegenüber der ehem. Infanteriekaserne (der heutigen Otto-Berndt-Halle) oberhalb der Alexanderstraße, wo einst die Obergasse endete und die Dieburger Straße begann.

Vum Urlaub in de Weihnachtszeit
Kam en Rekrut zurick
Un brachte mit vun seine Leit
E Gans, e mächtig Stick.

Geschenk soll's fer sein Wachter sei
Vun seiner Batterie,
Er bringt se in die Schreibstub glei,
Doch die Geschicht wor die:

Sein Wachtmaaster do oh ihn brillt:
„Kerl, willst mich wohl besteche!"
Er guckt den Rekrut oh ganz wild
Als wollt er ihn verdresche.

Doch der Rekrut seggt zu dem Fall:
„Mei Mutter duht se schenke,
Mir hawwe noch sechs Stick im Stall."
Dem Wachter gibts zu denke.

Un er seggt druff zu dem Rekrut
– en Vorschlag wor's zur Giete –:
„Schenke des kimmt net in die Dutt,
Duh dich davor nor hiete."

Un weiter noch: „Ich kaaf die Gans,
Duh mir den Preis nor sage,
Ich bezahl se dir, ich kanns
Un bin aach in der Lage."

Verdaddert segt Rekrut „Dreimack",
Wos wollt er annerst mache,
Fer die fett Gans, jo des wor stack,
En Spottpreis wors zum Lache.

Der Wachter schmunzelt, es ist recht,
Er ihm Dreimack gleich zahlet.
Der Hannel billig awer echt,
Un der Wachtmaaster strahlet.

Seggt newebei noch zu dem Lands:
„Do sin nochmol drei Emm,
Dofir bringst de mer noch e Gans,
Ich wär jo sunst plemm plemm."

Ja, Wachtmaaster worn Diplomate
Un Mutter der Battrie.
Aach die schlaueste im Staate,
Verleje worn die nie.

Was ist ein Soldat?

Während des Krieges 1914–1918 kursierte folgende Scherzfrage:
Was ist ein Soldat?
Eine mit feldgrauem Tuch umhüllte Maschine, die mit Kohldampf getrieben wird.

Willi Wilbrand

Der „Boulevard de Kikeriki"

Der „Boulevard de Kikeriki" – an diese Gasse erinnert jetzt nur noch der „Hinkelstein" – ist eine Straße der Altstadt, die zum Teil von Damen bewohnt wird, welche für Liebesbezeigungen Beträge zu liquidieren pflegen.
Zu der im Jahre 1918 bevorstehenden Kriegerheimkehr war von einem Komitee ein Aufruf erlassen worden, zu Ehren der heimkehrenden Krieger die Häuser zu schmücken; für die am schönsten geschmückten Häuser sollten deren Bewohner Auszeichnungs-Diplome verliehen werden. – Die am schönsten geschmückte Straße oder Gasse war der oben bezeichnete Boulevard. Es hingen von einer Straßenseite zur anderen Girlanden mit dem Spruch: „Sei willkommen in unserer Mitte, tapferer Krieger".
Es ist nicht überliefert, ob dafür Auszeichnungen verliehen wurden.

„Wie is eigentlich Krieg?" Vicki Baum

„Wie is eigentlich Krieg, Heiner, erzähl doch moal", fragte sie.
„Nix is", sagte er. „Mir schieße auf die, und die schieße auf uns. Des is alles."
In keinen Generalsmemoiren habe ich eine so kurze und klare Definition des Krieges gefunden.

Dragoner-Erinnerung Hartmuth Pfeil

„An der Futterkripp hot mei Ännche gestanne
– un mei Änne bei einer Herrschaft in de Annastrooß …"
„… wo also dei Kripp gestanne hot."

„Mer wolle widder en gelernde Großherzoch..."
Von unseren Regenten

Großherzog Ludwig III

Bärnlew

Herman Müller

Eine Samstagvormittags-Idylle. – Schaulustiges Publikum hat sich bei den Bären eingefunden – ein fremder Offizier kommt von der Audienz bei Ludwig III., desgleichen zwei hohe Beamte mit ihren Schockelgäulen. Ersterer wird von seinem Droschkenkutscher auf die Darmstädter Sehenswürdigkeit aufmerksam gemacht, welche dem Großherzog von seinem Schwager, dem Kaiser Alexander von Rußland, zum Geschenk gemacht wurde. – Einmal gelang es einem Bären, die Schloßgrabenmauer zu erklettern, die benachbarte Schildwache vermochte jedoch den braunen Gesellen mit dem Gewehrkolben beherzt wieder hinunter zu treiben.

n Schloßgrawe

Nachkommen hatte das Pärchen öfter, aber der grausame Vater verzehrte seine eigenen Jungen jedesmal wieder. – Bei einer Erkrankung eines der Bären wurde der Tierarzt Dr. Z... consultiert, der sich hernach mit der Bemerkung necken lassen mußte, er habe dem Bären den Puls mit der Bohnenstange gefühlt. – Die possierlichen Tierchen lebten etwa zehn Jahre zum Vergnügen der Darmstädter in ihrem Zwinger bis zum Jahre 1862.

Großherzog Ludwig III.

Alexander Büchner | Dennoch wären wir keine Menschen gewesen, wenn es nicht selbst in Arkadien mißvergnügte Geister gegeben hätte. Alles Bestehende war freilich, nach Hegel, höchst vernünftig, aber man will auch einmal unvernünftig sein. Dulce est desipere in loco. Einer von den kritischen Geistern, welche meinten, nichts sei so gut, daß es nicht noch besser werden könne, war sogar der Thronfolger des Fürsten, welchem – ich meine den Thronfolger – die Natur des Orts ein gutes Stück Mutterwitz verliehen hatte. Hier und da machte sich dieser Witz in den treffendsten Epigrammen Luft, von denen wir nur ein Beispiel anführen wollen:
Im Schloß war zuweilen Hoftafel, zu welcher besonders Herren von Stand und vom Militär eingeladen wurden. Da war es nun herkömmlich, daß dieselben beim Nachtisch das reichlich vorhandene Konfekt zum Teil aufaßen, zum Teil in die Tasche steckten, letzteres zu Nutz und Frommen der Familie oder sonstiger Freundschaften. Eines Tages aber blieb ein kleines Stückchen Marzipan aus Versehen einsam auf einem Teller liegen. Der Thronfolger ließ sich sofort einen Hammer und Nägel bringen und heftete eigenhändig die Reliquie an die Wand des Speisesaals zum ewigen Angedenken, aere perennius.

Herman Müller | Großherzog Ludwig III. [1806–1877] hatte ein vorzügliches Gedächtnis: Auf einer Parade frug er einmal einen Hauptmann, der nebenbei auch viel und sehr schön malte: „Wie heißen Ihre Hornisten?"
Der Hauptmann hatte im Augenblick keine Ahnung und nannte in seiner Verlegenheit die Namen von drei Hornisten, die früher einmal in der Kompagnie standen: „Arhelljer, Meyer und Horn!"
Der Großherzog besinnt sich einen Augenblick, dann sagt er: „Der Arhelljer is dot, der Meyer ist Bahnwärter in Gießen, und der dritt' wird auch geloge sein!"

Ernst Beck | Am 1. April 1860 fand bei der Infanterie ein allgemeiner Garnisonwechsel statt. Da gab es viele trübe Gesichter in Boudoir und Küche. Manches zarte Band wurde bedroht.
Großherzog Ludwig III. fragte scherzhaft einen Offizier, dem der Tausch mit Worms bevorstand und von dem dem Kriegsherrn bekannt war, daß die Dame seines Herzens Baum hieß: „Nun, lieber L., was werden Sie in dieser baumlosen Gegend anfangen?"
„Königliche Hoheit, Bäume lassen sich verpflanzen!", war die prompte Antwort, die jedoch gnädig aufgenommen wurde.

Eine Kabinetts-Ordre

Hermann Schaefer

Großherzog Ludwig III. von Hessen imponierte auch durch seine Gestalt. Er war über zwei Meter groß, sehr breitschulterig und dabei wohlbeleibt. Selbst Leute über Mittelmaß erschienen, wenn sie vor ihm standen, recht klein, Männer unter Mittelmaß aber wie Zwerge. Der hohe Herr war gütig und hilfreich, forderte aber pünktliche Pflichterfüllung.

Die Fürsorge für seine Soldaten erstreckte sich auch darauf, daß die Mannschaften in den Kasernen gutes Essen, „Menage" genannt, erhielten. Die Truppenteile der Garnison mußten abwechselnd täglich zur Mittagsstunde eine Portion der warmen „Menage" ins Schloß schicken. Es gehörte zu den Pflichten der Adjutanten, für die richtige Lieferung der Speisen zu sorgen. Daß diese Einrichtung keine leere Form war, mußte ich zu meiner Beschämung erfahren.

Im Jahre 1868 traf wieder einmal die Pflicht zur Lieferung der Menage ein Bataillon, dessen Adjutant ich damals war. Eines Morgens hatte ich je zwei Pferde des Regiments- und des Bataillonskommandeurs geritten, desgleichen mein eigenes Pferd, in Summa fünf Rösser. Dabei verspätete ich mich um ein Kleines und kam erst in die Kaserne, nachdem die Menage bereits ins Schloß abgeschickt worden war.

Als ich hernach im Offizier-Kasino beim Mittagessen saß, wurde ich herausgerufen. Ein Diener überreichte mir einen mit dem Großherzoglichen Wappen versehenen Brief. Er enthielt, von der Hand des Landesherrn geschrieben, die Worte:

„Wenn ich mir Menage kommen lasse, will ich auch Fleisch haben.
                                                            Ludwig."

Da hatte ich mir ja eine nette Sache eingebrockt. Nachmittags meldete ich diese Kabinetts-Ordre dem Bataillons- und dem Regiments-Kommandeur. Der letztere beschied mich dahin, er wolle bei einer in den nächsten Tagen stattfindenden Audienz Gelegenheit suchen, dem Großherzog Vortrag zu halten, und er hoffe, die Sache werde glimpflich ablaufen.

So geschah es denn auch.

Ein Jahr später, nachdem der Oberst den Abschied genommen hatte, erzählte er mir bei einer Dampferfahrt auf dem Rhein den Verlauf der damaligen Audienz. Der Großherzog hatte sofort von diesem Vorfall mißbilligend gesprochen. Als der Regiments-Kommandeur die Ursache meiner Verspätung meldete, auch hinzufügte, daß ich ihm sofort reumütig das Vorkommnis berichtet hatte, sei der Großherzog milde geworden und habe befohlen, daß von einer

Bestrafung Abstand genommen werde, hinzufügend: „Er tuts nicht wieder." Ich hab's auch nicht wieder getan.

Wer aber damals aus der „Menage" das für den Großherzog bestimmt gewesene Stück Fleisch entwendete, ist nicht ermittelt worden. Ich hatte einen Schloßbediensteten im Verdacht, dessen Äquator-Umfang scherzweise damit erklärt wurde: „Er habe 'mal einen Globus verschluckt."

Manfred Knodt

Berühmt sind seine drei Diener, die Gebrüder Fleck: der Kammerdiener Fleck, der Friseur Fleck, der mit einer Brennschere die Locken zu beiden Seiten des Kahlkopfs zu kräuseln hatte, und der Diener Fleck, der die Zigarrenspitzen aus Meerschaum zu verwalten, zu reinigen und zuzuweisen hatte.

Georg Wiesenthal

Dutzende Male am Tag ertönte der Ruf nach seinem Leibkammerdiener: „Jakob!" – und stets kam die prompte Antwort: „Königliche Hoheit?"

Im Laufe der Jahre wurde die Sache vereinfacht. Es klang nur noch: „Job!" – und zurück schallte es: „K'oheit?"

Willi Wilbrand

Großherzog Ludwig III. erklärte sich selbst für einen richtigen „Heiner", er residierte im Schloß am Markt, kannte einen großen Teil der Darmstädter Einwohner und fast alle Beamten des Landes. Im Schloß war er auch der Hausherr; er ließ sich jeden Morgen durch seinen Kammerdiener berichten, was es im Schloß und in der Stadt Neues gäbe. Einmal berichtete ihm sein Kammerdiener: „Heute nacht hat die unverheiratete Tochter des Kammerfouriers ein Kind bekommen."

„Wo ist es passiert, und wer ist der Vater?", fragte Ludwig III.

Nach einiger Zeit berichtete der Kammerdiener: „Vater ist der Leibgardist Schmidt, und passiert ist es in der Plankammer des Hessischen Generalstabes."

„Das erstemal, daß dort etwas entstanden ist, was Kopf und Fuß hat", sagte Ludwig III. (Es war vor 1866.)

Friedrich Stoltze

Aa Aanigkeit

(In Frankfurter Mundart)
Etzt odder kimmt e schee Geschicht,
Von Dribb dem Gottfridd aagericht,
Schont mehr Gesang un Lyrikum;
Etzt dreh emal des Buch erum!

Ihr habt des Buch erumgedreht,
Weil err die Sach so besser seht,
Deß leucht euch ei, drum ewe drum!
Etzt dreht emal das Buch erum.

Ihr habt erumgedreht des Buch,
Deß odder is noch net genuch,
Drum guckt euch hibsch noch weiter um
Un dreht emal des Buch erum.

Von Zischebattem¹) dreißig Mann,
Die flöge aus, was merr ja kann,
Un kame uff der Neckarbah
Mit viel Musik in Darmstadt aa.

Se zoge in die Residenz,
Gemallmischt all mit Schwalweschwenz;
Voraa die derkisch Musika,
Mit Zimmtrataa un Bummtrataa.

Se zoge ehrscht zem Eppelwei,
Dann so was muß vor Allem sei,
Un hawwe dann, mit viel Bedacht,
Die Residenz sich ääch betracht.

Des alte Schloß; die Ludwigssäul;
Vorab die Bettlad! – Alleweil!
Un hawwe ääch mit viel Gefiehl
Gelauscht dem scheene Glockespiel.

Der Gottfridd, der se hat gefiihrt,
Hat Alles ääch en expleziert,
Un sprach dann an dem *Große Woog*:
„Etzt fehlt norzt noch dar Grußharrzog.

Do giehn merr hi, err leßt uns vor;
Sein Portjeh, dar do stieht am Dhor,
Den kenn ich, un dar meldt's im Nu.
Dar Grußharrzog, dar is net su." –

---

¹) Sachsenhausen.

So zoge se dann stannebeh
Vor'sch Großherzogliche Palee.
Do stann der Portjeh an dem Dhor,
Der Gottfridd segt em Was in's Ohr.

Der Portjeh richt's ääch pinktlich aus,
Es wärn die Zischebattmer draus.
Der Großherzog sah deß aach ei
Un lacht un segt: „Laß se erei."

Se kame vor de Großherzog
Un bracht em gleich e Vivat Hoch.
Der Großherzog gung dadruff ei
Un segt dann: „Vivat Eppelwei!"

Der Gottfried, der sich leicht vergißt,
Der rief da: „Gott verhaag die Kist!
Aa Aanigkeit! Aa Fahnel weht!
Komm, laß dich kisse, alter Schwed!"

Der Großherzog winkt mit der Hand
Un winkt ebei sein Adjedant.
„Prinz Wittgenstein! Macht Euch bereit
Und küßt einmal für mich die Leut!"

Prinz Wittgestää kratzt sich am Ohr
Un wendt sich dann an en Major,
Un nimmt en ebbes uff die Seit:
„Küßt doch einmal für mich die Leut!"

Der Herr Major segt: „Ei, ei, ei!"
Un winkt en Leitenant ebei:
„Mein Leitenant, ich bitte dich,
Küß doch einmal die Leut für mich."

Der Leitnant dreht sich nach der Dhir,
Da stann e Unneroffizier,
Dem segt err was un namentlich:
„Küß doch einmal die Leut für mich!"

Der odder wend't sich nach dem Dhor,
Es stann der Portje da derfor,
Dem rief err zu: „Du, Heinerich!
Küß doch emal die Leut for mich!"

Un als geküßt se sämmtlich warn,
Da sin vergniegt se hääm gefahrn,
Un kame hääm, Viktoria!
Mit Zimmtrataa un Bummtrataa!

Zu den Audienztagen kam gewöhnlich der Oberförster Koch, genannt „der rote Koch", von seiner in der Nähe gelegenen Oberförsterei nach Darmstadt geritten, da er an diesen Tagen der Gast des Großherzogs war, der den Koch gut leiden mochte und sich von ihm zwischen den einzelnen Audienzen die Zeit vertreiben ließ. Koch kam meist am Abend vorher nach Darmstadt und stieg im „Prinz Carl" (Ecke Schul- und Karlstraße) ab, dessen Inhaber Gaulé hieß. Dort traf Koch an einem Abend einen jungen Mann an, in dem er einen Vertreter „des Wortes Gottes vom Lande" vermutete; die Unterhaltung, die er mit ihm anknüpfte, bestätigte dies. Der Kandidat erklärte ihm auf Befragen, er wolle morgen zum Großherzog, um sich um eine Stelle zu bewerben, deren Patronat der Großherzog innehabe. Koch setzte sich zu dem Bewerber und regalierte ihn solange, bis derselbe total betrunken vom Hausknecht zu Bett gebracht werden mußte. Am anderen Morgen suchte ihn Koch auf und fand ihn in einem jämmerlichen Zustand, außer einem gräßlichen Katzenjammer, sowohl körperlich wie moralisch, war auch die Garderobe nicht mehr vorführungsfähig. Durch Rotwein und ein Rumpsteak wurde der körperliche Zustand wieder leidlich hergestellt, aber die Garderobe sah so bös aus, daß der Unglückswurm die Absicht äußerte, gar nicht zur Audienz zu gehen. Koch und der Hausknecht reinigten schließlich Rock und Hose soweit, daß es zur Not ging, aber die Weste war nicht mehr in einen vorführungsfähigen Zustand zu versetzen. Schließlich schlug Koch vor, man solle sich vom Hotelier Gaulé eine Weste leihen, was auch geschah. Der Kandidat ging also ins Schloß zur Audienz, der rote Koch hatte sich aber schon vorher zu Ludwig III. begeben. Als der Stellenbewerber an der Reihe war, wurde er ins Audienzzimmer geführt. Dort ging der Großherzog auf ihn los, schüttelte ihm die Hand und sagte: „Sie haben ja dem Gaulé seine Weste an." Und als der Kandidat ein geradezu verzweifeltes Gesicht machte, klopfte ihm Ludwig III. auf die Schulter und sagte: „Fahren Sie ruhig nach Hause, Sie bekommen die Stelle."

Willi Wilbrand

Zur Zeit Ludwigs III. wurden im Darmstädter Hoftheater im wesentlichen nur klassische Stücke aufgeführt. Als Ludwig III. gehört hatte, daß im Mainzer Stadttheater „Die schöne Helena"

Willi Wilbrand

gegeben würde, beschloß er, mit seinem Adjutanten der Aufführung incognito beizuwohnen. Trotzdem er es sich verbeten hatte, daß darüber gesprochen wurde, war es doch „durchgesickert", denn als er mit seinem Adjutanten im Mainzer Bahnhof ausstieg, schritt der Provinzialdirektor in voller Kriegsbemalung auf dem Bahnsteig zum Empfang auf und ab. Der Großherzog bestieg sofort wieder den Bahnwagen und fuhr mit seinem Adjutanten nach dem Rheingau. Sie wollten dort den Nachmittag verbringen und erst in der Dunkelheit nach Mainz zurückkehren, um sich dort ins Theater zu schleichen. Als sie abends sich dem Theater näherten, war dort alles festlich illuminiert, am Eingang wurden rot-weiß umränderte Theaterzettel verteilt, auf diesen stand: „Gelegentlich der Anwesenheit Seiner Königlichen Hoheit des Großherzogs fällt heute ‚Die schöne Helena' aus, und es wird an deren Stelle ‚Die Jungfrau von Orleans' gegeben."

Alexander Paul	**Wilde Ent'**

Es sitzen am großen Dinee
Bei Hofe die Damen und Herrn;
Als Mitte der haute volée:
Ein Herrscher, der scherzt manchmal gern.

Dem Marschall das Rückgrat sich biegt,
So erstirbt er vor Demut im Ton:
„Herr Marschall, das gibt es hier nicht;
Die Diener selbst duzen mich schon."

Laut nämlich ruft der Lakai
Jetzt hinter dem Sitze des Herrn
Die Speisen aus, die vielerlei
Er darreicht von nahe und fern.

„Ja, Marschall! da hören Sie nur,
Wie der mich dahinten benennt;
Der ruft ganz vertraulich toujours:
Will' De Ent'? Will' De Ent'? Will' De Ent'?"

Willi Wilbrand	Großherzog Ludwig III. war historisch sehr interessiert, infolgedessen ging dieses Interesse auch auf die Behörden über. Bekannt ist

ja, daß er damals die Ausgrabung der 1399 zerstörten Burg Tannenberg anordnete und die Ergebnisse dieser Ausgrabung und die Vorgeschichte, die zur Zerstörung dieser Raubritterburg führte, in streng wissenschaftlicher Weise veröffentlichen ließ.

Daß die Erforschung von Ruinen, namentlich wenn sie von Dilettanten vorgenommen wurde, zu grotesken Ergebnissen führen kann, beweist nachstehende Geschichte. Ein Lehrer auf dem Lande, der auf seine Art seine archäologischen Forschungen betrieb, meldete nach Darmstadt, er habe in einem Steinhügel einen Grabstein gefunden mit der Inschrift: TRIGOPORD III. Er sei der Auffassung, daß dies die Grabstätte eines der ersten Fürsten dieses Hauses gewesen sei. Eine genauere Untersuchung an Ort und Stelle ergab, daß er in ein Zeichen der Landesvermessung geraten war, mit der Bezeichnung Trigonometrischer Punkt ordo III.

Der hohe Herr war sichtlich gealtert und trug unter dem grauen Zylinder, der die nahezu zwei Meter hohe Gestalt krönte, ein schwarzes Käppchen. — Friedrich Marx
„Sie wundern sich über mei Kapp?" redete er die Vorsteherin eines Großherzoglichen Töchterstifts an, das er pflichtschuldig alljährlich besuchte, „des is, daß mei Leis net erfriern."

Großherzog Ludwig IV.

Ludwig IV. [1837–1892] wohnte in dem für ihn und die Großherzogin Alice erbauten „Neuen Palais". Mit der Neuausmalung eines Zimmers war der Hofzimmermaler M. beauftragt worden, ein stark schwerhöriger Mann. Täglich beaufsichtigte er die Malerarbeiten, er unterbrach dies aber auf ein paar Tage, als er – er war Witwer – zum zweiten Mal heiratete. Der Großherzog hatte von seiner Heirat gehört; als der Hofzimmermaler wieder erschien, entwickelte sich zwischen ihm und Ludwig IV. folgende Unterhaltung: — Willi Wilbrand
„Wie ich gehört habe, haben Sie gehciratet?"
„Jawohl, Königliche Hoheit."
„Haben Sie auch eine Hochzeitsreise gemacht?"
„Jawohl, Königliche Hoheit, in die Schweiz."
„Sind Sie auch auf die Jungfrau gestiegen?"
„Jawohl, Königliche Hoheit, schon in Heidelberg."
Da die dort beschäftigten Malergesellen dieses Gespräch alle angehört haben, war die Geschichte sofort in Darmstadt bekannt.

Willi Wilbrand   Im Orangeriegarten war eine Gartenbauausstellung. Großherzog Ludwig IV. besuchte sie in Begleitung seines Adjutanten. Für den eventuellen Besuch hoher Herrschaften war dadurch Vorsorge getroffen, daß jeweils ein Vorstandsmitglied des Gartenbauvereins in Bratenrock und weißen Handschuhen zur Verfügung stand, um hohe Besucher durch die Ausstellung zu führen. Diesmal traf dies den Bäckermeister X.
Bei einer Pflanze fragte Ludwig IV.: „Was ist dies?"
Die Antwort des Vorstandsmitgliedes lautete: „Königliche Hoheit werden entschuldigen, es ist ein Kaktus!"

Großherzog Ernst Ludwig

Manfred Knodt   Großherzog Ernst Ludwig [1868–1937] war ein volkstümlicher und beliebter Fürst, stolz auf das Erbe seines Hauses, stolz auf sein Land und seine Art. Mit seinen Landeskindern konnte er umgehen, er lebte mit ihnen, er verstand ihre Sprache, und er sprach sie auch, den Darmstädter Dialekt, das „Heinerdeutsch".
Schon von dem Studenten Ernst Ludwig wird gesagt, daß er gern Witze erzählte und gern Witze hörte, daß er frohe Naturen um sich liebte und eine solche sein wollte. Trotz aller Schicksalsschläge seit seiner frühen Jugend blieb er eine Frohnatur. Er freute sich über nette Geschichten, die man erzählte – auch über ihn. Es gibt eine Fülle von Anekdoten, viele stammen natürlich aus der Darmstädter Szene.
So wird erzählt, daß Großherzog Ernst Ludwig gelegentlich allein durch die Darmstädter Altstadt ging und 5-Mark-Stücke verteilte. – Ob es tatsächlich so war oder nicht, solche Erzählungen zeigen, wie man den Landesvater beurteilte und was man sich von ihm wünschte.

Bei der Besichtigung in das 1. Großherzoglich-Hessische Infanterie(Leibgarde-)Regiment Nr. 115 neu eingetretener Einjährig-Freiwilliger hat Großherzog Ernst Ludwig einst einen der Angetretenen gefragt: „Gefällt es Ihnen hier?"
„Jawoll, Königliche Hoheit!" schnorrte der Gefragte.
„Mir deht's hier net gefalle", war Ernst Ludwigs Antwort.

Manfred Knodt   Eine Anekdote aus den zwanziger Jahren: „Hör'n Se mal, Prälat", fragte der Großherzog den leitenden Geistlichen der Landeskirche,

D. Dr. Wilhelm Diehl, „was mach ich jetzt nur mit meinem Don [Georg Donatus], der hört gar net zu wachsen auf?" – „Ach, Königliche Hoheit", erwiderte Diehl, „wann der so weiterwächst, deht ich en an Ihrer Stell' uff de Meß ausstelle lasse."

Prälat Diehl war mit dem Großherzog Ernst Ludwig befreundet. Schon in jungen Jahren trug er die Medaille für Kunst und Wissenschaft. Er wurde öfters ins Palais eingeladen. Eines Tages bei Tisch nahm der Landesvater ein gezähmtes Eichhörnchen aus der Rocktasche und setzte es vor Diehl hin, der jedoch meinte: „Königliche Hoheit, wann Se des Dier net wegduhn, kann ich nix esse!"

Hans von der Au

An der Hochzeit des Erbgroßherzogs Georg Donatus – liebevoll „Erbschorsch" genannt – mit der schönen Prinzessin Cäcilie von Griechenland am 2. Februar 1931 nahmen die Darmstädter in einer unerwartet großen Menge teil. Die Trauung wurde zu einem überwältigenden Zeichen der Anhänglichkeit der Bevölkerung an ihr ehemaliges Fürstenhaus. Das letzte Auto der Kolonne mit der Braut und ihrem Vater, dem Prinzen Andreas von Griechenland, blieb in der Menge stecken. In der Schloßkirche wartete man und wartete – keine Braut kam. Es ging ein Geraune und Getuschel los. Da brach Ernst Ludwig mit einigen Begleitern auf, um zu sehen, was los ist und seinem Sohn die Braut zu holen. Als er sah, wie Braut und Brautvater sich durch die Menge drängten, rief er immer wieder: „Laßt doch das Mädche heirate! Sie soll doch nur in die Kersch!" Als die Ovationen auch nach der Trauung noch anhielten, rief Ernst Ludwig: „Ihr Leit' geht haam! Mir hawwe Hunger!"

Der Souffleur

Großherzog
Ernst Ludwig

Zum Fest der hundertjährigen Zugehörigkeit von Wimpfen an Hessen fuhr ich dorthin [1903]. Erst war ein großer Empfang und dann ein großes Festessen, welches die Stadt mir gab. Neben mir saß der Bürgermeister. Er wurde immer stiller, und ich merkte bald, daß der arme Mensch eine furchtbare Angst vor der Rede hatte. Ich versuchte, ihn zu beruhigen, indem ich ihm sagte, ich wüßte ja selbst nur zu genau, wie furchtbar das Gefühl wäre, man müßte aber versuchen, die Zähne zusammenzubeißen. Es half aber nichts. Seine Verzweiflung war, daß er wußte, daß er stecken bleiben würde und dann könne er nicht weiter. Ich frug ihn, ob seine Rede nicht aufgeschrieben wäre. Er bestätigte es, sagte aber, in der großen Aufregung würde er sie nicht lesen können. Da schlug ich ihm vor, die Abschrift mir zu geben, ich würde sie nachlesen und ihm soufflieren, so oft er nicht weiter könne. So geschah es auch. Ich hatte das Papier neben meinem Teller und soufflierte eifrig. Auf diese Art gelang es sehr gut, ich glaube, niemand hat den Trick bemerkt. Danach wurden wir in der Erleichterung große Freunde. Aber es war doch ein sehr komisches Gefühl gewesen, eine Rede auf sich selber zu soufflieren.

Großherzog Ernst Ludwig	„Bleib so, wie Du bist!"

„Einst ging ich in der Nähe von Romrod (das Schloß bei Alsfeld war mit umliegenden Wäldern Großherzogliches Besitztum) im Wald spazieren, da traf ich zwei Wanderburschen, die von Süden heraufgewandert waren.
Wir kamen ins Gespräch, und dabei hängten sie sich rechts und links bei mir ein. Erst dachte ich, sie wollten etwas von mir, aber das war nicht der Fall. Sie wollten nur schwatzen und erzählten mir von ihrer Wanderschaft. Auch sprachen sie über Politik und meinten, die Fürsten wären ein überwundener Standpunkt. Man sage aber, der Großherzog von Hessen mache gar keinen Unterschied zwischen den Menschen, das wäre wohl auch so eine Übertreibung, ein Fürst bleibe doch ein Fürst und könne nicht aus seiner Haut, deshalb könne er auch nicht andere Menschen begreifen. Ich bestritt diese Anschauung, da meinten sie, ich wäre wohl ein Angestellter eines Fürsten. Als ich das lachend verneinte, meinten sie aber, so etwas ähnliches wäre ich doch. Im Gespräch kamen wir vor Romrod. Da grüßten mich die Bauern zum großen Erstaunen meiner Begleiter. Nun mußte ich ihnen sagen, wer ich war. Die Gesichter der beiden wurden vor Erstaunen unbezahlbar, aber sie glaubten mir doch. Da sagte der eine: ‚Bleib so, wie Du bist, jetzt wissen wir auch, daß wir alle als Deutsche zusammengehören.' – Noch lange winkten sie mir zu, als ich weiterging."

Großherzog Ernst Ludwig	„Wir wollen wieder einen gelernten Großherzog"

Kurz nach der Revolution im Winter [1918/19] ging ich abends durch die Straßen der halb dunklen Stadt Darmstadt. Da merkte ich am Ende der Ludwigstraße, daß einzelne Kerle im Zwielicht hinter mir gingen. Ich bog links auf den Marktplatz und stellte mich in eine Türe, um sie an mir vorbeizulassen. Aber plötzlich standen sie vor mir. Da sagte der eine: „Sie sind doch der Großherzog?" – Ich bejahte. Darauf sagte er: „Wir sind Arbeiter, so wie es eben ist, kann es nicht weitergehen, da wollten wir Sie fragen, ob Sie nicht unser Präsident werden wollten, wir werden schon sorgen, daß Sie gewählt werden." Ich dankte den Leuten und sagte ungefähr: „Was würdet ihr sagen, wenn einer aus seiner Arbeit, weil er nicht genügt, herausgeschmissen wird und dann sofort wieder eine gleiche Stellung annimmt? So ist es bei mir. Ihr Kinder schmeißt mich hinaus, und nun soll ich gleich wieder euer Präsident werden. Als ehrlicher Mensch bin ich mir dazu zu gut. Könnt ihr mich verstehen?" Da sagten sie nur: „Leider ja, also nichts für ungut", und fort waren sie. Es war eine merkwürdige Stimmung damals. Aus dieser Zeit stammt das Wort: „Wir wollen wieder einen gelernten Großherzog haben."

Der kinft'ge Soz!

Des Heiner'che des kimmt vum Eis
Ganz auffgeregt vor Freid –
Un ruft von weitem: – Mutter – ui
Was mir bassiert is heit!!

Die Mutter butzt em erst die Nos,
Sie war, wie stets, verstoppt:
Dann kreischt er: De Herr Großherzog
Der hot mich heit verkloppt. –

„Ach, wie schee is, un wie herrlich,
wann mer dann und wann
in's Theader gehe kann…"

Herman Müller

Ein Blick aus einer Parkettloge des abgebrannten Theaters auf Bühne und Zuschauerraum. Auf der Bühne das graziöse Tänzerpaar August Siems und Louise Lamolière, die Lieblinge des Publikums, bei einem Ballettdivertissiment. Kapellmeister Louis Schlösser dirigiert, im Orchester ragt die Hünengestalt August Müllers, des Baßmüllers, hervor. Im Zuschauerraum unter anderen Theaterhabitués der allen Darmstädtern wohlbekannte und beliebte Baron Hermann von Carlsen. [1867]

Robert Schneider

Im Theader!

Ach, wie schee is, un wie herrlich,
Wann mer manchmal, dann un wann,
Bloß vun wääche feine „Bildung"
In's Theader gehe kann.

Dann do *heert* mer stets des Neiste,
Wann die Ohrn mer orndlich spitzt,
Weil die Meiern un die Millern
Hinner aam seim Sässel sitzt.

Un mer kann aach ebbes *riche*,
Im Theader ganz gewiß:
Flidder, Helljedrob un Moschuß,
Hoffmanns Trobbe un Narziß.

Un mer kann aach ebbes *sehe*,
's macht aam weiter's gor kaa Mieh,
Wos mer so in Modesache
Dräffend nennt den „Därnjeh krieh."

Un mer kann aach was *empfinde*,
Wann de Beifall is verrauscht
Un mer krickt sein Iwwerzieher
Gääche'n äldere verdauscht.

Un mer kann aach was *erläwe*,
Wann e Stickche mer gewehlt,
Wo es dann beim Beifallklatsche
Net an Drillerpeife fehlt.

> Dhut aam all des net genieche
> „Irchendwie" un „irchendwo",
> No, denn is – net zu vergässe –
> 's Stick jo sälwer aach noch do!

Wie es anfing   Hermann Knispel

Zu Anfang des 19. Jahrhunderts stand es in unserer lieben Vaterstadt um theatralische Genüsse noch schlecht, und die Einwohner mußten das Vergnügen, dramatische Vorstellungen zu sehen, wohl oder übel entbehren. Schon vor dem Ausbruch der französischen Revolution hatte die letzte reisende Schauspielergesellschaft nach kurzem Aufenthalt sich von Darmstadt entfernt, und keiner anderen war nachher, der unruhigen Zeiten wegen, vom Hofe wieder die Erlaubnis erteilt worden, hier ihren Wohnsitz aufzuschlagen, so viele auch darum nachsuchten.
Nun lebte hier im Jahre 1805 in der Ochsengasse ein Bäcker, der zur Hebung seiner Einnahmen, neben seiner Bäckerei, eine kleine, gemütliche Schoppenwirtschaft errichtet hatte. Bei diesem diente ein Gesell, namens Bandel, der kein größeres Vergnügen kannte als die Lektüre eines Romans von Kramer oder Spieß.
Mit Begeisterung verschlang er die Werke jener großen Unsterblichen und hatte sich nach und nach so in deren abenteuerliche Phantasiegebilde hineingelebt, daß der Wunsch in ihm erwachte, das Gelesene, wo nicht selbst zu erleben, doch in der Darstellung wiederzugeben.
So verfiel er auf die Komödie und deklamierte in seiner Dachkammer, wenn der blasse Mond seinen Schein durch die zerbrochenen und mit Papier verklebten Fensterscheiben sandte und die Mitternachtsstunde vom Rathaus schlug, so gewaltig, daß nicht allein den Nachbarn, sondern auch ihm selbst oft die Haare zu Berg standen.
Als nun sein Meister neben der Bäckerei noch die Wirtschaft einrichtete, mußte der Geselle fortan dieser seine freien Stunden widmen, und weil er von seiner Lieblingsbeschäftigung nicht lassen konnte, nahm er sie mit in die Wirtsstube. Da war es natürlich kein Wunder, daß sich in dem kleinen Schankzimmer der Ochsengasse alsbald eine Menge gleichgesinnter Seelen einfand, welche sich teils an den Deklamationen und Witzen Bandels ergötzten, teils aber auch ihr eigenes Talent an den Mann zu bringen suchten. Auf diese Weise kam die Bäcker-Wirtschaft recht in Schwung, und um den

lustigen Bandel sammelte sich bald ein engerer Kreis, der aber dafür mit desto weitläufigeren Plänen umging.

Bandels größter Verehrer und Nacheiferer war ein Sattlergeselle, dessen Name leider der Nachwelt nicht überliefert wurde. Sein Meister hieß Bopp und wohnte in einem der Wirtschaft gegenüber liegenden Hause, genannt „Zur Dianenburg". Der Dritte im Bunde war der Buchbinder Pfersdorff, nachmaliger Requisiteur des Großherzoglichen Hoftheaters.

Dieses Trifolium versammelte sich in der Werkstätte der „Dianenburg" und fing an, Komödien aufzuführen. Pfersdorff verfertigte aus alten Leinwandlappen, Lederabfällen, Brettern und Pappendeckel Dekorationsstücke, die zwar sehr unvollkommen waren, aber den bescheidenen Ansprüchen der Musensöhne zunächst genügten, und so war das Theater fertig. Es wurde nun lustig drauf los gespielt, und der Ruf der Akteurs verbreitete sich bald nicht allein in der ganzen Ochsengasse, sondern auch in dem übrigen Teil der Altstadt.

Bandel war ein großer vierschrötiger Bursche von fünf preußischen Schuhen in der Länge, mit einem derben Humor, glühendem Eifer für seine einmal gefaßte Sache, einer gewaltigen Baßstimme und zarten, rührenden Fistel begabt. Was war ein solches Talent nicht alles zu leisten imstande! Die schönsten Rollen spielte er natürlich selbst – und das waren für ihn die Liebhaberinnen.

Die Vorstellungen hatten einen großen Zulauf, so daß die Mitglieder auf den kühnen Einfall kamen, einen Groschen Eintrittsgeld zu erheben, um dafür bessere Dekorationen anschaffen zu können. Gedacht, getan! Die Groschen füllten die Kasse, welche Pfersdorff verwaltete, und die Dekorationen, von einem sogenannten Maler gepinselt, prangten bald im Hofe der Dianenburg, zum Erstaunen und der Bewunderung aller Bewohner der Ochsengasse, und so steigerte sich der Andrang zu den Vorstellungen immer mehr. Infolgedessen wurde das Lokal zu klein, und als man sich nach einem größeren umsah, bot der Wirt „Zum wilden Mann" bereitwillig seinen gewöhnlich Terpsichore[1] geweihten Saal an.

Hier wurde nun regelmäßig jeden Sonntag, und wenn die Arbeit es zuließ auch in der Woche, Komödie gespielt. Kotzebue und selbstverfertigte Parodien in Darmstädter Mundart, extemporierte Späße, bildeten die Vorstellungen, denen ganz Darmstadt beiwohnen wollte. Ungeheurer Beifall und klingender Lohn wurde den lustigen und bisher bescheidenen Kunstjüngern zuteil.

---

[1] Göttin des Tanzes.

Doch der Beifall verdrehte ihnen die Köpfe, sie fingen an, sich für etwas Besonderes zu halten und hielten Umschau in der Stadt nach einem würdigeren Schauplatz ihrer künftigen Taten.

Wohl stand inmitten grüner Kastanien ein großes Opernhaus, doch, wenn auch hoch hinaus, wagte trotzdem keiner diesen Gedanken, den zwar jeder im stillen hegte, laut werden zu lassen. Aber der große Saal des Rathauses, der war wie geschaffen für ihr Kunsttreiben. Eine Deputation, bestehend aus Bandel, dem Bäcker, Bopp, dem Sattlermeister, der sich auch dazu gesellt hatte, und Pfersdorff, dem Buchbinder, verfügten sich in feierlichem Aufzug zu den Vätern der Stadt, und da diese zu jener Zeit wirkliche Väter waren, so konnten sie ihren Kindern, die ihnen so viel Freude bereiteten, nichts abschlagen; der Saal wurde bewilligt, hergerichtet und der Thespiskarren – im wahren Sinn des Wortes ein solcher, denn er bestand in einem Rollwäglein, angefüllt mit Dekorationen, Requisiten und sonstigen Theaterapparaten – dem neuen Musentempel bald darauf durch unsere Haupthelden zugeführt.

Jetzt wurde der Rathaussaal der Schauplatz ihres Spiels, dessen sich viele Bewohner Darmstadts noch lange Jahre mit innigem Vergnügen erinnerten. Kotzebue, Schiller, sogar Lessing und Goethe, mußten herhalten, und unter donnerndem Applaus produzierte sich Bandel als Emilia Galotti, Minna von Barnhelm und Gräfin Imperiali. Letztere sprach er, zur besseren Charakterisierung, in seiner natürlichen Baßstimme, während Pfersdorff neben ihm als Fiesko glänzte.

Doch mußte sich die Gesellschaft einige Zeit lang wieder auf kleine Stücke beschränken, weil in einer Vorstellung des Fiesko Sattler Bopp-Verrina seinem Kollegen, dem Buchbinder Pfersdorff-Fiesko, am Schlusse des Stückes, im Feuer der Aktion, einen so gewaltigen Stoß gegeben hatte, daß nicht allein Fiesko, sondern auch das Brett samt dem Verrina, hinunter in die Tiefe stürzte, wobei Fiesko außer seinem Mantel auch noch obendrein einige Zähne einbüßte, sich nicht unbedeutend an einer Rippe beschädigte und dadurch längere Zeit am Auftreten gehindert war. Pfersdorff, der im Jahre 1845 starb, erzählte dieses Erlebnis später noch oft mit Vorliebe.

So dauerten denn die Vorstellungen ohne wesentliche Unterbrechungen bis zum Winter 1806 fort, doch – mit des Geschickes Mächten ist kein ew'ger Bund zu flechten, und das Unglück schreitet schnell! Dieser Ausspruch bestätigte sich auch bei unseren harmlosen Dilettanten-Vorstellungen.

Der Bäcker-Wirt war die Höflichkeit selbst gegen seinen Gesellen

Bandel gewesen, als er seine Künste noch in dessen Wirtsstube und in der nahen Dianenburg trieb; manchen guten Gast hatte derselbe ihm ins Haus und manchen schlechten Schoppen aus demselben befördert. Jetzt aber, wo der Geselle seine Kunst anderwärtig ausübte und andere Häuser füllte, wurde er brummig und griesgrämig gegen ihn, und war die Veranlassung, daß die Vorstellungen die erste Störung erlitten.

Schillers „Räuber" waren seit kurzem mit einem unermeßlichen Beifall über die Bretter gegangen, und an einem schönen Sonntag hatte sich wieder eine Menge schaulustiger Darmstädter eingefunden, um sich an dem Werke zu ergötzen, das heißt, etwas recht Schauerliches zu genießen und Unterhaltungsstoff für die ganze Woche mit nach Hause zu nehmen.

Ich hätte sie sehen mögen, diese Helden der böhmischen Wälder, letztere, die Wälder nämlich, wurden, nebenbei gesagt, auf das allernatürlichste durch Kinder der nahen „Tanne" dargestellt, welche Pfersdorff mit Gefahr seines Lebens herbeigeschafft hatte. Ich hätte sie sehen mögen: den alten Sattler Bopp als regierenden Grafen Moor, seinen Gesellen als Karl Moor, seinen hoffnungsvollen Lehrbuben als „Hermann, mein Rabe", Pfersdorff als Bösewicht Franz und Bandel als liebestarke Amalia.

Nun, sehen und hören wollten sie die Zuschauer auch, aber – o Schrecken, es sollte anders kommen! Der Vorhang rollt auf und anstatt, daß Franz zum alten Moor sagt: „Aber ist Euch auch wohl, mein Vater?", wendet er sich gegen das erstaunte Publikum, macht drei Kratzfüße, räuspert sich und spricht – nun, was er sprach ist der Nachwelt überliefert worden und so merkwürdig, daß es in den Annalen der Theatergeschichte wohl einzig dastehen dürfte – wie gesagt, er räuspert sich und spricht: „Verehrte Zuschauer, das heute angekündigte Stück, die Räuber, kann nicht gegeben werden, weil – weil die Amalia die Backnacht hat."

Welcher Schrecken! Welche Wut gegen den dem Theater feindlich gesinnten, intrigierenden Bäckermeister! Wäre er anwesend gewesen, das erzürnte Publikum hätte sich gerächt und wohl einen Akt aus den Räubern mit ihm aufgeführt. So aber blieb nichts übrig, als eine Faust in der Tasche zu machen und abzuwarten, welches Ersatzstück die Direktion ansetzen würde. Jedoch man wartete nicht, sondern raste, tobte, lärmte und sang auch ein wenig zur Abwechslung, aber – nichts erschien. Das heißt auf den Brettern. An der Eingangstür dagegen zeigte sich Franz Moor-Pfersdorff mit der Kasse in der Hand und gab gewissenhaft und redlich den Groschen Eintrittsgeld dem vielköpfigen Ungeheuer Publikum zurück. – Für einen Groschen fünf Akte Räuber! O Schiller! O Bandel! O Backnacht!

Am andern Tage, so erzählte später eine ehrwürdige Matrone, war das Haus des Bäckermeisters in einen wahren Belagerungszustand versetzt. Dienende Schöne und auch verschleierte Damen kauften Semmeln, Forstmeister und Blechwecke, welche Amalie-Bandel in der verhängnisvollen Nacht zutage gefördert hatte. Einen Gruß mußten sie von ihrem Liebling haben. Da es nun keine Amalia sein konnte, mußte es doch wenigstens ein frischer Blechweck sein. Dadurch wurde der Meister wieder versöhnlicher gestimmt und legte seinem Gesellen derartige Hindernisse nicht mehr in den Weg. Aber das Unglück kommt nie allein, immer in Begleitung. Dies sollten unsere edlen Kunstbeflissenen bald erfahren. Die kleine Gesellschaft mußte ihre Ausgaben vergrößern, denn die Kosten für die Bühne, die Lieferungen an kompakten und besonders an flüssigen Stärkungen für die Schauspieler hatten sich bedeutend vermehrt, dagegen war das Eintrittsgeld nicht erhöht worden, und da die Ausgaben gestiegen, die Einnahmen aber dieselben geblieben waren, mußte man, um ein Gleichgewicht herzustellen, Schulden machen. Das Geld wurde gegen ziemlich hohe Prozente leicht gefunden, aber nicht so leicht war das Bezahlen. Die Gläubiger stellten sich natürlich ein, forderten und – erhielten nichts; sie wurden dringender und sahen sich endlich genötigt, die Kasse an den Vorstellungsabenden zu belagern.

Doch sie rechneten ohne Pfersdorff. Dieser war schlau und wußte sich zu helfen. Die Stiefel füllte er mit den eingegangenen Groschen und wanderte so, wie die Büßer im Mittelalter, welche ihre Schuhe mit Erbsen füllten, an den unten harrenden Gläubigern vorbei und – nachdem diese ihn durchsucht hatten – zum Tempel hinaus; oder er ließ die teure Kasse an einer Schnur am Fenster herab, wo sie von den unten wartenden Kollegen in Empfang genommen wurde, und die Manichäer mußten mit langen Nasen und leeren Taschen abziehen.

So kam das Jahr 1807 heran, welches das letzte und größte Unglück für das junge Unternehmen mit sich brachte, und das in Gestalt eines Krebses – nämlich des wirklichen Theaterdirektors Xaver Krebs aus Worms, der am 1. Februar 1807 hier seine Vorstellungen eröffnete und die Schaulustigen nun in sein Theater zog. Das Liebhaber-Theater hatte sein Ende gefunden.

So unbedeutend auch dies erste Schauspielunternehmen nach langer Unterbrechung in Darmstadt gewesen sein mag, so kann es doch füglich als der kleine Anfang oder gleichsam als das Samenkorn des später entsproßten Kunstinstituts angesehen werden, denn das Liebhaber-Theater ging in das Krebs'sche und dieses später in das Großherzogliche Hoftheater über.

Georg Wiesenthal

Der Hofschauspieler Kläger

Hofschauspieler Wilhelm Kläger [von 1858–1867 am Hoftheater], „ein Fürst der Kunst", hatte immer einen gesegneten Durst. In einer Gesellschaft wurde er einmal gefragt, was er lieber trinke, ein Glas Wein, Genever oder Grog. Seine Antwort an die Frau des Hauses lautete: „Wenn's denn doch eins sein muß, so möchte ich um ein Glas Wein bitten und Genever trinken, bis der Grog gemacht ist."

Kläger spielte seine Rollen stets mehr oder weniger angetrunken. In Kotzebues „Kreuzfahrern" wußte er an der Stelle nicht mehr weiter, wo er dem Kreuzfahrer den Ring als Schutz in Gefahr zu überreichen hatte. „Hier hast du diesen Ring ... und wenn ... du ... irgendwo ... in Not kommst ...", brachte er heraus, dann kam eine lange Pause, bis die Worte folgten: „dann kannst du ihn versetzen".

Das Stammlokal der Schauspieler war zu dieser Zeit Enslings Brauerei. Als man Kläger, der in „Wilhelm Tell" den Geßler zu spielen hatte, von dort ins Theater holte, sagte er zu seinen Zechbrüdern: „Heute abend wird Wilhelm Tell nicht zu Ende gespielt, wenn ich durch die Hohle Gasse komme, fällt der Vorhang." Und es kam so, bei seinem Auftritt an dieser Stelle sagte Kläger: „Tell, ich erlasse dir den Schuß", legte sich hin und starb.

Georg Wiesenthal

Der Hofschauspieler Butterweck

Der Schauspieler Hermann Butterweck [von 1856–1883 am Hoftheater] extemporierte sehr gern. So hatte er einmal zu sagen: „Draußen ist ein Trupp Zigeuner." Zur Freude des Publikums aber extemporierte er: „Ich glaube, das sind Darmstädter Heiner." Dieses ewige Improvisieren Butterwecks wurde schließlich der Theaterleitung zu viel, und es wurde ihm ein für allemal verboten. Als nun bei einer Aufführung des „Rienzi" das Pferd auf offener Bühne Äpfel fallen ließ, wendete er sich zu ihm hin und sprach: „Luder vun eme Gaul! Wos haaßd dann des? Extemboriern is doch ganz schdreng verbodde!"

„Hier werd net gelacht" „Die Jugend" 1899

Zu Anfang der sechziger Jahre sitzen zwei junge Frankfurter Herren im darm-hessischen Hoftheater. Die Hoheiten sind auch anwesend. Man gibt ein Trauerspiel. Ein drolliges Vorkommnis auf der Bühne veranlaßt die Herren laut aufzulachen, während sonst alles stumm das Lachen unterdrückt. Der betreßte Theaterdiener verweist die beiden Lacher mit folgenden Worten:
„Meine Herrn, hier werd net gelacht, wann net gelacht werd. Hier werd nor gelacht, wann gelacht werd. Wann Se lache wolle, komme Se widder, wann gelacht werd. Un jetzt mache Se, daß Se fortkomme!"

Die Akustik

(Nach einer Vorstellung im 1904/05 umgebauten Hoftheater)

Frau A.: „Die Akustik is awer wirklich gut!"
Frau B.: „Ei, was hat dann die gesunge, die steht ja gar net auf meim Zettel?"

Ein vergeßlicher Professor Hermann Schaefer

Ein vergeßlicher Professor kommt in die Oper, legt das Textbuch vor sich, meint, er sei in der Kirche und ... verrichtet ein stilles Gebet.

„Die lustige Witwe" Hermann Kaiser

Der große Schlager der Saison 1906/07 war Franz Lehárs Operette „Die lustige Witwe". Wie ein Rausch überfiel die ganz aus dem Zeitgeist heraus geborene Musik das damalige Publikum.
„Wie oft kann man sich ‚Die lustige Witwe' ansehen?" fragte in einer Lustspielaufführung ein Schauspieler (natürlich in einem vorher verabredeten Extempore) seinen Partner, den in Darmstadt sehr populären Komiker Gustav Conradi [von 1896–1908 am Theater].

„Zweimal, dreimal, höchstens viermal, allerhöchst' ein dutzendmal", war die auf Großherzog Ernst Ludwigs besondere Vorliebe für diese Operette zielende Antwort.

Heinrich Enders   „Die Frösch"

Seitdem die „Lustig Witwe"
    Net lockt so arrig mehr,
Wor unserm Hofthejater
    Sei' Herz oft bang un schwer.
Dann 's Publikum will leider
    Stets ebbes Neies seh,
Doch wann nix Rechtes do is,
    Dann dhut die Auswahl weh.

In denne schwere Nöte
    Sehkt de Herr Regissehr:
„Un ham-mer halt nix Neies,
    So gebt wos Oltes her!
Wos Oltes, wo kaan Deiwel
    En Dunst vo' hawwe duht,
Gebt dem Aristoph-Hannes
    Sei' „Frösch", ich rat eich gut!" –

Do bricht im Hofthejater
    En laute Juwel los:
„M. w.! Jawohl! Des mach' mer!
    Der Vorschlog is famos!"
Den olte Grieche-Dichter,
    Wo seit zwaadausend Johr
Net uffgefiehrt mehr worn is,
    Zickt eiligst mer evor.

Mer bläst de Staab erunner,
    Un geht an's Ei'studiern,
Un Dammstadts gute Bärjer
    Duht's mächtig int'ressiern.
Sie stärme voll Begeisterung
    Nuff die Thejatertrepp
Un gucke voll Bewunnrung
    Un lache sich halb schepp.

Heil dir Aristoph-Hannes,
    Du triumphierst aach hier!
Un alle Heiner glaawe
    Sich jetzt in Hellas schier.
Sie fiehle un sie denke
    Wie olte Grieche rei'
Un maane statts in Dammstadt
    In „Woogs-Athen" zu sei'.

's „Ausstellungshaus" hoch drowwe
    Uff de Mathildehöh,
Des duhn se for die heimisch
    „Akropolis" a'seh;
„Ägäisch Meer", so daafe
    De „Woog" se um gewiß,
Un mitte drei' die „Insel",
    Die haaßt jetz „Salamis".

Die „Nache" dort erscheine
    Als „woogs-athenern Flott",
Doch „'s Gunders Schorsch", den halte
    For'n „Charon" se, waaß Gott!
Die Frösch dort in de Binse
    Die quakse griechisch stracks,
Horch nor, mer hört's ganz deitlich:
    „Brekekekex koax, koax!"

Die klassisch Zeit bricht widder
    Jetz a', – ich mach kaa' Späß! –
Zum Owwerborjermaaster
    Wählt mer de „Perikles",
Bald werrn an alle Ecke
    Nackfrösch als Statue steh,
Bald werrn uff Staatsunkoste
    Mer in's Thejater geh.

Die Ausstellung, wahampes! –
    Werd frei for jedermann,
Weil so en edler Grieche
    Doch nix berappe kann;
Im Lufthemd dhun mer drowwe
    Als Grieche rumspazier'n,
Wann mer uns aach die Knoche
    E bißje bei vafriern.

Dank unserm Hofthejater,
    Des wo die Bahn uns weist,
Wie mer unfehlbor sicher
    De goldern Zeit zueist!
Dank dir, Aristoph-Hannes,
    Dank dir, Herr Regissehr,
So lust'ge olte Schnoke
    Seh'n mer ganz gern noch mehr!

„Teufel auch!": Der Schauspieler Hacker

Hermann Kaiser	Georg Heinrich Hacker [von 1880–1922 am Hoftheater] war als Künstler wie auch als Mensch von nicht zu überbietender Popularität und fester Grundpfeiler des Ensembles. Von Mainz gekommen und als junger Liebhaber beginnend, ging er dann später ins Heldenfach über.
Max Wauer	Er konnte geben, was so selten ist: Trost und Lebensfreudigkeit. Sein köstlicher Humor bleibt jedem, der ihn genossen, unvergeßlich. Allein seine gern angebrachten Ausrufe des Erstaunens: „Teufel auch!" – „Ist es die Möglichkeit?!" oder „O dieser Kampf mit den Objekten!" waren erfreulich, denn ihnen folgte sicher irgendein erfrischender Ausspruch, irgendeine herrliche kleine Geschichte.
Max Wauer	Die Souffleuse

Teufel auch! Denken Sie, ich gastiere neulich als Orest. Ich habe den großen Monolog. Plötzlich fühle ich eine kleine textliche Unsicherheit. Ich blicke gewohnheitsmäßig nach der Souffleuse! – Was sehe ich da? Was macht dieses Weib? Es sitzt da, steckt den rechten Zeigefinger in das rechte Nasenloch, verweilt längere Zeit darin – und läßt mich hängen!

Max Wauer	Faust in Aschaffenburg

Kürzlich gastiere ich mit Goethes „Faust" in Aschaffenburg. Das Gretchen, etwas nervös und schüchtern, schickt in meine Garderobe mit der aufregenden Mitteilung, das lange Hemd, das sie zur Entkleidungsszene benötige, sei vergessen worden einzupacken.

Teufel auch, ließ ich ihr sagen, sie möge sich beruhigen, das Hemd sei nicht vergessen worden, ich hätte es aber zunächst noch in Auerbachs Keller zu tragen.

Wallenstein auf Gastspiel   Max Wauer

Teufel auch! Als ich neulich auf dem Gastspiel des Hoftheaters den Wallenstein zu spielen hatte, entdeckte ich zu meinem Entsetzen, daß zu meinem Kostüm die so wesentlichen Spitzenmanschetten nicht mitgekommen seien. Was tun, denke ich. Ha, rief ich meinem Garderobier zu, gehen Sie in die Garderobe der Gräfin Terzky, sie möchte mir doch freundlichst ihre Unterhose schicken. Er blickte mich etwas erstaunt an, doch drängte ich ihn zur Türe hinaus, denn die Zeit des Auftrittes rückte immer näher. Noch zur rechten Zeit gelangte die Unterhose der mir befreundeten Künstlerin in meinen Besitz. Rasch entschlossen trennte ich die unteren Teile der Hosenbeine ab. Der Garderobier befestigte die so erlangten Spitzen als Manschetten an die Ärmel, und Wallenstein konnte in vollem Ornat Questenberg empfangen.

Wie man sich aus der Verlegenheit hilft   Max Wauer

Neulich spielten wir einen Klassiker, in dem ein junger Kollege in vollem Ornat als König aufzutreten hatte. Alles, was unter dem Mantel zu tragen ist, hatte der junge Mann an. Da entdeckte er, daß die Hauptsache, nämlich der Krönungsmantel entweder abhanden gekommen oder überhaupt nicht mitgekommen sei. Erbleichend erklärte er mir, so könne er nicht auftreten, ohne Mantel sei die ganze Szene unmöglich. Lächerlich, sagte ich, es müsse auch so gehen. Nein, behauptete der Bursche, ohne Krönungsmantel könne er nicht auftreten, setzte sich hin und verweilte in dieser Position. Ich leitete das Gastspiel und war der Regisseur des Stückes, das Haus war ausverkauft, der Auftritt rückte näher, und der König saß immer noch und wollte nicht auf die Bühne. Ich stürze hinaus. Das Klingelzeichen des Inspektors zu dem Auftritt des Königs ertönt. Ich stürze zurück, werfe dem Jüngling etwas um die Schulter, und befriedigt trat er auf. Nach seinem Abgang kam er freudestrahlend zu mir. Er erkundigte sich lächelnd: Wo kam im letzten Moment, lieber Herr Regisseur, der prachtvolle Pelzmantel für den König her? Teufel auch, junger Freund, draußen in der Publikumsgarderobe hängen derer die schwere Menge!

| Max Wauer | Wie Hacker die Verlobung Hartungs aufnahm |

Haben Sie schon das Neueste gehört, rief Hacker, unser Intendant hat sich mit Fräulein von Unruh verlobt. Teufel auch, ich denke, wir hatten doch im Theater schon Unruh genug.

| Max Wauer | Schauspielerinnen-Prüfung |

Vor dem versammelten Regie-Kollegium sprach einmal eine junge Schauspielerin, die der modernen Linie vollständig entsprach. Hacker war natürlich auch unter den Anwesenden, und nach dem Vorsprechen befragt, wie ihm die junge Dame gefalle, sagte er: Hm, nicht unbegabt, aber wo sich sonst der Busen wölbt, bemerke ich einen eigenartigen Faltenwurf.

| Max Wauer | Sparsamkeit |

Nach Theaterschluß klingelt Hacker in der Apotheke, wo er gewöhnlich einzukaufen pflegte, und auf die erstaunte und erschrockene Frage des Apothekers, was ihm fehle, was er wolle, bat Hacker um eine Zahnbürste. Der Apotheker machte ihn in liebenswürdiger Weise darauf aufmerksam, daß er bei der vorgerückten Stunde die übliche Nachttaxe zu zahlen habe. Teufel auch, sagte Hacker, dann lasse ich sie hier und hole sie mir morgen früh ab.

| Max Wauer | Revolutionsanfang |

Einige Tage vor Ausbruch der Revolution stand Hacker in der Rheinstraße und sprach aufgeregt von den politischen Ereignissen. Sie werden sehen, wir werden bald Revolution haben. In dem Augenblick platzten die Reifen eines Motorrades neben uns mit fürchterlichem Knall. Teufel auch, sagte Hacker, es geht schon los!

| Max Wauer | Das falsche Gehöse |

Rascher Umzug in einem modernen Stück. Hacker gerät in ein paar Beinkleider, die ihm absolut nicht passen. „Ist es die Möglichkeit", ruft er dem Garderobier, „das ist doch nicht mein Gehöse!"

Aufruhr in den Niederlanden   Max Wauer

Hinter den Kulissen. Ein Schauspieler scherzt mit einem hübschen Mädel, Hacker geht vorüber und sagt schmunzelnd: „Niedliches Kind, lieber Kollege, nicht wahr?" – „Neidisch, Herr Hacker?", fragt dieser lachend. „O nein, junger Freund! Der Aufruhr tobt nicht mehr in meinen Niederlanden."

Wie drückt man seine Gefühle auf der Bühne aus?   Max Wauer

Hacker führt Regie. Eine junge Künstlerin hat in einer Szene zu weinen. Es fällt ihr nicht leicht, dies glaubwürdig zu machen. Um es sich zu erleichtern, kehrt sie in der betreffenden Szene dem Zuschauerraum den Rücken und versucht durch Zucken des Körpers das Weinen glaubhaft zu machen. Hacker sitzt bei der Probe im Parkett und ruft entsetzt der Schauspielerin auf die Bühne: „Ist es die Möglichkeit!? Mein Kind, Teufel auch! Sie können doch unmöglich dem Publikum Ihre Gefühle mit diesem Körperteil ausdrücken!"

Wie Hacker einen Theaterdiener von der Trunksucht kuriert   Max Wauer

Wenzeslaus Dorostik war, ehe er in Mainz als Theaterdiener seine Bühnenlaufbahn begonnen, Posaunist gewesen und von diesem Hals und Lunge austrocknenden Beruf hatte er einen permanenten Durst in sein neues Arbeitsgebiet mit hinübergenommen. Er trank nicht nur, er soff. Hacker war zu des seligen Dorostik Theaterdienerzeiten in Mainz noch nicht am Theater, sondern träumte noch seine Künstlerträume auf einem Büro der Ludwigsbahn. Seine freie Zeit verbrachte er oft bei seinem Freunde Fritz Brentano auf dessen Redaktionszimmer, um Zeitungen zu lesen und sich zu unterhalten. Brentano erzählt uns nun, wie einmal Hacker den guten Wenzel auf der Redaktion trifft.
Dorostik hatte einen Brief der Theaterdirektion gebracht. – „Ah, sieh da, der Herr Intendant", ruft ihm Hacker lachend entgegen, „na, gestern abend war's ein bißchen stark! Teufel auch, Wenzel, schwer geladen!"
„Wosu? Oh, nix betrunken, nur Müdigkeit vom vielen Laufen!", beteuerte Wenzel scheinheilig.
„Ist es die Möglichkeit!? Vom vielen Laufen?", lachte Hacker. „Ich glaube, Ihr irrt Euch in den Anfangsbuchstaben!"

Wenzel brummend und verschwindend. „Irre mich nicht, betrinke mich niemals nicht!"

Hacker las eine Weile in den Zeitungen, murmelte ein-, zweimal eine ihm in die Augen fallende Annonce vor sich hin: „Unentgeltliche Kur der Trunksucht – mit oder ohne Wissen des Betreffenden ...", sprang plötzlich auf und rief: „Ich habe einen Plan! Ich kuriere den Wenzel vom Trinken! Und hier in den Zeitungen ist die Medizin!" Und weg war er.

Wochen waren vergangen. Wenzels Aussehen war sehr verändert. Bleiche Farbe, wo sonst der Wein gerötet hatte. Auf die Frage, ob er krank sei, antwortet er betrübt: „Krank – nein – aber nix trinken mehr, seit acht Tagen keinen Tropfen mehr."

„Um so besser, herzlichen Glückwunsch!"

„Oh nix gratulieren, bin elender, geschlagener Mensch, guter Ruf von Wenzeslaus Dorostik ist futsch, alle Welt weiß, daß er Säufer." Und er holte aus seiner Tasche ein Bündel Briefe und legte sie wehmütig seufzend auf den Tisch. Etwa zwanzig Briefe, alle an Herrn Primislav Wenzeslaus Dorostik, Theaterdiener, Mainz, gerichtet – aus Köln, Düsseldorf, Berlin, Stuttgart, München, Wien, Paris, London usw. Eine ausgebreitete Korrespondenz! „Schrecklich, schrecklich", stöhnte der gute Wenzel. Und was enthielten all diese Briefe? Der Inhalt war stets derselbe, eine aus einer Zeitung geschnittene und auf den Briefbogen geklebte Anzeige folgenden Wortlautes:

> Unentgeltliche Kur gegen Trunksucht!
> Alle mit diesem Laster Behafteten werden unentgeltlich durch eine rationelle Methode kuriert. Man lege seine Wünsche vertrauensvoll unter der Chiffre Dr. A. R. 100 bei der Expedition des Blattes nieder.
> NB. Die Kur findet mit oder ohne Wissen des Betreffenden statt.
> Tausende von Attesten liegen vor.

Darunter stand, stets von anderer Hand geschrieben: „Wünschen Sie mit oder ohne Ihr Wissen von der Trunksucht geheilt zu werden?" Alles wurde klar, und Hackers Gesicht lachte aus allen Briefen.

Wenzel aber fragte in kläglichem Ton: „Hat man Worte? Seit drei Wochen jeden Tag Brief – schrecklich. Ganze Welt weiß, daß Wenzeslaus, armer Teufel, zuweilen bissel getrunken."

Dagegen gebe es nur ein Mittel, nämlich gar nicht mehr trinken.

Wenn jedermann sehe, daß er nüchtern und zuverlässig sei, so werde es keinem Menschen einfallen, ihn für einen Säufer zu halten und ihm derlei Kuren anzubieten.
„Hab ich auch gedacht", rief er eifrig, „hab seit einer Woche aufgehört mit Trinken! Fällt mir schon bissel sehr schwer, aber nicht einen Schluck mehr! Sollen sehen, Wenzel hat festen Kopf, hält Wort, bei Gott! Aber nix plauschen, bitte!" Das Schweigen des Grabes wurde ihm zugesichert.
„Sehen Sie, daß meine Kur angeschlagen hat!", rief lachend Hacker, als er eine Stunde später das Resultat seiner genialen Idee mitgeteilt bekam. „Teufel auch, ich habe meine vielen auswärtigen Bekannten und Freunde gut verwertet, nicht wahr? Aber der famose Dorostik hat seine Briefe noch nicht alle, es muß noch einer aus Amerika, einer vom Kap der guten Hoffnung und einer aus China eintreffen, wenn mein Freund Hansen noch in Peking residiert." Und die Briefe kamen an, wenn auch verspätet, denn Wenzeslaus „trank nie einen Tropfen mehr."

„Es gitt noch mäi!"   Karl Schaffnit

Wie de Ärem mol is in die Stadt nei kumme,
Do hot n aner mit genumme
Enei ins Theater. Deß wor grandios!
Dort hots dem Ärem gefalle famos!
Der Vorhang, die Musik, die scheene Stihl
Mit Polstersitz un ds Menschegewihl,
Die Offeziern un die scheene Dame!
Warum die awer mit Handschuh kame
Bis an die Elleboge nuff,
Dodriwer ging em ka Licht net uff.
„No", hot er gedenkt, „die wern-s schon wisse,
Worum se ihr Kralle versteckele misse!
Der Krom ging los, e Liewesstick.
Im Afang hatt der Kerl aach Glick,
Der wo den Liebhawer hat gemacht;
Sie hot zu allem „jawohl" gesagt,
Hawe Treu sich geschworn un sich abgekißt
Nach Note, als hätts so sei gemißt.
Uff aamol wor awer ihr Lieb vorbei!
In n Kerl, gebutzt wie e Babbegei,

Mit-ere gäle un rote Atlas-Krawatt
Hatt – wupp dich! die Holde vergafft sich gehatt.
Geschniejelt, gebijelt, gescheitelt, frisiert,
Ach Gott! so reizend eraus staffiert,
Sechs goldene Ring un zwaa Uhrkette a,
Un ach, so elegante Baa!
Un schmuse konnt er, ach, so schee,
Do kann e Weiwerherz net widdersteh.
Vor Wut wor der erste halb schläächt, verrickt,
Er hot sei Woll um de Kopp geschnickt –
Greift – baaf dich! zuletzt in sein Hosesack,
E Pistol zickt er raus, spannt de Hahn – knack, knack! –
Un hots tirekt vors Maul gehalte –
Do springt de Ärem uff de, alte,
Un kreischt von de zwatt Gallerie: „Halt ei!
Muß do gleich doutgeschosse sei?
Mach dich mies mit dere Dunsel dort!
Es gitt noch mäi von dere Sort!"
Do hot dr eich alles Krischläch geda
Und guckt sich do owe de Ärem a!
Aach die uff die Bihn brillte grod enaus,
De Vorhang mußt falle – ds Stück wor aus.

Ph. G.   „Lohengrin"

(Erzählung eines Odenwälders über's Theater.)

Jetzt redt mei Fraa drei Woche schier
Vun nix, als nach Darmstadt gehe,
Sie käm 's ganz Johr net vor die Dhier,
Sie wollt's Theater sehe.
For uns nadierlich uff'm Land
Is sowas noch e Wunner;
No, sagt ich, heit werd ei'gespannt,
Heit fare mer enunner.

In Darmstadt hawe mer ei'gestellt,
Um Viere sinn mer kumme
Un hawe uns glei' for deier Geld
Sperrsitzbilljet genumme.

Dann sinn mer um die Läde 'rum,
Betrachte all die Sache;
's kost wider Geld – mer kaaft – korzum
Was kann mer dann do mache.

Um halwer Sechse sinn mer 'nei,
's hot schun früher o'gefange,
Bei so 're Oper muß des sei'
Sunst deht die Zeit net lange.
Mer hot uns dann in die letzte Bänk
Grad mitte 'nei gewisse.
No, des Gedrick – mer kriegt die Kränk,
So werd mer 'rumgerisse.
's hot alles e Glas ans Aag gesteckt,
Des war de Leit ihr Erstes.
Glei hot's gehaaße „Landkunfekt" –
„Horch, Bienche", sagt ich, „herste's."

Jetzt werd gestimmt, 's kimmt aaner raus
Un fuchtelt mit seim Stecke,
Do fange se a' im ganze Haus
Die Köpp in die Höh' zu strecke.
Z'erst geht des Ding ganz still un fei',
Mit Geige un mit Flöte,
Nor hie un do bimst aaner rei'
Mit Pauke un Drumbete.

No, endlich geht de Vorhang uff:
Mer sieht en Platz, en große.
Do stehn schun widder Drumbeter druff
Un schmettern do un blose.
Der König kimmt un zeigt sei Kraft,
Er soll e Mädche richte,
Die hett aan uff die Seit geschafft
Vun weje Erbgeschichte.
E bisje später kimmt se a' –
Sie trägt en schwarze Schleier –
Am annern Eck e Grafefraa –
Ihr Mann, de Graf, is bei'er.

Zwaa Ritter treiwe ihren Schund,
En alter un en junger.
Der Aa' haaßt, glaw ich, Teller am Mund,
Des kimmt vielleicht vom Hunger.
Der anner kimmt im Schifferkahn,
Den hot en Schwan gezoge,
Er fängt mi'm Erste Hännel an
Un seegt, er hett geloge.
Nadierlich gibt's e Balgerei,
Der aa' vertheidigt's Mädel
Un hagt – die Ritter sinn debei –
Dem ann're uff de Schädel.
Dann freegt er's Mädche, ob s'en wollt,
's wär alles schun im Klare.
Er deht se nemme, doch sie sollt
Sein Name nie erfahre.
Der anner hot sich net gemuxt,
Un gibt sei' Sach verlore,
Doch hot des Ding sei Fraa gefuxt,
Die fängt jetzt a' zu bohre.
Sie seegt dem Mädche ganz bestimmt,
Ihr Held hett sie betroge;
Sie sollt doch vorher – eh'sen nimmt –
Nooch seine Papiere froge.

Des hot die anner net scheniert,
Doch haamlich wormt s'es immer,
No gut – sie werre kopuliert
Un sitze still im Zimmer.

Do geht's nadierlich lieblich zu,
's werd Süßholz fortgeraschpelt,
Doch hot se immerfort ka' Ruh
Un hot sich glei' verhaschpelt.

Nix redde, ja des is gar schwer,
Mer muß die Weiwer kenne,
Sie frogt ganz batzig, wer er weer,
Er soll sein Name nenne.
Uff a'mol gibt's Spektakel – horch!
De Deller am Mund mi'm Sawel,
Doch uns'rer bohrt en dorch un dorch
Un schilt, 's is miserawel!
Dann kriegt sei Fraa die Abschiedsredd:
Sie hett's zu weit getriwe,
Wann se ihr Maul gehalte hett,
Dann weer er noch gebliwe.

Jetzt hot er sein Rucksack uffgepackt
Un geht. – Dann sieht mer widder
De König, wie im erste Akt,
Un noch en Haufe Ritter.
Die sinn vom Kreische blau un grie
Un werrn aach immer matter,
Er seegt er weer de Lohengrie,
De Parsewall sei Vatter.
Des Mädche greint – doch bleibt's debei,
Sie is beinah gestorwe,
Weil sie mit ihre Frogerei
Sich die Baddie verdorwe.

Zum Abschied noch vermacht er ihr
Sei Horn un all sei Sache,
Dann wackelt schun der Schwan doher
Un schleppt sein große Nache.
Dann werd e bisje 'rumgekrext,
De Lohengrin – was duht er?
Er bet' – jetzt war de Schwan verhext
Un is de Braut ihr Bruder.
Dann kimmt e Daub dahergeschnorrt,
– Der Schwan, der werd begrawe –
Die schleppt de Held im Nache fort,
Des sollt mer gar net glawe.

Der Vorhang fellt, un's ganze Haus
Ruft Bravo! – 's kann nix helfe;
Ich hol emol die Uhr eraus –
Herr Gott, schun vert'l uff Elfe.
Jetzt kimmt mer erst noch lang net los,
Weil sich die Dhiere stoppe;
Un wie mer drauß sinn uff de Strooß
Do rejent's dicke Droppe.
Mir renne dapfer dorch die Gaß
In's Werthshaus, wo mer war'n,
Die Hüt' kaput, verspritzt un naß –
So sinn mer haam gefahrn.

Vun Musik versteh ich jo net viel,
Ich kenn bloß unser Orjel,
Doch wer do mitduht bei dem Spiel,
Der braucht e gute Gorjel.

Hans Herter

Wie de Lohengrin

De Ottsch dhat letzt mit seiner Fraa
Mol ins Theater geh',
Gefalle hotts-en alle zwaa,
Des Stick wor wunnerschee.
Do sah mer nämlich uff de Biehn,
Un des wor indressant,
De Telramund, de Lohengrin
Un Elsa vun Brabant.

Erst hott de Telramund geschwätzt,
Die Elsa wär e Oos,
Un hott die annern uffgehetzt,
Schun gings Gerumpel los.
Do kam de Lohengrin ebei
Un mischt sich in den Krach
Un feiert mit seim Säwel glei
Dem Telramund uffs Dach.

Die Elsa hott-em dodefor
Gedankt un wor geriehrt,
Un bald druff is des junge Poor
Uffs Standesamt maschiert.
Doch vorher sprooch-er: „Froog net wo
Ich herkumm, sei gescheit,
Denn wann-de fängst zu frooge oo,
Sinn mir geschiedne Leit."

Die Elsa doch, des dabbig Dier,
Fräggt doch, woher er kimmt,
Do seggt de Lohengrin zu ihr,
Indem er Abschied nimmt:
„Ich hab ders jo glei aagedroht,
Leb wohl, mich ruft mei Pflicht",
Dann stieg er in sei Schwaneboot
Un aus wor die Geschicht.

Wie dann de Ottsch mit seiner Fraa
Is haamzu un ins Bett,
Do hawwe-se noch alle zwaa
Vum Lohengrin geredd.
Un sie stand uff dem Standpunkt do,
Die Elsa wär doch bleed,
Sunst fing-se net zu frooge oo,
Woher er kumme dhet.

Do maant de Ottsch:
„Jetzt mach kaan Kohl
Un babbel net so dumm,
Du fräggst mich doch aach jedesmol,
Woher ich owends kumm.
Doch fräggste widder mol, woher
Ich kumme dhu im Trab,
Dann mach ichs aafach grod wie der
Un hau glei widder ab.

Hans Karl Stürz

Tragik und kein Ende

Ein Handwerksmeister, begeistertes Gesangvereinsmitglied, war von einem guten Bekannten dazu ausersehen worden, dessen Theaterabonnement für „Tristan und Isolde" abzusitzen, da er selbst „leider am Besuch dieser berühmten Oper verhindert" sei. Als nach viereinhalb Stunden der Vorhang zum unwiderruflich letzten Mal gefallen war und unser erschöpfter Meister den Portikus des Theaters erreichte, regnete es in Strömen – und er hatte keinen Schirm! Die Summe des Abends ziehend blieb ihm nur noch der Seufzer: „Aach des noch."

Georg Hensel

In Erwartung Zuckmayers

Carl Zuckmayer [1896–1977] vermochte unmittelbar nach dem Zweiten Weltkrieg von der Bühne herunter zu wirken wie damals kein anderer deutscher Dramatiker: durch sein Zeitstück „Des Teufels General". Mit ihm eröffnete er 1947 die erste öffentliche und freie Diskussion über den Krieg, über moralische Fragen des aktiven Widerstands und der passiven Duldung. Mit diesem Stück erweckte er vor allem in den damals jüngeren Deutschen das Bewußtsein, daß sie nun tatsächlich die gefährlichsten Fragen offen diskutieren durften, zum ersten Mal in ihrem Leben.
Als „Des Teufels General" in Frankfurt gespielt wurde – mit Martin Held in der Titelrolle –, wartete eine kleine Gesellschaft in einem Darmstädter Privathaus auf Carl Zuckmayer. Er hatte versprochen, nach der Aufführung von Frankfurt herüberzukommen, und es war das erste Mal, daß er nach der Emigration nach Darmstadt kommen konnte. Die Nationalsozialisten hatten 1933 die Aufführung seiner Werke verboten, hatten ihn 1937 zur Emigration aus Österreich gezwungen und 1939 ausgebürgert. Zuckmayer war in Amerika Farmer geworden und hatte sein Stück „Des Teufels General" auf der von ihm gepachteten, einsamen Backwoods-Farm geschrieben. In das zerbombte Deutschland kehrte er als Zivilangestellter der amerikanischen Regierung zurück: Er hatte die Aufgabe, Gutachten über das kulturelle Leben in Deutschland auszuarbeiten und Hilfsprogramme aufzustellen.
Er kam von Frankfurt herüber in das fast völlig ausgebrannte Darmstadt, das damals aussah wie eine noch nicht ganz ausgegrabene antike Stadt, wie ein jahrtausendealtes archäologisches Trüm-

merfeld. Zuckmayer stand plötzlich in der Tür und sah ein wenig fremdartig aus, angezogen wie ein Amerikaner, mit prall sitzendem, nach unten spitz zulaufendem Beinkleid, wie es damals in den Vereinigten Staaten, nicht aber in Europa Mode war. Es war ein die Atemluft abschnürender Augenblick: Die Heimkehr eines verlorenen Freundes – war er noch Freund? War er nicht, wie sein Anzug bewies, Amerikaner geworden? Vielleicht sogar Feind? Es war ein Augenblick der sich jagenden, stummen Fragen, der Erstarrung, der höchsten Spannung, bis eine Darmstädter Dame mit heller Stimme und mit dem ganzen Entsetzen, zu dem in solchen Augenblicken nur eine Frau fähig ist, lauthals rief: „Zuck! Was haste for e paar Hose oh!"
Es war – nach Krieg, Diktatur, Trennung – eine Begrüßung nach Darmstädter Art: nüchtern, aber herzhaft.

Freiwillige vor! Hartmuth Pfeil

„Ei, de Herr Dang, mer maant, Ihr deht so als dehter?"
„Auf, Jack aus un e Schipp in die Hand, daß widder e Dach druff kimmt, eh unser schee Theriader ganz de Ruuß hot!"
„Schafft nur als eweil, ich hob's bressant; zum Friehstick bin ich bestimmt widder do!"

Jawohl, die Morgenstunde hat Gold im Munde

Ernst Elias Niebergall

Datterich in der Dachstube

Morgens. Datterichs Dachstube. Die Gerätschaften bestehen in einem zerbrochenen Spiegel, dito Tisch, einem Stuhl und Bett. Datterich sitzt in einem zerrissenen Schlafrock vor dem leeren Tische und gähnt. Es schlägt neun Uhr.

DATTERICH: Jawohl, die Morgenstunde hat Gold im Munde, absonnerlich, wann mer se vaschläft. In der Klaß bin ich gelernt worn: aurora musis amica, des haaßt uf Deitsch: Morjends schläft mer am beste. Ach, mei schenste Stunde wohrn in der Klaß die, wo ich geschwenzt hob! Do kimmt mer awwer immer gäje nein Uhr die Sonn grood uf mei Bett un stehrt mich in meiner Nachtruh, un wann die's net is, do sinn's annern Leit. (*Nochmals gähnend.*) Wie werd mer sich dann heit dorchschlage? (*Es klopft an.*) Aha, die Morjendvisite gehn schon widder oh. Herein!

SCHNEIDERMEISTER STEIFSCHÄCHTER: Scheene gute Morje. Ich muß mich doch aach emol nooch Ihne ihrm Befinne erkundige.

DATTERICH (*zuvorkommend*): Setze Se sich, liewer Freind. (*Für sich:*) Der Mann muß heeflich drakdiert wern. (*Laut:*) Mei Befinne? daß Gott erbahrm! Schlecht, sag' ich Ihne, sehr schlecht! Alleweil die Minut haw-ich e Abdeckerrechnung bezahlt, finfunvzerzig Gulde, siwwen-en-zwanzig Kreizer, da

Alleweil die Minut haw-ich e Abdeekerrechnung bezahlt ...

schmelzt ahm sei bisje Barschaft zusamme: des alsfort Doktern, des hot was uf sich. Sie sinn doch recht gesund? des Aussähe bringt's mit sich. Was mache die Frau Gemahlin un die liewe Kinna? Alles noch wohl uf, hoffentlich.

STEIFSCHÄCHTER (*seufzt*): Gottlob, soweit is noch alles gesund; kost ahm viel Mih, so viel Drawante die Meiler zu stoppe – ich wohlt deswäje –

DATTERICH: Ach, des muß Ihne Spaß mache! E brav Frah, wohlgezogene Kinna, e gut Geschäft –

STEIFSCHÄCHTER: Ja, wann die Zeite net so schlecht wehrn. Des kost alleweil e Hitz, bis mer sei Geld eitreibt.

DATTERICH: Ich glahb's gern, ich wahß ja, wie mir's ch mit meine Ausstende geht. Hawwe-Se die gästrig Zeidung geläse?

STEIFSCHÄCHTER: Nah. Ich wollt Ihne nu bitte –

DATTERICH: Ach, die hette-Se läse misse! Von dähre derkische Flott –

STEIFSCHÄCHTER: Ich kimmer mich wenig um des, wos außerhalb vorgeht. Sie erlauwe – die Ostermeß is vor der Dihr –

DATTERICH: Ja, sie muß bald ohfange. Un wos wannert widder e Menschespiel nach Amerika aus!

STEIFSCHÄCHTER: Ich hett aach Lust, awwer die viele Rickstende! bis mer die erbeischafft! Sie wern's net ungihtig nemme –

DATTERICH: Folge-Se meim Rat! Bleiwe-Se im Land: e Handwerk hot hierzuland als noch sein golderne Boddem.

STEIFSCHÄCHTER: En scheene. Ich hab Ihne da die olt Rechnung.

DATTERICH (*nimmt sie*): Scheen. Ich schick's Ihne.

… un Sie sollte doch endlich emol des bezohle …

STEIFSCHÄCHTER: Kennt ich's dann net glei mitnemme? Ich hob wos zu bezohle –
DATTERICH: Ach, e Mann, wie Sie, werd doch net so ufgebrennt sei. Daß ich aach vohrt do des Geld in die Abbedeek schicke muß! Bis Samstag morjend hawwe Se's.
STEIFSCHÄCHTER: Ja, Sie hawwe mich awwer schun so oft vadreest.
DATTERICH: Ich wer Ihne aach noch dreeste. Sie sinn e eisichtsvoller Mann, nor e bisje Geduld. Uf dem Knie leßt sich so ebbes net abbreche. Bezahle, wann mer Geld hat, des is kah Kunst: awwer bezahle, wann mer kahns hat, des is e Kunst, liewer Mann, un die muß ich erscht noch lerne.
STEIFSCHÄCHTER (*steht seufend auf*): Also bis Samstag gewiß?
DATTERICH: E Mann, e Wort.
STEIFSCHÄCHTER: No, do soog ich Adjeh. (*Ab.*)
DATTERICH: Adjeh, mein liewer Freind.

DATTERICH (*allein*): Da lernt mer Menschekenntnis! Iwwrigens laß ich heit noch den Rijjel an der Dihr mache: for eich Quelgeister bin ich net dahahm. (*Es klopft an.*) Numero zwei. (*Nimmt eine Prise.*) Herein!

WIRTSJUNGE: E Kumblement von meim Herr, un Sie sollte doch endlich emol des bezohle, ehr sollt ich net fortgeh.
DATTERICH: No, do setz dich. Die ahzigliche Reddensarte hett dei Herr sporn kenne: wieviel macht's?
WIRTSJUNGE: Acht Gulde un siwwe Batze.

An eme Kranke werd er sich net vagreife!

DATTERICH: Mehr net? (*Greift in den Sack:*) Mit Koborjer Grosche[1]) werd dei Herr aach zufridde sei –

WIRTSJUNGE: Do sollt' ich schee ohkomme, wann ich-em die bringe deht; letzt hott er mich erscht driwwer geschendt, do hatt ich ahn ufgehenkt krickt.

DATTERICH: Duht mer lahd. Do soog deim Herr, mei Kaß bestind in lauter degradierte Koborjer Stiefgrosche, un mei Verhältnisse dehte mer net erlauwe, daß ich se unner ihrm Wert losschlage deht: mit neie Guldesticker kennt ich-em awwer vor der Hand net ufwarte. Dazumal, wie ich den Wei bei-em gedrunke hab, hawwe die Koborjer noch gegolte; da soll er also aach sein Wei um die Hälft erunner setze, sag-em, dann ließ ich mer aach die Grosche zu sechs Heller gefalle. Adjeh!

WIRTSJUNGE: Der werd e schee Gesicht mache. (*Ab.*)

DATTERICH (*allein*): Wann kahns mehr an de Koborjer valohrn hat, als wie ich, do macht gewiß kahner Bankrott. Mir zu Gefalle hette alle Ferschte von Eiroba ihr Minz erunner setze derfe, dann ich hatt nix, ich hob nix un wer nix hawwe. Geh emol her, du ohrm Greschje! (*Zieht einen Koburger aus der Tasche.*) Gell, dei Herr Vadda will nix von der wisse, un die Zeit is der lang worn in dem

---

[1]) Die süddeutschen Staaten des Deutschen Zollvereins, darunter auch Hessen, setzten durch ihre Münzkonvention von 1837 alle Scheidemünzen der dieser Konvention nicht angehörenden Staaten vom 1.1.1838 an außer Kurs oder auf ihren Silberwert herab. Dies betraf vor allem die verrufenen Koburger Sechs- und Dreikreuzerstücke.

Ach lieb Großmudda – sinn-Se widder do aus der Derkei?

Sack, wo de gor kah Kamerade hast? No, wort, Herzje, ich bring dich doch unner die Leit, du sollst e lustig Herrschaft krijje, ich geb dich de Musegande. (*Er betrachtet den Groschen mit Rührung.*) Dreest dich mit mir! Bei uns Mensche geht's grood so: wann mer unser Dienste gedah hawwe un mer sinn iwwerflissig, do degradiert mer uns aach, un mer gelte aach net mehr for voll, außer im Wertshaus, un selbst do helt's manchmol schwer, bis mer's dazu bringt. (*Nach einer Pause:*) Was for en Dreester werd mer dann der Himmel heit schicke? Der Schmidt, – des is e guter Mensch, mit dem muß ich mich halte. Ich muß mich-em notwennig mache: er muß sich in mei Bäsje verschameriern, dann is mei Spiel gewunne, dann kann er mich net enbehrn, un so em Verliebte kimmts uf e poor Flasche de Daak net ah. – Der Deiwel – do kimmt owwer ahner der Drepp eruf gedappt, den kenn ich an seim Gang – – des is wahß Gott der unheeflich Bengler! Heiliger Bafanucius, steh mer bei! (*Läuft umher.*) Der Kerl is im Stand un haagt mich in meim eigene Kwatier – so Schuster sinn des Deiwels – Kah Rijjel – nix do! – Halt! – An eme Kranke werd er sich net vagreife! – (*Er bindet sich schnell sein Schnupftuch um den Kopf und wirft sich auf's Bette. Es klopft mehrmals heftig an; er antwortet mit lautem Stöhnen.*)

(*Datterich mit gebrochenen Augen, auf dem Bette liegend.*)
SCHUHMACHERMEISTER BENGLER: Lickt die Eil noch uf der faule Haut! Gästert widder voll gewäse, he? Des Geld versoffe, statt mich zu bezohle?

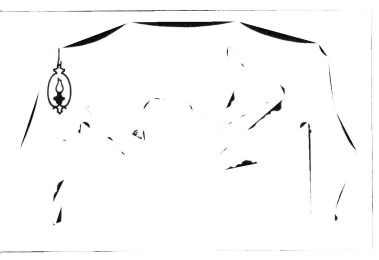

Geld will ich, odder Ihr Buckel soll mer'sch bezohle!

DATTERICH (*schlägt die Augen wieder auf*): Ach lieb Großmudda – sinn-Se widder do aus der Derkei?

BENGLER: Wos, Kerl? Sinn-Se noch voll? Ich will Ihne begroßmuddern! Mei Geld – odder – Sie wisse, wos ich Ihne gedärmt hob.

DATTERICH (*breitet die Arme aus*): Komm' an mei Herz, Hulda! Was willst du, schwatzbärtiger Krieger? Willst du mir vabiete, auf dem Deppich der Nadur zu wandeln?

BENGLER: Er helt mich in seim Suff vor en Teroler, weil er von Debch schwätzt. Wort, Oos, ich will dich nichtern mache! (*Er rüttelt ihn.*) Geld will ich, odder Ihr Buckel soll mer'sch bezohle!

DATTERICH (*mit einer durch das Rütteln abgesetzten Stimme*): Es lijje jetz Bi-i-i-ihrn – genug – hunne – wos for e Bech – wann ahns kehmt – Schiddel doch – des ohrm Be-em-che net – so! Schorsch – du iwwer – dreibst's!

BENGLER (*tritt verwundert zurück*): Er muß doch net voll sei. Entwedder is er meschukke, odder leit er im Fiewer.

DATTERICH (*scheint zu sich zu kommen*): Dreier Freind, Alonso, kannst-de mer zwah breißische Dahler lehne? (*Schwach:*) Du willst mer die Auge zudricke?

BENGLER (*wütend*): Herr! – Nor net gestorwe, dann do kennt ich aach mit zor Leicht: erscht bezohle-Se mich, dann kenne-Se in Gottes Nohme mache, wos Se wolle.

DATTERICH (*vagiert wild mit den Armen*): Verräder, willst du deinen Judassold? Nimm diesen Edelstein aus Persiens Krone. (*Matt:*) Ha – ich sterbe!

BENGLER (*in der Stube umherlaufend*): Do leit des Laster jetz un is

Do leit des Laster jetz un is am Obflattern!

am Obflattern! Net genug, daß er im Läwe die Leit um ihr Sach gebrocht hot: – er balwiert-se noch dorch sein Doht! – (*Grimmig den Stock schwingend.*) Wos deht ich-en so gern haage, awwer er spihrt doch nix mehr, un es wehr aach net ganz menschefreindlich. (*Stürzt ans Bett.*) Awwer wort, wer mer nor widder gesund, do will ich der'sch weise! (*Er ballt die Faust und geht ab.*)

DATTERICH (*springt auf, schlägt einen Entrechat und dreht ihm eine Nase*): Grob bist-de, awwer doch noch net gescheit genug! Wie mich der Limmel hett schmeiße wolle, hett ich mich doht gestellt, wie e Kläwwer, do wehr-er gewiß zurückgehuft.

Grob bist-de, awwer doch noch net gescheit genug!

Vor verzeh Daag vorgeschuht: – varisse!

Hett ich nor mei Stiewel von dem Ooseschuster: der werd aach schon widderspenstig. Do stehn mei un sperrn die Meiler uf. (*Es klopft an.*) Is dann heit der Deiwel ganz los? Awwer vor de annere fercht ich mich net. Entrez!

DATTERICH (*mit offenen Armen*): Des is recht! Wort gehalte! Wo komme-Se her?

DREHERGESELLE SCHMIDT: Von dahahm. Ich wollt Ihne zu eme Spaziergang abhole, es is heit so schee draus.

DATTERICH: Glei, Deierster, ich will mich nor e bisje ohrappele. (*Er kleidet sich an.*) Stäckt Ihne des schee Mädche noch im Kopp? Wann Se ebbes an se auszurichte hawwe, ich besorg's Ihne.

SCHMIDT: Ach, do des Evche?

DATTERICH (*indem er den Rand seines Hutes mit Tinte schwärzt*): Sie is ganz verna(rr)t in Ihne.

SCHMIDT: Losse-Se's emol vor der Hand sei; – ich hab driwwer nochgedocht – der Wei war mer e bisje im Kopp –

DATTERICH: No, mer redt nor davoh. (*Kommt an seine Stiefel; höchst verwundert:*) Ei der Deiwel! Jetz gucke-Se emol die schlechte Schuster! Vor verzeh Daag vorgeschuht: – varisse! Ja un glahwe-Se, ich kennt mei annern drei Poor krijje? Des sinn wohre Landlijjener, die Schuster! – Wos mach ich? – Ich kann net vor die Schwell.

SCHMIDT: Wisse-Se wos? Sie ziehe-se als eweil oh un gehn mit mer hahm, do gäww'-ich Ihne e Poor von meine, wann se Ihne basse.

DATTERICH: Ja die Schuhmacher, die howwe e Gewisse, des läßt sich ziehe wie Bech. (*Zieht die Stiefel an.*) E schee Fußwerk! Awwer so was scheniert en große Geist net. Komme-Se, Sie gehn uf meiner rechte Seit un bedecke mit christlicher Lieb mei Bleeße. Auf nach Sewillja! (*Beide ab.*)

Robert Schneider

Wann der Datterich widder mol unner uns sitze kennt

Also ich hab mer schun manchmol so in-ere stille Stund (mer hott als so!), wann ich grad an nix gedenkt hab, do hab ich mir ausgemolt, was aaner aus de gude alde Zeit, wo de Großvadder die Großmudder genumme hott, also sage mer emol beispielsmeeßich de „Datterich", was der also for Aage mache dhet, wann-er eines scheenen Dags widder mol so unner uns sitze kennt, so ganz unverhofft. No un der Datterich, däß war doch gewiß kaaner vun dene, der wo sich so mir-nix dir-nix hott verbliffe losse.

Awwer ich glaab doch, der Datterich dhet 's Maul spärrangelweit uffreiße wann-er sähe dhet, wie mir 's doch „so herrlich weit" gebracht hawwe, wie mir „eraus" sind, wie mir „gebaut" sin, mit all unsere Erfindunge un Errungenschafte...
Zum Beispiel, röhmisch Eins, Erfindunge: 's Elektrisch, 's Luftschiff, 's Audo, die Flugmaschien, 's Radio un so weiter; röhmisch Zwei, Errungenschafte: de Völkerbund, de Parlamendarismuß, de Volksentscheid, die Abristung ätzäddera pe pe, um nor Einiches erauszugreife. Wie gesagt, ich glaab, do weer der Datterich doch stumm, starr un sprachlos, wann-er däß sähe dhet.
Awwer dann denk ich mir widder, wann sich der Datterich so vun seim erste Erstaune erholt hett, do dhet der en diefe, fillesofische Schluck nemme un dhet heechstwah'scheinlich sage: „Mei schwerr-

nots korze Aage! – Ich hab geglaabt, däß weer e nei Zeit un e neier Mensacheschlag. Awwer ich hab mich bees gedische; 's is noch genaa wie zu meiner Zeit aach. Die Mensche sin net um e Hoor besser dro, wie sällwichs mol. Es gibt immer noch sauere Wei' un schnibbiche Kellnerinne; Räjewädder un verrissene Stiwwel, schlagfärdiche Frauenzimmer un alte Kratzbärschte, ricksichtslose Bollezeidiener un hinnerlistische Freunde. 's gibt immer noch Schuster, die wo e Gewisse hawwe wie Bäch, un Dummbache, die wo jeden Schwindel glaawe, der wo in de Zeidung steht. Die Leit stärwe noch an de Krankheite un die Dockder läwe devo. Die Rechierunge mache duschur neie Gesetze, un die Lumbe nitze se aus. Die Mensche sin genaa noch so unzufridde wie seiner Zeit, un wann's-en gud geht, mechte se's noch besser hawwe, un wann se Kuche krieje, hawwe se Luste noch Schwarzbrot, un wann's-en schlecht geht, sin se aach net zufridde... Un däß soll e „nei" Zeit sei?! – Mummbitz! – Do lohnt sichs wärklich net, daß mer sich die Mieh macht un kimmt noch'mol uff die Welt. – Ich geh. – Särrwieder, meine Härrn!" – – So, denk ich mir, dhet der Datterich, odder icksaaner aus säller Zeit sage. – Un hott-er nu' recht, odder net?! – Freilich hott-er recht. Senkrecht sogar.

Liebesnot

Robert Stromberger

Ort der Handlung: Wohnzimmer der Familie des Kanzleidieners Andreas Langberger
Zeit: 1910
Personen: Klärchen Langberger, 20 Jahre, Nickelbrille, und Anton Spieß, 25 Jahre, Knickerbocker
Das Jackett von Anton hängt über einer Stuhllehne, Kragen und Krawatte sind darübergelegt. Klärchens Schürze liegt auf dem Sofa. Anton kommt stocksauer aus Klärchens Zimmer. Sein Mittelscheitel ist verwischt, Hemd und Hosenträger hängen herunter. Er trägt seine Stiefel in der Hand, die Weste überm Arm.

ANTON *(in Klärchens Zimmer sprechend)*: Däs kannste mit mir net mache. Nicht mit mir!

(Er schließt hart die Tür, stopft das Hemd in die Hose, dehnt die Hosenträger über die Schultern, setzt sich auf einen Stuhl und zieht die Schuhe an. Dabei blickt er empört nach dem Nebenzimmer, aus dem er gekommen ist.)

Wer bin ich dann überhaupt?!

KLÄRCHEN *(tritt zögernd aus ihrem Zimmer und sieht Anton, Kleidung und Haar ordnend, schuldbewußt an)*: Immer schennste mich.

ANTON: Es is ja auch immer dässelbe Theader.

KLÄRCHEN: Däs darfste jetzt aber net sage; wenn wir allei wärn, – –

ANTON: Sin mer ja! Seit bald 'erer Stund! Aber eimal sin's dei Eltern, die gleich komme, es annere Mal hörste Leit im Wald, dann is dir's wieder net dunkel genug – so is doch immer was.

KLÄRCHEN: Ich hab halt Angst.

ANTON: Anfangs konnt ich däs ja noch verstehn. Aber nach eme halbe Jahr müßt die sich ja irgendwann emal lege.

KLÄRCHEN *(hilflos patzig)*: Ich kann däs halt noch net!

ANTON: Weil du mich nicht liebst.

KLÄRCHEN: Garnet wahr.

(Schweigen)

ANTON *(legt seinen Kragen um)*: Was hab ich von eme Mädche, wann ich nix därf.

KLÄRCHEN: Also nix därf ...

ANTON *(geht zum Garderobenspiegel)*: Un du kannst nicht behaupte, ich hätt mer kei Müh gegebe! Alles hab ich versucht! Aber nicht einen Zentimeter sin mir weitergekomme! Du willst einfach net!

KLÄRCHEN: Stimmt ja garnet.

(Stille)

KLÄRCHEN: Wenn ich allei bin, denk ich immer, es ging; aber wenn du dann da bist, – –

ANTON: Weil de mich net liebst! Ich komm mehr ja langsam lächerlich vor. *(Er zieht sein Jackett an.)*

KLÄRCHEN *(geht zu ihm, bittend)*: Anton – bleib doch da.

ANTON *(geht beleidigt von ihr weg, holt seine „Kreissäge".)*

KLÄRCHEN *(ringt es sich ab)*: Ich versprech dir's auch.

ANTON: Was?

KLÄRCHEN: Ei – mir sin ja immer noch allei ...

ANTON: So wärd doch däs jetzt nix mehr. Außerdem könne jeden Augeblick dei Eltern komme.

(Man hört die Stimme von Frau Langberger aus dem Treppenhaus: „Die solle am Geländer net anstoße.")

ANTON: Da! Da! Also nix gege e anständig Mädche – aber mer muß sich ja aach emal kratze därfe, wann's juckt! *(Er geht hinaus.)*

KLÄRCHEN *(eilt, ehe sie das große Heulen überkommt, in ihr Zimmer.)*

Die Stimme des Volkes

Hartmuth Pfeil

„Vor Johrn host-de allaans mim Schubkann Theriaderdrägg erausgeschafft, wann jetzt alle Dammstädter helfe, krieje mer aach unser Groß-Haus widder. Des wer gelacht, heer!" –

„...un dort fährt se, die Elektrisch!"

Schorsch

Die Funkeschees

Schee gähl und schwarz lackiert,
Zwaa Mann druff hi'postiert
Und meistens gähnend leer,
Wann net en Kontrollör
Stumm uff de Plattform steht
Un an seim Schnorrbort dreht,
So kimmt se mit Getös:
Die Funkeschees!
Stets langsam, nie zu schnell,
Drei Schritt – e Haltestell,
Gebrems, Geschockel, Stoß,
Als for en Grosche blos.
Kimmt mer so newebei,
Anstatt um zwölf, um drei
Und schließlich lendelahm
Elektrisch haam!

De Führer, wie en Russ' maskiert,
Hot früher scheint's Musik studiert,
Der schellt dann taktvoll, Schlag uff Schlag:
„Er macht ihr mit de Holzaxt nach!"
Deshalb beschwert im „Heinerich"
E pensioniert Gemiesraub sich
Un schennt do, daß die Bemblerei
Gift for sei' Nerve sei!

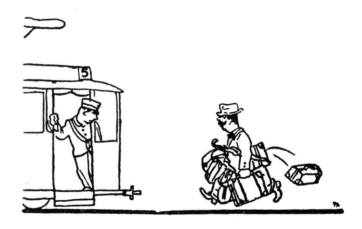

Wann mol en Rejedag,
Da ist's e anner Frag,
Ob mer e Plätzje kriggt,
An dem aam kaaner drickt.
Do kreischt kaa Mensch net mehr,
Daß sie net nötig wär;
E Jedermann noch kam
Gern drucke haam!
Es fährt die gnädig Miß
Newer de Zwiwellies,
E Fraa hot uffem Schooß
En Korb mit Handkäs – blos;
Im Eck dort pienst e Kind,
Weil's net sein Schnuller find,
Die Kindsmagd haaßt's e Gans,
Dort schläft en Lands!

Fällt for den Schaffner etwas ab,
Dann greift er dankend an sei' Kapp;
Uff amol dhut's en Krisch, Schwernot,
No, ja, jetzt ist der Däxel tot;
Die Käskorbsfraa, sie läßt zum Glück
Net viel vun ihrm Parfüm zurück.
Vum Trittbrett rutscht e Volleil gar
Un saust uff's Trottoir!

Weil manche Streck' gelegt,
Die kaum die Zinse trägt,
„Stadtradelt" man nun sehr,
Wie abzuhelfen wär;
Und weil mer Rücksicht heit
Nimmt viel uff feine Leit,
Baut mer net nach dem Plan
En Stöppel dran!
Trotz siewe tausend Mark
Fährt niemand, des is stark;
Nur bei de Reichstagswahl
War des en annrer Fall;
Wie kam se angehetzt,
Mit „Rot" und „Schwarz" besetzt
(Wer net wählt, is en Lump,
„Balser" war Trump!)

Nur Mut, ihr Heiner, habt Verstand
Und nehmt des Dagblatt in die Hand,
Dort lest ihr, daß es wird erreicht,
Jed Johr die Fahrgeldeinnahm' steigt.
Wann sich die „Käste" so rentiern,
Dann muß mers an de Steiern spürn.
Ich glaab, do is kaa Mensch net bös
Hurra, die Funkeschees!

In den ersten Tagen des Straßenbahnbetriebes nahm ein alter Mann der ergangenen Verordnung zuwider seinen Weg auf den Schienen. Der Wagen kommt heran, der Fahrer klingelt und klingelt. Schließlich reißt der Fahrer das Fenster auf: „Sie! Sin Se so gut und mache Se uns en Momend Blatz, daß mer vorbeikumme kenne!"
Da dreht sich das Männchen um: „Ach so. Ich hab Sie gar net kumme her'n."

Ein unter dem Namen „der alte Morro" bekannter Darmstädter hatte seine tägliche Sitzung in der Bockshaut beendet, und da sie länger gedauert hatte als üblich, entschloß er sich, von der neuen Straßenbahn einmal Gebrauch zu machen und mit ihr in seine Heimat Bessungen zurückzukehren. Er stieg in den ersten daherkommenden Wagen, jedoch am Langen Ludwig wurde er gewahr, daß man ihn in die falsche Richtung fuhr. Er kletterte also wieder hinaus, und dabei hörte man ihn brummen: „Ich kenn jo dorch die Wilhelmineschdrooß haam mache, awer dene sog ich's erst!"
Und so pilgerte er vom Luisenplatz durch die Kirch- und Karlstraße nach seinem Ziel hinaus, und jedem Wagen der ihm entgegenkam, drohte er mit dem Stock und rief: „Ihr Schdromer, ihr Doogdiewe, mit eme olde Mann so was zu mache!"

Der Wagen war am Oberwaldhaus angekommen, eine Frau vom Lande blieb sitzen.

„Aussteigen, aussteigen!" rief der Schaffner.

„Ei, Schaffner, sin mer bald in Dieborg?" fragte die Gute ungerührt.

„Noch Dieborg wolle Se? Ei, Fraache, do sin Se awer falsch. Wie kumme Se dann in die Elektrisch?"

„Des is doch die Dieborger Stroß, da wo ich ei'gestieje bin. An de Infanderiekasern."

„Naa, do misse Se am Nordbahnhof abfahr'n. No, worte Se, ich nem Se wirer mit in die Stadt!"

„Naa, naa, do kumm ich jo grad erst her!"

Ein Wagen der Zwei nach dem Hauptbahnhof ist voll besetzt, überwiegend von Flurbewohnern aus dem Odenwald.
Als der Schaffner die ehemalige Haltestelle „Festhalle" ausruft, springen drei der Fahrgäste, die einen bevorstehenden Zusammenstoß befürchten, auf; zwei „halten sich fest" an den Ringen, und einer reißt an der Signalleine.

Willi Wilbrand

Ein Schutzmann fand einen Mann auf dem Gleis der Straßenbahn nach Griesheim liegen, der hatte ein Brot unterm Arm.
Was er da täte, fragte der bestallte Hüter der öffentlichen Ordnung.
Nichts täte er, entgegnete der Gefragte, ohne sich zu rühren. Er habe jedes Verlangen nach Tätigkeit aufgegeben.

„Awer wer sin Sie dann iwerhaupt?" fragte der Schutzmann.
Bald werde er niemand mehr sein, erwiderte der nochmals Gefragte, denn er trachte sich nach dem Leben.
„Sie hawe awer doch noch e Brod unnerm Oa'm?"
Da richtete der Liegende sich heftig auf: „Glaawe Se dann, ich wollcd hier verhungern, bis die Neu' kimmt?"

Ein Dämchen flott, blond und, was man vollschlank nennt, kam aus dem Bahnhof gelaufen und setzte einen Fuß auf die bereitstehende „Zwei": „Komme ich hier zum Steinbergweg?"
„Steige Se nor ei', meine Dame."
„Nicht, Sie sagen mir Bescheid?"
„Ich rufe ab."
„Haben Sie gehört?" fragte die Blondine, indem sie sich setzte, ihre Nachbarin: „Bin ich richtig? Ich bin hier nämlich ganz fremd."
„Der Wage hält am Stei'bergweg, da is e Haltestell."
Man fuhr bis zur Neckarstraße. – „Muß ich hier aussteigen?" fragte die fremde Dame.
„Naa, hier is erst die Neckarstroß."
Man hielt auf dem Luisenplatz. Die dort entstehende Unruhe teilte sich der Dame mit, sie griff nach ihrer Tasche. „Aber jetzt muß ich aussteigen?"
„Awer Se heer'n doch: Luiseblatz."
„Bleiwe Se nor sitze, bis ich's Ihne sog", besänftigte sie der Schaffner.
„Sie hawe's noch weit", mischte sich ein Herr ein.
Von nun an beteiligten sich alle Fahrgäste an ihrer Beratung. An der Schulstraße waren es drei, am Roßdörfer Platz sämtliche, die dort den Wagen verließen und an ihr vorbei mußten.
„Ich bin nämlich hier ganz fremd", beteuerte sie noch einmal.
Über Herdweg und Jahnstraße näherte man sich dem entscheidenden Punkt. Der Schaffner trat in den schon leerer gewordenen Wagen. „So, jetzt misse Se aussteige", sagte er zu ihr. „Jetzt kommt der Stei'bergweg. Ich sag Ihne noch Bescheid."
Sie stand auf. Der Wagen hielt. Der Schaffner half ihr beim Aussteigen. „Un jetzt gehn Sie rechts, dort eniwwer."
Darauf geschah dies: Die Dame stieg ab, lief hinter dem Wagen durch und wandte sich nach links. Indes alle ihr nachblickten, griff der Schaffner nach der Klingelschnur und sagte: „Seh'n Se, deswäje hob ich net geheirat'."

In der „Drei" sitzen Mutter und Sohn. Der Wagen füllt sich. Eine andere junge Frau mit Baby steigt ein, ein amerikanischer Soldat steht auf und überläßt ihr seinen Sitzplatz.
„Siehste, Heiner, des is en Genleman", belehrt die Mutter.
Wenige Tage darauf wird der Junge in der Schule gefragt, was ein Gentleman sei. Er weiß sofort die Antwort.
„Ein Ami, der eine Frau mit einem Kind sitzen läßt."

Ein Odenwälder Bauer verläßt nachts den Darmstädter Bahnhof und fragt einen Schutzmann, wann die nächste Straßenbahn geht.
„Es fahren keine mehr", gibt der zur Antwort.
Da lacht der Bauer und erwidert: „Das können Sie mir nicht erzählen, da liegen ja noch die Schienen."

Leidfadem zum richdiche Gebrauch vun de Straßebahn

Robert Schneider

Bekanntlich is in Darmstadt jeder de geborene Heag-Diräkter. Wenichstens hott mer als, wann mer Elektrisch fehrt, so es Gefiehl un de Eidruck. Un je jinger diejeniche welche sin, die wo do laut odder vorlaut, ihr Weisheit verzabbe, um so besser wisse se Bescheid. Awwer in einichem, was sie selbst bedrifft, do sin se doch noch net so ganz firm. Un weil se mer so laad dhut, unser Jugend, un weil ich net sehe kann, wie se iwwerall in ihre Rechte un Freiheide beschnitte wärd, so will ich ihr heit e paar leichtfaßliche Radschleg gäwwe, gewissermaße en Leidfadem zum richdiche Gebrauch vun de Straßebahn. Also uffgebaßt:
Punkt eins: Will mer mit de Elektrisch fahrn, dann is es wichdichste, daß mer sich for alle Dinge for-en Sitzblatz sorgt, dann es kost a Geld, ob mer steht odder sitzt, un gud gesässe is besser wie schlecht gestanne. Wie also de Wage hellt, do därf mer net lang fackele, un aach net worde, bis die Leit ausgestieche sind, sundern mer drickt sich unner dem Moddo „Dem Dichdichen freie Bahn" dorch und stumbt dene, die aussteiche wolle, kräfdig in die Ribbe. Jedenfalls, Ricksichte uff annern zu nemme, schad nor aam seine eichene Bequemlichkeid. Iwwerhaubt muß mer sich märke: Ricksichte im effentliche Verkehr sin en iwwerwundener Standpunkt. „Immer feste druff!" laud heit die Barohle un 's Feldgeschrei. Will aaner was eraushawwe, dann seecht mehr korz „Olwel" odder ärchend en ehnliche bassende Ausdruck, an dene jo kaan Mangel is. Gegäwenenfalls behilft mer sich mit em bekannte Zidad aus em „Götz vun

Berlichinge", däß wirkt wahre Wunner. Hott mer, was meistens de Fall is, in de Eil de falsche Wage verwischt, dann kann mer immer noch verkehrt abspringe, e paar Knoche bräche, die Heag verklage un die Krankekaß in Aspruch nemme.

Punkt zwei: Sitzt mer glicklich im Wage drinn, dann gilt's for besunners vornehm, wann mer de Mitfahrer gäächeniwwer de neediche „Abstand" wahrd. Uff Duchfiehlung an sein Nachbar era' zu ricke, verstößt gääche de gude Ton. Aach kann mehr nie wisse, wer's is, un ob er net e a'steckend Krankheit, odder was noch schlimmer is, e anner bollidisch Iwwerzeichung hott.

Punkt drei: Heeflichkeid, odder gar „Ridderlichkeid", dem weibliche Geschlächt gäächeniwwer, hott kaan Wert, dann erstens ham-mer Gleichberechdichung, un zweidens kann's aam meechlicherweis bassiern, daß aam for lauder Gallandrie de Wage devo fehrt. Ältere oder gebrächliche Fahrgäst odder Kriegsbeschädichte iwwersieht mer am beste ganz, die sin a'fach Luft for aam. Schließlich, wann mer jung is, brauch mer sei Kräfte notwenicher, als wie däß alde Kalliewer, wo sowieso 's Läwe hinner sich hott un abkumme kann; warum also den Nadurprozäß kinstlich verlengern.

Punkt vier: Mer muß sich märke, daß e Wage nie so voll is, daß mer sich net noch eneidricke kennt. Is mer awwer drinn, dann därf mer kräfdich schimbfe wääche de Iwwerfillung. Un wann mer dodebei aus a'geborner Dabbichkeit jemand uff's Hiehneraag dräde dhut, dann brauch mer sich däßwääche net zu endschuldiche. Wann mer was iwwriches dhu will, dann seecht mer korz „hobbla", däß geniecht vollkumme. Will däßjeniche welche was eraus hawwe, dann seecht mer, es sollt besser uffbasse, mer hett hinne kaa Aage.

Punkt fimf: Iwwerhaubt soll mer immer kräfdich uff die Straßebahn schimbfe, aach wann mer nix devo versteht. Un wann mer zum Beispiel emal an-eme billiche Sunndag vom Frankforter Haubtbahnhof in de Zolochische Gadde gefahrn is, dann kann mer ruhich behaupte, mer dhet so zimmlich alle Straßebahne vun Deitschland kenne, un noch e gud Dutzend vum Ausland, awwer so rickstendich wie die Darmstädter weer aam noch kaa vorkumme. Daß imbonniert de Mitfahrer, sie halte aam for-en helle Kobb, un gäwwe aam recht, aach wann se noch nie in-ere annere Straßebahn gefahrn sin, wie in de hiesische.

Punkt sex: Daß des Raache innerhalb vum Wage verbodde is, waaß mer aach; awwer mer brauch's net zu wisse. Schließlich hott mer aach mehr devo im geschlossene Wage, wo mer's net därf, als wie drauß uff de Bladdform, wo mer's därf. Mer steckt sich also seeleruhich sei Zigarett a', meechlichst e baffimiert, un bleest seim Gäjeniwwer de Damb in's Gesicht. Muxe dhut sich dodruffhin sicher niemand, dann der sogenannt „a'stendiche Bircher" hott jo kaa Kuraasch mehr im Bauch un leßt sich alles biede; im Gäächedaal, manchem imbonniert e Frächheit gääche Gesetz un Vorschrift noch, un er freid sich bei jeder Geläächenheit, wann de Obrichkeid en Bosse gespielt wärd.

Kimmd awwer de Schaffner, un seecht aam, daß des Raache im Wage verbodde weer, dann freecht mer'n großbrotzig, wo däß geschriwwe stind. Un wann der Schaffner aam zeiche dhut, wo's a'geschriwwe is, dann seecht mer verächtlich: do hett mer viel zu dhu, wann mer all däß Zaik läse wollt, wo da runderum a'geschriwwe is. Im weidere Gespräch mit dem Schaffner raacht mer ruhich sei Zigarett färdich, schmeißt de Stumbe uff die Erd, leßt den Schaffner links lieje un sieht, daß mer an de nechste Haltestell aus em Wage enaus kimmt.

Punkt siwwe: Iwwerhaubt muß mer sich a for allemol märke: Vorschrifte sin immer dezu do, daß mer se net beacht, aanerlaa wo's is. Un wann mer dene Vorschrifte e Schnibbche schlage kann, soll mer's dhu; net bloß uff de Straßebahn. Wärd mer verwischt, dann kann mer sich druff beruffe, daß heit kaa Mensch all die Vorschrifte im Kobb behalte kennt. Im Ernstfall gibt mer en falsche Name a'.

Punkt acht: Kimmt de Schaffner wääche 'm Fahrschei', dann verlangt mer am beste: „For fuffzeh – grad aus!" – do kann mer immer weider fahrn, als de Fahrschei gilt. Wärd konndrolliert, odder es märkts der Konnduckdeer, dann seecht mer, uff die fuffzeh Fennich kemt's aam net a', awwer dofor kemt mer net uff, daß der Fahrschei falsch gezeichnet weer. Un dann streit mer sich so lang erum, bis mer do ist, wo mer sowieso hie wollt. Dann seecht mer dem Schaffner verächtlich, mit Ihne streit ich mich net erum, un springt vorzeidich ab. Mer kann sicher sei, daß aam jeder Mitfahrer dabei behilflich is.

Punkt neu: Dem Schaffner muß mer stets zeiche, daß er wääche'm Publigumm un net es Publigumm wääche ihm do is. Mer muß en also meechlichst geringschätzich behannele. Is er trotzdem heeflich un zuvorkommend, dann gibt mer'm dorch en abweisende Blick zu versteh, daß mer mit ihm noch kaa Schoof gehiet hett; is er dohärngääche dienstlich knabb, dann muckt mer uff, un verlangt e heeflich Bedienung. Will sich der Schaffner gar was eraus nemme, dann därf mer sich däß unner gor kaane Umstend gefalle losse, sundern muß-em geheerich iwwers Maul fahrn. Däß is mer sich sällwer schuldich, un außerdem sin aam die Fahrgäst dankbar for die Unnerhaldung.

Punkt zehe: Is en Wage geschwabbelt voll, dann gibt mer em Schaffner zum Wexele meechlichst groß Geld, aach wann mer klaanes hott, die Mitfahrer glaawe dann, wunner wer mer weer. Däß helt zwar de Bedrieb uff, awwer es hebt de Kredidd.

Punkt elf: Schließlich un endlich soll mer stets defor sorje, daß mer uff fellt; un wann's u'a'genehm is. Die unmodärne Bescheidenheit hott heit kaan Sinn mehr, sunst halte am die Leit for-en „schläächte Kerl". – –

Sooche, däß weern also so e paar Richtlinnje for de Gebrauch vun de Straßebahn. Ich denk, daß mer die Jungmenner, un all die, die sich dezuzehle, defor dankbar sinn. . . . . .

                Bienche Bimmbernell

Vom Bremsen

Hartmuth Pfeil

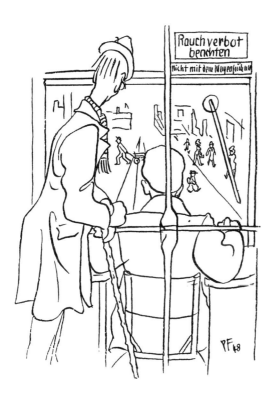

„Sie, Herr Trambahnfiehrer, ich det als emol eweil bremse, sonsd nemme mer den oarme Schlugger do vorn mit seim Kärschje uff de Schipp! – Wisse-Se, es hot schun emol en Fiehrer de klaane Mann mit seim Volkswaage draakrigd."

Wann-er derft wie-er wollt

Hans Herter

Die Elektrisch wor widder mol knibbeldick voll,
Aans hott uff em annern geleje,
Grod wie in rer Worschthaut, es wor direkt doll,
Kaan Mensch konnt sich rihrn mehr un reje.

Sogar die zwaa Schaffner ganz eigekeilt worn
Un worn debei selwer die Dumme,
Denn die Hälft vun de Leit is gratis gefohrn,
Weil kaans wäjme Fohrschei is kumme.

Un wollte e poor an rer Haldestell raus,
Do konnte die annern sich freie,
Do mußt erst emol die ganz Plattform eraus,
Daß die Fohrgäst aus konnte steije.

Un wor des geschehe, dann dhate debei
Sich glei widder annern neidricke,
So stiege do aach an-rer Haltestell ei
En Derre un aach en ganz Dicke.

Der Dicke quetscht ricksichtslos rei sich un stieß
Dem Derre debei in die Rippe,
Der awwer net faul, trat-em fest uff die Fiß,
daß-er glei in die Luft do dhat hippe.

„Autsch, autsch!" kreischt der Dicke do ferchterlich uff,
„Soo'n Dormel, soo'n Flabsch, so en bleede,
Stellt der sich jo grod uff mei Hihneraag druff,
Kannste dann net wo anners hietrete?"

Awwer do hott der Derre die Aage gerollt:
„Ich mecht-ne jo glei noch aa spritze,
Wann ich hietrete derft, wo ich hietrete wollt,
Do kennte-se acht Dag net sitze."

Zwecklos   Hartmuth Pfeil

„Ich bin ganz dämbisch, so bin ich kajeggert – un dort fährt se."
„Wer? – Mann, aans mißt-de wisse: De Elektrisch un de Weiber soll mer net noochlaafe – wann se in Foahrt sin."

„...in alle Spalte vum Sport oriendiert"

Hans Herter

Mickedormels Vortrag vum große Sportfest

Seit ich des große Sportfest mitgemacht hab, bin ich in alle Spalte vum Sport oriendiert.

Do hawwe-se mit Lanze, Kugle un fliegende Unnertasse, sogenannte Diskontscheiwe, geschmisse, hawwe mit Forelle gefochte, hawwe sich im Gewichtshewe großgedhan (obwohl se dehaam noch net emol die Kohle aus em Keller hole kenne), hawwe wie klaane Kinner gerunge odder sich mit geschwollene Handschuh die Brezel verbumbt in so'me Ring, der wo viereckig wor – un wann sich aaner vun dene Boxer hiegeleggt hatt', um e bißje auszuruhe, is uff en Dibbe gehaage worrn, un 's hott gehaaße, der hätt verlorn.

Dann is Hoch- un Weitsprung gehippt worrn, un beim Hochsprung sinn-se als gornet weit kumme, dann hawwe ganz leichte Athlete Staabhochsprung vorgefiehrt, daß de Staab nor so hochgesprunge is, un mer sich fer sei deier Eidriddsgeld aach noch de Dreck aus de Aage hott riwwele misse. Die hawwe sich mit-erer

Wäschestitz abgeworzelt un abgestumpt, um uff die anner Seit zu kumme un debei meeglichst die Ladd erunner zu schmeiße, un dodebei hätte-se nor aafach unne drunner dorch zu laafe brauche. Während dann e Baddie zum Waldlaafe un Zehnkilometergehe fortgeschickt is worrn – weil-se scheints kaa Omnibusse fer se hatte –, hawwe die Torner gezeigt, wie mer sich alle Knoche verrenkt un sich uff de Kopp stelle un mit de Baa verwunnern kann, un hawwe dann Freiiewunge gemacht wie die Verkehrsbolleziste. Im Programm hott sogor gestanne: „Torner Riechen", awwer ich hab nix geroche.

Zwischedorch is Fußball gespielt worrn, wie iwwerall. Die aane hawwe gewunne, die annern verlorn, un beim Handball wors grod rumgedreht. Erst hott de Schiedsrichter gepiffe, dann hawwe die Leit gepiffe, un dann hott's gehaaße, de Schiedsrichter hätt' des Spiel net in de Hand gehabt. Ei, so e groß Hand gibts jo gornet.

Ich hab aach e Weil de Schwimmer zugeguggt, wie die sich im Wasser gekrault hawwe, hab uffs Tormspringe gewort' – un dodebei is gor kaan Torm gesprunge –, un des mit dere Frauestaffel mit 200 Meter Brust wor aach geloge.

Genaa so wie des mit dem Hinnernislaaf mit 80 Meter Hürden. 80 Meter?? – So hoch hätt' jo iwwerhaapt kaans hibbe kenne.

Dodefier hawwe-se sich im Staffellaaf gäjenseitig die Gummiknippel abgenumme, un dann is noch e Wettrenne veroostalt' worrn, wo-se vun Vor- un Zwischelaif geredd hawwe un die, die wo hinne gelaafe sinn, gornet ästemiert hawwe.

Un dodebei hawwe-se doch all denselwe Schrecke erläbt. Wie die am Startplatz all so schee ahnungslos näwernanner gestanne hawwe, is zumol aaner vun hinne kumme un hott geschosse. Kaa Wunner, daß die do all gelaafe sinn wie verrickt. Wann hinner mir aaner pletzlich schieße dhet, dhet ich aach renne, daß ich die Schlabbe verlier.

Am Schluß sinn alle Sportsgenosse un Mitlaifer in dem große Rund, was eigentlich oval wor, uffmaschiert; un die Sieger, aach die, die wo en neie Akkord gebroche hadde, hawwe en Lorbeerkranz uffs Dach kriggt, den wo-se sich zum Druckne fer die Zwiwwelsooß hawwe uffhewe kenne.

Alle Leit hawwe laut geklatscht, mein Näwemann wor direkt hiegerisse, daß mir die Dräne kumme sinn, weil-er mir vor lauter Begeisterung alsfort uffs Hiehneraag getrete hott.

Un dann bin ich haamgehinkelt vun dem große Sportfest, des wo ich, oogestrengt in Hitz un Staab, bis uffs äißerste hab mitgemacht: als sportgestählte Zugugger.

Hartmuth Pfeil Waldlauf

„Mit unserne Waldlaif dehde mir womeeglich
noch hunnert Johr ald werrn – seggd er."
„Un wann-mer vorher die Leffel wägleje?"
„Dann segd-er: däß hawwe se devo."

Georg Benz De Angler!

Er saß am Wärtshausdisch beim Bier,
Er, der geplagt, nerveese;
Er dhut am Dag wie'n gehetzte Stier
Dorch Bieroräume scheeße …!
Es kam dann noch en Mann dezu
Aus seim Bekanntekreise;
En Man mit absoluter Ruh
Un Nerve, wie aus Eise!

So schwätze sie vorerst zu zweit,
Was mer so schwätzt beim Trinke!
Sie streife a die Hast der Zeit,
Do seggt der Mann zur Linke:
„Was ihne ganz bestimmt dhet wohl,
Des is des Wassers Wunner.
Ei fohrnse doch am Samstag mol
Mit an de Altrhei nunner!

Ich angel dort, ich sagder eich,
Es liggt mir fern zu prahle,
Ob fließend Wasser odder Deich,
Sie dhete dort bald haale! ..."

Un Samstags frieh, de Arthur land
Am Altrhei mit seim Retter!
Stang, Schnur, Bichs, Wärm un Proviand
Un klor Sebdemberwetter!

Im sechs Uhr sitzt er schon bereit
Un dhut die Angel werfe ...!
O wunderbare Herrlichkeit,
O Wohldaht fir mei Nerve!
Erfillt vom Zauwer der Nadur,
Beglickt vum Takt der Welle,
Schon schlägt sei Herz in aaner Tur,
Schon dhut sein Blick sich helle ...!

Die Bichs voll Fisch, de Bauch voll Fraad
Un Hoffnung zu gesunde ...!
Acht Dag druff kam sein Kamerad:
„Auf gehts zur zweiten Runde."
Do sagt die Fraa: „Es is de best,
Sie spoorn ihrn Opdimismus –
Schon drei Dag liggter drei im Nest
Un kreischt vor Rheumadismus!"

Hartmuth Pfeil   Am Altrhein

„No, Pimm, beiße-se?"
„Un wie, heer, die Schnooke und die Bremse."

Betrachtunge iwer e Fußballspiel in Darmstadt

Von Philemon Quetschemichel aus Schilda

No also, des Wettschbiel is a'gange un ich habb geschbitzt, wie des wern dhet. Ich gebb also genaa acht un habbs aach bald bedabbelt, ich war werklich erstaunt, wie schee uns so e Fußballwettspiel den Reichsdag vorfiehrn dhut. Ei, wann der Verein des in die Zeitung schreiwe dhet, daß des Fußballspiele e Sach' is, die wo uns gemiedlich in unsrer Schdadd de deitsche Reichsdag vor Aage fiehrt, weil mer sonst doch kaa Gelegenheit hawe den zu sehe, ei, ich glaab, da keeme viel mehr Leit. No also, de Zweck vum Spiele is, en große Ball als eniwwer un eriwwer zu trete, ohne daß es e End gibt, grad wie im Reichsdag, hiwwe is e Bardei, un driwwe is e Bardei, grad wie im Reichsdag. Die Bardeie unnerscheide sich dorch ihr Hemder, grad wie im Reichsdag, dann ich bin iwwerzeugt, daß die Sozialaristokrade ganz annern Hemder a'hawe wie die annern, nemlich feinere, die Bardeikass' kann sich des leiste, es Zentrum soll, wie ich gehört habb, ganz schwarze Hemder a'hawwe, wo de Zweck devo awwer trotzdem sehr dorchsichtig is. Ja, un beim Fußballspiele gibts aach e Zentrum un e link un e recht Seit, grad wie im Reichsdag. Un im Reichsdag hat de Präsident e Glock un beim Fußballspiele hat er e Peif, un wann em ebbes net recht is un do peift er, un de Reichsdag – hoppsa ich wollt sage des Fußballwettschbiel is uffgeleest, grad wie beim Reichsdag. Un wer des net glaabt, der kann hi'geh, wann widder e Fußballwettschbiel in Darmstadt is, da sieht er's selber.

Fußballspiel un Totoglick

Hans Herter

Und als ich dann wieder zu mir kam ... do hab ich im Krankehaus geleje, als trauriges Opfer vum Toto, un wor knock-utt.
Un des kam so: Eines Dags bin ich zu unserm Totolieferanten un hab emol gefroogt, ob vielleicht fer mich en erste Rang abgewwe worrn wär.
Seggt der: „Ob ich iwwerhaapt getippt hätt?"
Sag ich: „Nadierlich, wie ich ewe reu kumme bin, hab ich an mei Hietche getippt."
Seggt der: „Ob ich en Tippzettel ausgefillt hätt?"
Sag ich: „Wieso? Muß mer do immer erst en Tippzettel ausfille, wann mer an sei Hietche tippe will?"
Seggt der: „Wann ich net richtig getippt hätt, kennt ich aach nix gewunne hawwe."
So en Bleedsinn. Mer werd doch wenigstens mol frooge derfe. Es hätt doch sei kenne, mer hätt gewunne gehatt und hätt's gor net gewißt.
Jedenfalls hab ich mir dann emol vun dem Mann den ganze Totokram verklickern losse, un ich muß sage, ich hab dann aach wiederholt – ergebnislos getippt. Ich hatt sogor emol ein Ersatzspiel ganz richtig un hab aach nix gewunne.
Do hab ich mir gedenkt: Hinein in die neue Saaiison un bin selwer mol uff so en Sportplatz, wo mer Stadium dezu seggt. Am Eugang

hawwe-se mer glatt eine Mack abgeknebbt, obwohl ich doch eigentlich mein Toto-Beitrag schun bezahlt hatt.

Un dann der Sportplatz. Des wor e großes, rechteckiges, ellipsenähnliches Oval, mit in de Mitt e Wiss dreu, wo mer hätt Hasefutter hole kenne.

Hiwwe un driwwe worn so zwaa Kiste, mit Maschedraht bespannt wie bei einer Gefliegelfarm, des worn die Torn.

Hinner mir wor die Drehbühne. Ich hab erst geglaabt, do dhete nor die vornehme Leit druff hocke, awwer peifedeckel. Die worn noch schlimmer wie die uff em billigste Platz.

Ich hatt iwwerhaapt so des Gefiehl, die meiste mache nor uff de Sportplatz, um sich mol so richtig ausdowe un kreische zu kenne, weil-se dehaam nix zu sage hawwe.

Um mich erum hott en Haufe Leit gestanne, un die hawwe vun Sache geschwätzt, die wo mit dem Spiel gornix zu dhun hatte. Die aane hatte's vun alde un neie Meister, des worn sicher Handwerker. Die annern hatte's vun de Liga un Owwerliga, des misse hehere Schieler gewese sei. Widder annern hatte's vum Uffstieg un vum

Abstieg, des worn Bergsteiger, un es misse noch e poor vun vor de Währung debei gewese sei, weil die dauernd vun Punkte geschwätzt hawwe.

Uff aamol is-es dann endlich losgange. Do sinn so e poor Leit, die wo in de Eil vergesse hatte, ihr Aazieg oozuziehe, uff den Sportplatz gerennt un hawwe sich gegenüber vunenanner uffgestellt. Vorsichtshalwer hawwe die aach glei ihr Schiedsrichter un Verteidiger mitgebracht, weil se sich scheints gäjenseitig net getraut hawwe.

Die aa Baddie is schun mit Ersatz oogetrete, e Zeiche, daß die Zeite widder schlechter werrn.

„Ich sag nor: Dewedder!"

Un die annern hawwe sogar eigene Noochwuchsspieler mitgebracht. Ich mecht nor mol wisse, woher die die hatte. Scheint's, wann se so außerhalb spiele gehn, daß-se do den Noochwuchs her hatte??

Pletzlich hott se aaner oogepiffe, weil se net oogefange hawwe, un schun is des Gerumbel losgange. Do sinn-se gelaafe, hawwe gekickt, gekoppert, sinn hiegeschlage un widder uffgestanne, un jedesmol, wann der Ball beinoh in des Tor eneu wär, hott jo der Torwatz, odder wie er uff deitsch haaßt: Portier ... den Ball widder genumme un nausgefeiert. Do kann mer nadierlich net im Toto gewinne.

Mol worn die Rotweiße in Fiehrung, dann worn die Blauweiße am dranste. Dann hott's en Freistoß gewwe, der hot nix exdra kost. Dann hawwe-se vun eme Eckball geschwätzt, wo doch die Bäll all rund sinn. Ja sogar vun-eme Elfmeterball wor die Redd. Ei, den hätt ich doch aach sehe misse. Ei, der wär jo gornet in des Tor neugange. Dann sinn widder mol e poor abseits. – Wann mer muß, muß mer. Dann is der schläächt Ball wedder die Latte odder an de Poste. Ei, de Schloog noch emol, wann des Tor im Wähk steht, stellt's doch wegg.

Un vun Engelcher hab ich aach nix gesehe, obwohl se dauernd vum linke un rechte Fliegel geredd hawwe. Un des mit dere Pokalrunde wor aach en Schwindel. Es hott iwwerhaapt nix zu drinke gewwe.

Es wor jo eigentlich aach viel zu kalt dezu. Die Leit hawwe dogestanne un hawwe mit de Zähn geklappert, und des hott en scheene Krach gewwe. Losse Sie mol 5000 Leit mit de Zähn klappern, des heert mer schun.

Un verschiedene misse aach de Schnuppe gehabt hawwe. Die wollte immer Babierdaschetücher. Die hawwe immer gekrische: Tempo, Tempo.

Zwischedorch hott's als e Mordsgedees gewwe. Do hawwe die aane gebrillt: Toor, die annern: Gool, un offe gesagt, ich waaß bis heit noch net, was es iwwerhaapt wor. Es wor sogor emol vun 6 Torn die Redd, obwohl ich doch selwer die ganz Zeit nor zwaa Torn gesehe hab.

Ich bin sowieso net mehr aus dem Geworschtel rauskumme. Die hawwe immer ganz annerst gepielt, wie ich getippt hatt, un wann aaner dem annern de Ball klaut und der im Tor kaan ereu läßt, do kann mer nadierlich keine Gewinn-Quozien erzielen. – Was indressiert mich als organisierter Tototipper der Kampf um die Kreisklasse. Unser Klass in de Schul wor viereckig, des hott geniegt. Meiner Aasicht nooch mißt der ganze Fußballsport umgekrempelt werrn:

1. kennte mehr Spieler mitspiele, es is jo genug Platz uff dere Wiss;
2. mißt jeder Spieler en Ball hawwe, do gäbs net die Jagd um den aane oarmselige Ball;
3. geheert der Quertreiwer aus em Tor eraus. Der brauch jo gornet dreu zu sei, die Bäll falle sowieso net hinne raus, is jo Maschedraht gespannt; un
4. mißte die Zeitunge schun freidags schreiwe: „So hätten Sie tippen müssen", un net erst am Mondag. Do wisse mirs aach.

Diese meine Gedankengänge hab ich dene Leit unterbreitet, die wo um mich erum gestanne hawwe. Awwer des hätt ich net dhun solle.

Erst hott mir der eine seine Rechte uff meinen Knorrn plaziert, dann hott mir ein anderer in mein Kreuz des Südens getrete. Un wie ich gesagt hab: „Verdepfel nochmal, das war sehr unfeier", hott er mir noch eine in meine Vi-sa-gee gehaage ...

Und als ich dann wieder zu mir kam, im Krankehaus, verbunne bis zum Hals mit lauter Bandage, do hab ich gewißt, daß das kein Freundschaftsspiel, sondern ein Verbandsspiel gewesen sein muß.

Hartmuth Pfeil

Wenn die Tribüne Fußball spielen würde

Der tot(o)sichere Tip
Hartmuth Pfeil

„Was werd dann da ausenannerbossemendiert?"
„Mir tibbe fer e Mak beim Toto! Sie, was dehde dann
Sie tibbe fer Mannem?"
„Mannem? Mannem hinne!"
„Geh haam, der waas aach nix, awwer de Club krigd
sei Riehr!"
„Maansde?"
„Dääß kenne-Se singe; un die Offebächer kassiern
zwaa Punkde!"
„Waas mers?"
„Merksde was, der seggd nix, der tibbd selwert!!"

En große Rang
Hans Herter

Es liggt e Weilche schun zurück. –
Do hodd de Heiner mit viel Glick,
un uffs Gewinne schaff un wild,
sein Totozettel ausgefillt.

Hodd dann, vum Toto oogesteckt,
am Sunndagowend uffgereggt,
am Radio in de Sendung Sport,
's Endergebnis abgewort'.

Sei Freinde worn all mit debai. –
„Still, ewe kimmt die richdig Reih'."
„Aans, zwaa, null, zwo..." – de Heiner hibbt
wie schläächd erum: „Ich habs getippt.
Wodruff ich hab gewort' schun lang,
is endlich do, de große Rang.
Ich kanns net fasse mit mei'm Härrn,
die Sach, die muß gefeiert werrn."

„Auf, Esse bei un Flaschebier. –
Ihr seid heit all mol Gäst vun mir.
Ich hab gewunne, also: Prost,
egal, was des heit Owend kost."

Un aus dem vorerwähnte Grund
wor mer vereint in froher Rund
und hodd andauernd, ohne Froog,
gebrillt: „De Heiner läwe hoch."

„Er läwe hoch." – Bei Prost un Suff,
sinn dreißig Mack fast gange druff,
doch hodds den Heiner net gesteert,
des wor der große Rang schun wert.

Nor wie er annerndags im Blatt
Sei Rangquot' endlich vor sich hadd',
do wor-er doch erschittert stack:
Sein große Rang worn grod acht Mack.

Fußballausdrick

Heiner protz' aan uff die Kist,
Schorschje nehm de Ball uff die Spitz.
Lui mach' so kaa Ballöncher,
Kick aan riwer, des gibt Töncher.

Schuck aan zu mer, Philippus,
Deß gibt e Gool, verlaß dich druff.
Andres dhu doch net so worschtle,
Geb' de Ball dem Schorschle!
Wart du Ei, du kickst ja viel zu weit enaus.
Worm, siehste net, de Ball geht aus! –

Höhere Mathematik
Hartmuth Pfeil

„No, Pimm, wohie so eilich?"
„Wohie? Uff's Schdadioon, zu de Achdeneinz-
scher – daß die Hunnert voll werrn!"

Uff un ab geht's im Läwe,
mol fidel un = mol denäwe

Georg Lotter

Es werd doch alles widder gut

Uff un ab geht es im Läwe,
Mol fidel un – mol denäwe.
Hauptsach is, daß bei dem Treiwe
Mir gesund un munter bleiwe.

Un wanns trotzdem dich mol zwickt,
Wann Nerve rebelliern,
Dich hie un do emol was drickt,
Nor net de Mut verliern!

Es werd doch alles widder gut,
Kopp hoch, duh's Liedche singe,
Bewohr allzeit dei ruhig Blut,
Denk wie de Götz vun Berlichinge!

Johann Sebastian Dang

Mer machd halt, woß so zu mache is

Mer machd halt, woß so zu mache is. Awwer es iß bei uns nix zu mache, wam-mer ned waaß, woß mer mid dem Mache all mache kann; sunsd kann mer schwer gemachd werrn unn kann ned-emol waß dro mache; dann mach du emol waß, wann die anneren lauder Dinger mache, die du ned mache kannsd. Do kriggsd de noochgemachd unn wersd erunnergemachd unn kannsd die Wend nuffmache vor Zorn. Unn schließlich iß doch nix mid gemachd, bloß daß-de allerhand midgemachd hosd, hosd daa' Geld eneigemachd unn die annern hawwe disch klaagemachd. Do kannsde abmache, unn waß hos-de dann gemachd? Also, mach jedds daa' Bedd enei unn domid Schluß.

Hedwig Witte

Was Adam un Eva gemacht hawwe

Am Anfang hat Gott die Welt gemacht. Wie er sich awwer dann sei Maches betracht hot, hot's em gar kaan rechte Spaß mehr gemacht, un er hot sich draagemacht un noch extra des Hesseland debeigemacht. Un hinnenoch hot er aach noch die Hesse gemacht. Un was die mit dem Wörtche „mache" minanner gemacht hawwe, wolle mer jetzemol ausenannermache.

„Alleh, macht euch enaus!" hot de Erzengel gekrische, wie de Adam un die Ev den Abbel abgemacht hawwe. „Macht euch perr aus em Paradies!" hot er gekrische un is en nachgemacht mit dem feuriche Schwert, bis ans Gaadedörche isser en nachgemacht.

„Alleweil hawwe mer awwer aans gemacht", hot der Adam gesaat un de Kopp henke losse. „Häste nor den vermachte Abbel net abgemacht! Jetzt mache mer do vor de Dür erum un sin nackisch!"

„Geh Adam, mach der nix draus", hot en die Ev getreest. „Gummo, was der Feichebaum fer scheene Blädder hot. Die machste mer erunner, un dann mach ich uns e paar Röckelcher, gell?"

„Des kammer ja mache", hat der Adam gesagt, „awwer wer macht dann jetz die Butzfraa un duht uffem Boddem erummache un Staub wische, wie die Schlang so ebbes dahergemacht hot, heh? Un wann's kalt werd die Nacht, wern mer was dorchmache in dene armseeliche Röckelcher!"

„Och, Adamche, mach dich doch net narrisch", hot die Ev gemeint, „jetz duhn mer erscht emol e Feuerche aamache un uns was zu esse mache, gell? Un des annern, des werd sich schon mache mit de Zeit."

Uff aamol hot die Ev „Huch" gemacht un hot e Gekrisch gemacht: „Ei, Adamche, hier mache eim jo die wilde Diern nach! Gummo, was der Leeb dohinne schon sei Maul uffmacht! Wann der sich iwwer uns hermacht, sin mer glei gesse! Ei, ich mach mich widder in mei Paradies!"

„Ei, wie willste dann des mache, wo doch de Erzengel de Wachtposte macht?"

„Ei, waaßte was, Adam, mir duhn jetz emol so mache, als dehte mer ins gelobte Land mache, un dann mache mer bloß aamol um die Eck erum, un wann de Erzengel sei Schleefche macht, dehte mer uns haamlich an em vorbeimache ins Paradies enei. Un dann dehte mer den Abbel widder draamache an des Beemche. Un wann de Erzengel die Aache uffmacht, dehte mer bloß saache: Guhde, Herr Erzengel, mache Se's guhd! Un dann wär die Sach schon so guhd wie gemacht."

„Ei, du dumm Hinkel", hot de Adam gemacht, „mach doch kaa Bosse! En abbene Abbel kannste net widder draamache. Un was maanste, wie de Erzengel uns erunnermache deht! Außerdem hot er des Gaadedörche ja zugemacht un aach noch en Riechel vorgemacht. Sakramach! Häste mer nor de Kopp nit voll gemacht mit dene Sprisch von dere Schlang. Im Paradies, da warn mer gemachte

Leut. Un was sin mer hier? Ich könnt die Beem enuffmache vor Zorn!"

„Och geh, Adamche, mach net de Wilde un sei widder guhd! Gummo, de Leeb hot sich fortgemacht, un mir zwaa dehte jetz aans mache!"

„Ei, was dehte mer dann mache, Ev, schwätz emol?"

„Ei, mir mache jetz de Anfang vom ganse Menschegeschlecht. Die Schlang hot mersch verroode, wie mer des mache deht."

„No, wann des so is, dann könne mer's ja mache", hot de Adam ganz zufridde gelacht un e Gesicht gemacht wie de erschde Mensch. Ja, un wie de Adam und die Ev des damals vorgemacht hawwe, so duhn ihr Nachkomme des heut noch mache.

Johannes Funk

's allererst Gebot

Des allererst Gebot, des hot
De Moses net gemacht;
De erste Mensche schun hot's Gott
Im Paradies gesagt.
Die hawe listern an 'me Baam
Die Frischde sehe glänze,
Wie grad die Stimm vum Himmel kam:
Du sollst kaa Ebbel strenze.

Pauline
von der Leyen

Müllabfuhr

In früheren Zeiten, als es noch keine Mülltonnen gab, standen die „Dreckkästen" hinter den Hoftoren; einmal in der Woche wurden Sie in einen Pferdewagen entleert. Dies war für die Dienstmädchen, die die Asche dazu brachten, eine herrliche Gelegenheit zu einem kleinen Schwatz. Damals dichtete ein Heiner:

Glockengeläute verkündet sein Nahen,
Liebliche Düfte umschweben ihn;
Holde Jungfrauen bringen ihr Opfer dar,
Und in Wolken gehüllt fährt er von dannen.

Dichte!

Georg Benz

Gedichte mache is net schwer,
Mer nimmt Babier un Blei,
Sagt still e Versje vor sich her,
Un aus dem aane werns noch mehr,
Des schreibt – mer uff dann glei.

Jedoch wer dichte will, braucht Ruh,
In sich un um sich rum!
Wo Kinner kreische un im Nuh
Macht noch die Mudder Krach dezu,
Do fellts Geräumte um!

Ich mach, obs worm is oder kalt,
Obs räjend oder schneit,
En Gang gewehnlich in de Wald,
Dort werd kaa Hausdhier zugeknallt
Un ärgern aam kaa Leit.

So sitz ich dort im griene Moos
Oder wander kreiz un kweer! –
Doch aamol wor mein Schrecke groß,
Hat kaa Babier in Rock un Hos,
Doch Einfäll um so mehr!

Ich wußt net ein, ich wußt net aus,
Wohie ich des nodier.
Do tritt, mir blieb die Luft fast aus,
E Freilein aus de Bisch eraus,
Die frug ich nooch Babier!

„Ich räume Vers", sagt ich riskant,
„Jedoch ein Mißgeschick
Ich hab kaa Blatt Babier zur Hand,
Ach Freilein, sinse doch galant,
Hawwe sie net e klaa Stick"?

„Welch großer Einfall", sagt die Maid,
„Aufs Dichten hier zu kommen,
Ich glaub, sie sind net recht gescheit,
Gehnse in Dickicht auf die Seit!
Ich hab auch Gras genommen!"

Heinrich Es is „de Best"

's is Feierdag – es werd geleit! –
Zur Kerch allaa geht's – un zu zweit. –

En Bauer, wo sich schreibt Franz Best,
Sich's grundsätzlich net nemme läßt,
Zu folge jährlich mol dem Ton,
Es weer, seegt er – sei Profession!
(Sunst fehlt for's Kirchgeh' ihm die Zeit,
Weil stennig er im Wertshaus leit.)

Es kennt, wie's ganze Ort, den Leimer,
De Parrer aach sein' Pappenheimer;
Drum sieht sofort er vun de Kanzel
Den selt'ne Gast – es „Beste" Franzel.

Geht hie! ... de „Best", sittsam betugt,
Sitzt uff sei'm Platz. – De Parrer sucht
Die lieb Gemaa zurecht zu stutze,
Zum eigne Wohl un zu ihr'm Nutze.
Er geißelt all die Wertshausgänger ...
„Ich duld's in der Gemeind' nicht länger!"
So maant er mit gehob'nem Ton,
De „Best" fiehlt sich betroffe schon. –
Un jed' Wort gibt em so en Ruck.
De Parrer hat mich uff'm Zugg,
So denkt er, – hinn're Sail er rückt –
Un guckt de Parrer – er sich bückt. –

Mer singt e Lied, – doch Best is still,
Er kann net lese – ohne Brill.
De Parrer, der nur's Gute will,
Redd weiter, – „Best" is meisjestill.
E Gleichnis bringt er in de Hatz
Un guckt als nach'm „Best" sei'm Platz,
Un kimmt als ärger in die Woll;
Dem „Best", dem galt sein meister Groll.

„Ich mahne euch, Gemeindekinder!
Geht in euch, ihr seid alle Sünder!
Macht's nicht, wie jene der Gemeine,
Die jährlich einmal nur erscheine.

Ich warne, lieb Gemeinde, dich:
Mißacht – wer unverbesserlich!
Sei nüchtern, brav – das seh' ich gern,
Dem schlechten Beispiel bleibe fern,
Denn 's gibt im Ort noch Elemente,
Denen der Alkohol bringt's Ende!
Ich kennt' Ein' nennen, auf ihn deiten,
Doch's is ‚*de Best*‘, ich tu's vermeiden!"

Warde nur ...   Robert Schneider

Vun alle Dächer,
Was nitzt's,
Aus alle Löcher
Do spritzt's;
Es is gor kaa Fraag,
Die Kannele rinne gewaldich,
Warde nur, baldich
Drebbelst du aach.

Karl Schaffnit

Das Gewitter

Im Westen drohen schwarze Wolken,
Am Himmel rücken sie empor,
Wie zürnend schlägt ein dumpfes Murmeln
Schon aus der Ferne an mein Ohr.

Horch, wie so rasch die Blätter flüstern!
Dann wieder plötzlich alles schweigt,
Und wieder plötzlich laut im Windstoß
Die alte Wetterfahne kreischt.

Die Schwalben sausen dicht am Boden,
Zu suchen sich den Abendschmaus,
Und jeder eilt, den Blick zum Himmel,
Voll Bangen heim ins Vaterhaus.

Staubwolken wirbeln durch die Straßen,
Die Nacht bricht jäh daher im Nu.
Die Hunde heulen, Fenster klirren,
Die Läden fliegen krachend zu.

Und Blitze zucken, Donner rollen
Dahin im majestät'schen Lauf,
In großen, schweren Silbertropfen
Schlägt klatschend nun der Regen auf.

Da sieh! – dort, hinter jenem Fenster –
O lieblich Bild! wie licht und rein –
Erscheint, vom Blitzstrahl grell beleuchtet,
Ein wunderhübsches Mägdelein.

Zur Jungfrau eben hold erblühet,
Mit blauen Augen, goldnem Haar,
Stellt es, im Unschuldszauber schimmernd,
Ein herzentzückend Bild, sich dar.

O holder Engel, süßes Wesen!
Was willst du jetzt am Fenster dort?
Wie leicht kannst nun du dich erkälten!
O Kind, geh doch vom Fenster fort!

Doch nein! Es öffnet gar das Fenster,
Weiß schwebt hervor die Lilienhand;
Doch vor den plumpen Regentropfen
Bebt sie zurück! Wie int'ressant!

Dann öffnet sich das Rosenmündchen,
Und lieblich flötet es heraus:
„Fui Deiwel! Naa! Bei so Sauwetter
Geh ich heit liewer doch net aus!"

Die Ameriganisch

Sie kimmt – ei habt-ers schun vernumme?   Robert Schneider
Sie kimmt – aus Nordameriga!
Sie kimmt – eich iwwers Meer geschwumme,
Sie kimmt – jetzt werd's net aanerlaa.
Sie kimmt – voll Schrecke sieht's e jeder,
Sie kimmt – genau wie jedes Johr,
Sie kimmt – schun steicht des Thermomeder,
Sie kimmt – ach Gottche, jetzt werd's klor!
Sie kimmt – es kann se niemand halte,
Sie kimmt – des gottverflixte Oos,
Sie kimmt – un dhut ihr Macht entfalte,
Sie kimmt – mer werrn se net mehr los.
Sie kimmt – es kann uns gor nix nitze,
Sie kimmt – jetzt is mer alles Worscht!

Sie kimmt – ach kennt mer Blockschmalz schwitze,
Sie kimmt – wie wärd's mit unserm Dorscht?
Sie kimmt – loßt nor des Wasser laafe,
Sie kimmt – jetzt haaßt es „hinne hoch".
Sie kimmt – dhut Eich e Badhos kaafe,
Sie kimmt – hibbt in de große Woog!
Sie kimmt – ihr kennt ihr net entrinne,
Sie kimmt – ich mach derr Eich e Wett,
Sie kimmt – vun vorne un vun hinne
Sie kimmt – Eich nachts sogar ins Bett!
Sie kimmt, sie kimmt, die Hitz, die große,
Spart Hemder, Schmiesche un Krawatt,
Spart Kommbineesch un Unnerhose,
Un sorgt Eich for-e Feicheblatt!

Hartmuth Pfeil

Gucke kost nix

„Ich geb der glei e kalt Dusch!"
„Lieb Usch: macht mer e Kumblimend – –
ärjert-er eich; seggd-mer die Wohrheid – ärjert-
er eich aach. Am beste, mer bind sich's Maul zu
– un guckt blos."

Des Gärtners Fluch

Ich hab en wunnerscheene Gadde,
Eigezeund mit lauder Ladde.
Die Ladde heern uff korz iwwerm Bodde,
Damit se net faule unn nett verrodde.
Unn hinnerm Zaun sinn noch Brombeerhecke,
Mer kann vun draiße kaan ane endecke,
Weil mer noch Brombeern zu pflicke hadde,
Wor ich neilich schon frieh in meim Gadde.
Unn wie ich so zufällig dorch die Ladde du gucke,
Kimmd aner gelaafe, als wer er meschugge.
Er kimmd immer näher, ich denk schun: Nanu?
Der kimmd ja dereckt uff mein Gaddezaun zu?
Dann war er am Zaun, guckd enunner un enuff.
Ich stand meisjestill un denk, jetzt baß uff!
Daß ich net blind worn bin, war noch e Wunner,
Der Kerl macht tatsächlich die Hos' erunner.
Dann duht er sich lansam bicke,
Um sich en Mitesser aus em Kreiz zu dricke.
Doch eh' der Seege kam von owwe,
Hab ich die Schibb unnerm Zaun dorchgeschoowe.
Ich hab drin gestanne un es Lache verbisse,
Derweil hat draiße der uff die Schibb geschisse.
Un als der Schibbeschdiehl sich hot geboche,
Hab ich die Schibb schnell eweggezoche.
Es kam dann, wie ich mirs hab gedacht:
Der Schisser wollt gucke, was er gemacht.
Er dreht sich erum, duht die Ache uffreiße,
Un guckd ganz entgeistert: Wo is dann mei Sch.....?
Un er guckd ins Gras un dann in sei Schuh.
Des geht doch net mir rechte Dinge zu!
Er hot nix gesche unn aach nix geroche,
Da is em de Angstschweiß ausgebroche.
Die Knie, die wurden schon gamz waasch,
Erst faßt er an de Kobb sich un dann an de Aasch.
Un wie er dabei sich die Finger verschmierd,
Waaser: Hier is e Wunner bassierd!
Er kommt net mehr raus aus em Staune un Stutze,
Vor Schreck vergißt er sich abzubutze.
Er raffd die Hoos hoch unn dann rennt er fort,
Vor Angst unn Graus vor dem unheimliche Ort.

Doch ich konnt kaa Brombeern mehr pflicke,
Ich konnt mich vor lache net strecke noch bicke.
De ganze Daag hab ich noch gelacht,
Daß diese Schibb des Wunner hot vollbracht!
Vor Freid hab ich em noch nachgerufe:
Hab Dank, du ruheloser Kacker,
Des fehlt genau noch fer mein Acker!

Heiner Wilke   Urlaub daheim

Wer jetzt immer noch am Plane,
Ob er mit re Karawane
Dorch die Wüste Gobi zieht,
Odder uff me Hundeschlitte
Liewer dorch der Arktis Mitte
Un de Sonne so entflieht,

Dem sach ich: Mach mit deim Kram
Urlaub ausgedehnt dehaam.

Laß es Maule un es Schenne,
Lern deu Heimatstadt mal kenne
Un die Wälder drum erum.
Hast de dann schun all die Brunne,
Die im Wald versteckt, gefunne?
Worst de im Vivarium?

Kam dir niemals die Idee:
Aach dehaam da is es schee!

Bist sportlich un en Recke,
Gehst de uff die Trimm-dich-Strecke,
Drauß in Dammstadts Freizeitreich.
Bist de net so sehr fer's Trimme,
Kannst de aach im Woog dreu schwimme,
Odder in me annern Teich.

Doch wer's liebt ganz naturell
Geht zum Sportclub „Deibchers Hell"!

Bist de gut zu deinem Leibe,
Kannst de hier aach kurend kneipe.
Fragt mich nur, ich waaß Bescheid.
Anker, Grohe, Bockshaut, Sitte,
Schlachthof un die giftig Hitte,
Halte sich fer dich bereit.

Hier is Ruhe jetzt am Ort,
Denn die annern sin all fort.

Gedenk-Gedanke   Hartmuth Pfeil

„De Wilhelm Kaminsky – der hot die Beem in unserm Wald so gut gekennt …"

Hartmuth Pfeil **Ausflug**

„Alleh auf, Pimm! Do howwe sieht mer die Wertschaft mit de Handkees winke …"
„Ich rich-se schun."

Ludwig Heck **Spazierengehen**

Dabei waren die Darmstädter von jeher fleißige, ja leidenschaftliche Spaziergänger, und das war in den alten, bescheidenen Zeiten vielleicht der Luxus, die Passion, die man sich am häufigsten gestattete. Große Sommerreisen wurden nicht unternommen. Man hatte ja schöne Landschaft und gute Luft unmittelbar vor den Toren. Ich war von meinem Vaterhaus aus in höchstens einer Viertelstunde im schönsten Mittelgebirgswald. Unter diesen Umständen wurde in Altdarmstadt vielfach wirklich nur spazierengegangen im eigentlichen Sinne des Wortes, das heißt ohne bestimmten End- und Zielpunkt, ohne Einkehren in einer Waldwirtschaft.

Es gab aber damals noch Darmstädter, die so eingefleischte Tagewerks- und Büromenschen waren, daß sie selbst auf dieses bescheidene Vergnügen verzichten zu müssen glaubten. So der Vater eines meiner Schulfreunde, ein hervorragend tüchtiger Baurat. Als den der Arzt mahnte: „Sie müssen sich mehr Bewegung machen! Gehen Sie doch spazieren in unseren schönen Wäldern!", da antwortete dieser Arbeitsfanatiker: „Wann ich im Wald erumlaufe sollt, hätt mich ja unser Herrgott als e Hirschje auf die Welt komme lasse könne."
Der war nicht zu belehren und zu bekehren.

Der Borgemoaschder vun Betzinge bsucht soin Kolleg in Darmstadt

Greta Bickelhaupt

(In der Mundart der Erbacher Gegend)

„Waascht de was, Hanne," säigt der Borgemoaschder vun Betzinge morgens um viere zu soinerer Fraa. „Ich habb jo gescht Owend im Wertshaus gehärt, daß heit der Owwerborgemoaschder vun Darmstadt silwerni Hochzeit feiert. Maanscht de nit, es deed en fraae, wann ich hiemache deed un deed em recht schäi gratliern?"

„Du bischt woll nit bei Trouscht? Wann's nit sou frieh am Dag weer, kennt ma werrlich maane, du weerscht benewwelt; 's gibt doch, moiner Seel! äwe im Okdower genunk zu doun. Ja, wann mer sou midde im Winder weern, un der Schnäi laige deed, wollt ich gar nix sage, doo kenntscht de abkumme, äwwer sou halt ich's for de gräischde Usinn."

„Sou här doch nor emol zu, Hanne! Sischt de, ich deed mich selwer for en Schofskopp halde, wann ich sou moi Zeit verschwenne un dem Darmstädter Owwerborgemoaschder, wo mich vun Haut un Hoor nix oogäiht, weider nix wie gratliern wollt. Äwwer ich habb mer ebbs Foines ausgekliegelt; du sollscht noch Respekt vor doim Mann kriege, Aldi. Guck, mehr hewwe doch des Johr die himmelviele Eppel kriegt, daß mer gar nit wisse, wo all mit hie, dann des gut Oubscht for e paar Pennig sou eme Hennler in de Rache schmeiße, doodefor bin ich nit oafellig genunk. Jetz haww ich mer sou gedenkt: Ich lad jetz glei mit em Knecht sou Sticker zäih, zwelf Säck voll Eppel uff en Laderwache – du un die Mad helft oifasse, daß es schneller gäiht – un dann fahr ich pleekarriär uff Darmstadt mit hie. In drei Stunn bin ich dort, loß moi Geil mit em Fuhrwerk vor's Owwerborgemoaschders ehrm Haus stäihn, gäih noi un dou sou e schaini Redd, daß denne Leit vor Rihrung die Trene die Backe nunner laafe. Jetzt kimmt moi foi ausgspitzdi Idee an die Reihe. Wann se mer neemlich for moin friehe Bsuch un moi Beglickwinschung ehrn Dank ausdricke un mer die Henn schittle wolle, sag ich sou ganz neweher: No, Herr Kolleg, Sie brauche doch gewiß for Ehr Kinnerchen aa Eppel? Ich habb do en Wache voll bei mer; Sie nemme mer'n doch woll ab? Was wolle se mache? Oostandshalwer kenne se gar nit annersch. Ich verlang en geheerige Preis, dann an sou eme Dag werd sich kaaner knixig weise wolle, un meer sinn foi haus. For des Geld bezahl ich dann glei die Dokdersrechnung. Was säigscht de jetz, Aldi?"

Die Fraa Borgemoaschder schmunzelt un maant: „Des Ding is werrlich nit sou ääbscht. Bischt halt e gescheider Kopp. Ääwer dann raus aus de Feddern! Ich will der nor gschwind doi Sunndagsklaader vum Bode runner holle un doi Stiffel schmeern; dann helfe mer all zsamme, daß die Eppel in die Säck kumme, du fummelscht dich recht sauwer, un in dere Zeit holl ich de Balwierer, dann urasiert kannscht de nit fort."

„Wann ich dich nit hett, moi gut Hannche! Du denkscht an alles!" säigt der Herr Borgemoaschder un springt aus em Bett.

In Zeit vun zwaa Stunn is alles fertig, un der Herr Borgemoaschder fehrt mit soine Eppel uff Darmstadt. Dort leeft alles genaa sou ab, wie er sich's ausgedenkt ghatt hot. Um dreivärtel uff neune helt er vor's Owwerborgemoaschders ehrm Haus. Grad im Aageblick, wie er die Treppe nuff steigt, will der Herr Owwerborgemoaschder runner. Ganz geriehrt leßt er sich gratliern un glaabt aa der Versicherung, daß soi Kolleg extra vun Betzinge hergemacht is, weil er'm soi Glickwinsch zur silwerne Hochzet perseenlich iwwerbringe will.

„Aber soviel Aufmerksamkeit habe ich gar nicht erwartet, lieber Freund", säigt der Herr Owwerborgemoaschder un bsinnt sich, wie er sich dem Bauer erkenntlich weise kann. Endlich hot er ebbs gfunne: „Aber wenn Sie nun um meinetwillen den weiten Weg zurückgelegt haben, müssen Sie mir wenigstens das Vergnügen machen, heut mittag bei Tisch mein Gast zu sein."

„Woll, woll, Herr Kolleg, sell werd gemacht!" rifft der Borgemoaschder vun Betzinge un lacht sich haamlich ins Feischtche. „Jetz hätt ich äwwer aa e Bitt; ich bin iwwerzeigt, Sie wern se mer nit abschlage."

„Und, mein Lieber, das wäre?"
„Ei, ich habb doo draus en Wache voll Eppel; Sie kaafe mer'n doch ab?"
„Eigentlich benötige ich keine; habe selbst einen Obstgarten, der diesen Herbst reichlich getragen hat. Indessen sollen Sie am heutigen Festtage keine Fehlbitte getan haben. Gehen Sie hinauf und machen Sie mit meiner Frau alles ab, ich muß jetzt weiter. Eine dringende Angelegenheit ruft mich nach dem Rathaus. Auf Wiedersehen bei Tisch, mein Lieber!"
Des hot emol unserm Borgemoaschder vun Betzinge gebaßt! Wie e Wissel schluppt er zu der offene Glasdeer noi, kleppt an ere Deer oo, wo er zwaa minanner redde härt, un stäiht glei druff vor der Fraa Owwerborgemoaschdern.
„Ei, gun Dag, liewi Fraa Kollegen! Ich bin neemlich der Borgemoaschder vun Betzinge un bin extra hergemacht, daß ich Ehne moi beschte Glickwinsch zur silwerne Hochzet ausdrick. Noch emol sou fimfunzwanzig uff de Buckel, dann sinn mer aa koa Jingling mäih, gelle Se, Fraa Kollegen? No, un was sage Se doodezu, daß der Herr Gemahl mich zum Middagesse oigelade hot?"
„So, so?" säigt die Fraa Owwerborgemoaschder ganz bedeppert. Wie horscht se äwwer erscht uff, wie er rer mitdalt, daß ehr gutmiediger Mann aa noch en Wache voll Eppel kaaft hot, wo se doch selwer schunn genunk hewwe! Was is doo zu sage? Doo heeßt's halt, gudi Miene zum bäise Spiel mache. Sie verhannle minanner iwwer de Preis, un wie se hannelsaanig sinn, leßt die Fraa Owwerborgemoaschdern ehrn Besuch en Aageblick elloa. Sie will nor e Treppe häischer nuff un 's Geld for die Eppel aus ehrer Haushaldungskasse holle, dann souviel, wie se braucht, hot se nit bei sich in der Dasche. Kaum is se drowwe in der Stuwwe, sou fengt's äwwer oo zu schelle un schellt un schellt, daß se orndlich zsammefehrt un schnell die Treppe nunner souhlt, um zu gucke, was dann lous is. Vun alle Seide laafe die Dinschtbodde zsamme.
„Herrjesses, is ebbs bassiert?" freegt e Jedes. Sie eile in die Stuwwe, vun wo der Lärm herkimmt un finne unsern Bauernborgemoaschder in aller Seelenruh doo stäihn.
„Ja, guter Mann, was ist denn hier geschehen?" freegt die gneedig Fraa.
„A no, ich habb mol sähe wolle, wie Ehr Licht brennt un habb e kloa bissel an dere Hengelampe iwwerm Eßdisch gezowwelt; doo hot's halt gschellt. Ich waaß selwer nit, wie des kumme ist."
Die gneedig Fraa war beruhigt, der Herr Kolleg hot halt an dere elektrische Klingel gezoge ghatt, mit wellerer die Fraa Owwerbor-

gemoaschder beim Esse ehrne Dinschtbodde draus in der Kiche Noochricht gibt, daß se abdecke kenne. –

"No, Fraa Kollegen, Sie wern noch zu doun hawwe. Doo will ich emol soulang, bis Middagesseszeit is, e paar Gschäfte bsorge. Also adees bis um aanse!" Der Herr Borgemoaschder schiebt sich zur Deer naus un kimmt grad vor aanse erscht widder zum Vorschoi.

"Sieh, da ist ja mein guter Freund aus Betzingen!" rifft der Herr Owwerborgemoaschder, "das ist recht, daß Sie Wort halten!" Er mecht en mit der iwwerige Gsellschaft bekannt – viel Gescht sinn's jo nit; außer de neechschde Verwandte sou Sticker sechs, siwwe gute Freund – un verzählt denne Herrschafde, wie em soi Betzinger Kolleg schunn in aller Frieh gratliert hot.

Ball gäiht's zum Esse. Die Salveede dutt der Herr Borgemoaschder glei zurickgewwe. "Ich brauch kaani, bin doch koa kloa Kind, daß ich mich drecket mach," säigt er zu soine Nochbern. "Was is'n des?" denkt er glei druff, wie er die Kaviarbrötchen zu sehe kriegt, "die Darmstädter hewwe äwwer merkwerdige Mode." Un wie em der Diener devu oobiet, dutt er abwinke: "Noa, Latwerge hemmer selwer."

Jetz werd die Supp uffgetrage. De annern Leit scheint se arg gut zu schmecke, äwwer unser Bauer findt koan Gfalle an sou ere Krebssuppe. "Wie heeßt 'n Ehr Hund?" freegt er de Herr Owwerborgemoaschder; un wie der em de Nome gsat ghatt hot, rifft er: "Kumm, Karo, da, doo hoscht de moi Suppe!" un stellt soin foine Deller uff die Erde. "Essen Sie nur selbst, lieber Herr Bürgermeister", rifft die gneedig Fraa, "der Hund bekommt draußen in der Küche genug." – "Sell glaaw ich schunn, äwwer – meer dutt Ehne Ehr Suppe nit sou recht schmecke, un sou is se doch unner gebroocht."

Bei de verschiedene Brode häischt unser Bauer schunn mäihner oi. Des hot er emol verwischt, sou ebbs leßt er sich schunn gfalle!

"Nun, lieber Kollege", säigt der Herr Owwerborgemoaschder, "haben Sie alle Ihre Kommissionen hier in Darmstadt schon besorgt?"

"Gewiß, gewiß, Herr Kolleg, un – gude Gschäfde haww ich gemacht, sell muß ich sage." Er nickt sou befriedigt mit em Kopp un schmunzelt sou piffig, daß die annern Gescht all neigierig wern un froge, ob ma's dann wisse derft.

"A, wann Se's härn wolle, will ich's Ehne gäärn verzähle: Moi Fraa hot die ganz Zeit her alle Gebott emol uff Darmstadt zu eme Nasedokder gemißt. E gutmiediger, braver Mann weer's, hot se immer gsat. No, letscht schickt er mer die Rechnung. Mit denne achtzig Mark, wo ich heit Morge vun Ehne for die Eppel oigenumme habb, bin ich druff hie im Doktor soi Haus. Im Wardezimmer is nimmand zu sehen, ich här nergends en Laut, doo dapp ich halt druff lous un klopp an ergend ere Deer. E Stimm rifft „Herein", ich gäih noi, un doo sitzt moi Dokder mit soinerer Fraa beim Friehstick. „Ich meecht moi Rechnung bezahle", sag ich un fang oo, iwwer die deire Zeide zu lamediern un wie hart 's unseraaner hett. Nadierlicherweis hot em moi Fraa nit gsat ghatt, daß meer Borgemoaschder sinn – bei sou Leit muß ma piffig soin. Dann frog ich, ob's dann nit meeglich weer, daß er de Preis e bissel neederer mache deed, ich hett werrlich 's Geld nit im Iwwerfluß doositze, un was ma halt sou säigt."

„Na, wenn's Ihnen gar so schlecht geht und Sie wirklich so bedürftig sind, will ich den Preis um die Hälfte herabsetzen; Sie brauchen also nur vierzig Mark zu zahlen", säigt der gutmiedig Mann. Doo hette Se äwwer demm soi Fraa sehe solle! Die scheint vun ere weniger gebschnitzige Art gewest zu soin. Mit gifdige Aage fehrt se 'n oo: „Nun, an deiner Stelle würde ich's dem Menschen lieber ganz und gar schenken!" Un was gschieht? Wahrscheints hot sich der Mann geärgert, daß sich sou e Weibsbild in soi Oogelägenheide mischt, un ganz gelosse schiebt er mer die verzig Mark aa noch hie un säigt: „Nehmen Sie, da es meine Frau so will!" Ich iwwer Hals un Kopp uffgstanne, moi Geld zsammegegrabscht un naus, alleweil voll Engschde, er kennt sich annerscht bsinne. Draus här ich noch, wie drin in der Stuwwe e Mordspsektakel lousgäiht. Was hot meer droo geläge? Ich habb moi Scheefche im Truckene ghatt! Äwwer sage Se selwer, haww ich nit en grouße Dusel ghatt?"
Er kichert voller Vergniege iwwer den gelungene Straich, die Gsellschaft äwwer amisiert sich häichlich iwwer den spaßigen Bauer.
Außer viele gude Sache hot's aa beim Esse ugschäilde Kardoffel gewwe. „Pellkartoffeln" hewwe se se gehaaße, die wern em Herr Owwerborgemoaschder soi Lieblingsesse, die derfte in soim Haus aa bei der foinschde Dafel nit fehle. Die Stimmung war schunn recht fidel, un doo hewwe sich e paar Herrn erlaabt, wie der Borgemoaschder in aam fort uff die gneedig Fraa noi gschwätzt hot, daß se ubemerkt all ehr Kardoffelschäile uff soin Deller gschowe hewwe.
„Kartoffeln mögen Sie wohl sehr gern?" froge se de Bauer, wie er sich endlich widder soim Deller zukährt. „Warum?" – „Nun, weil wir so unendlich viele Schalen auf Ihrem Teller aufgehäuft finden."

Unser Borgemoaschder waaß sich glei zu helfe und versetzt en en dichdige Treff: „Ich bin halt sou oosstennig un schäil moi Kardoffel. Ehr eßt se, wie's schoint mit samt der Schäile."
Bis zum Owend hot des Esse gedauert. Die annern Gescht hewwe sich endlich verabschiedt, äwwer moi Bauer bleibt sitze. Der gut Woi hot em halt gar zu gut gschmeckt. Immer vergniegter is er worn. Der Fraa Owwerborgemoaschder hot er die schenschde Gschichde verzäihlt, daß dere als vor Lache die kuchelrunde Trene die Bäckelchen nunner geloffe sinn.
's werd immer dunkler, der Herr Owwerborgemoaschder kann sich vor Miedigkeit ball nimmäih helfe, äwwer moi Bauer gäiht un gäiht nit fort. Ma muß en mit Gewalt fortschaffe. „Ich muß mich leider verabschieden, mein Bester, habe noch zu tun; auch an einem solchen Tage ruht die Arbeit nicht."
„Mecht nix; ich bleib halt noch e bissel bei Ehrer Fraa. Gell, meer zwaa kenne's ganz gut minanner?"
Was will die gneedig Fraa mache? Sie bleibt noch e Zeitlang gedullig bei em sitze, äwwer am Enn werd's ere doch zuviel, un sie säigt: „Jetzt werden Sie doch wohl an den Aufbruch denken müssen, damit Sie nicht mitten in der Nacht daheim ankommen."
„No, doo muß ich halt fort. Jetzt solle Se äwwer aa recht schäi for die Uffwardung bedankt soin. Un wann ich jemols widder uf Darmstadt mach, bsuch ich Ehne widder. Adees, liewi Fraa Owwerborgemoaschdern!"

E' Schnäpsche

Ein Odenwälder Bäuerlein kam zu verschiedenen Besorgungen in die Residenz. Bei dieser Gelegenheit konsultierte es auch einen bekannten Arzt, um Heilung für seine Gebrechen zu suchen. Bei der Untersuchung wollte der Arzt dann auch wissen, ob und wieviel Schnaps der Patient etwa täglich gewohnheitsmäßig trinke?
„Ei, Herr Dokter, des könne als bei Tag so ewer die verzeh sein."
„Was, vierzehn Schnäpse, ei wann trinkt Ihr dann die all?"
„Ei no, Herr Dokter, 's morgens, wenn mer ufwacht, trinkt mer gern en Schnaps, un nach der Morgesupp noch e Wörfche. Zum Zehnuhrbrod trink ich e Schnäpsche, un zu Mittag zu enem Stück Speckseit hilft e Schnäpsche zum Verdaue. Zum Vieruhr hab ich dann wieder mei Schnäpsche un beim Naachtesse nach dem

Tagesbrast tut einem en Schnaps recht not, un vor dem Schlofegehe hilft noch e Schnäpsche for die Bettwärm."
„Aber Mann", ruft der Arzt, der sorgsam mitgezählt hat, „das sind aber doch noch lange keine vierzehn!"
„Ei no, Herr Dokter, so dann un wann nimmt aaner hie un da doch a mol gern e Schnäpsche!"

Medizin   Hartmuth Pfeil

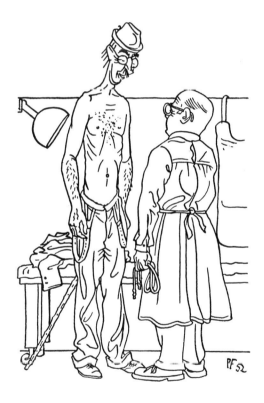

„Also, ein Gläschen Wein ab und zu ist gut, das regt an ..."
„Ab und zu, Herr Dockder, ab und zu ist gut! Kennde-Se mer net for jeden Dag e Fläschje verschreiwe – uff Krankeschei – besser is besser!"

Georg Lotter

Die Jakobiade · 2: Beim Dokter

De Jakob, der erkält mol wor,
Spricht deswäje beim Dokter vor.
Der hot ihn unnersucht aach bald
Un festgestellt: En Schnuppe halt!
Hot ihm verschriwwe gleich Tablette
Un ihm geroote: Glei ins Bette!

Seegt noch mit wohlwollender Stimm:
Bei ihne is es net so schlimm,
Waaß noch etwas, es kost kaa Geld,
Mein liewer Mann, wann ich erkält,
Schlupp ich zu meiner Fraa ins Bett,
Am annern Daag ist's weg, ich wett.

Doch, daß de Jakob Witwer ist,
Des hot de Dokter net gewißt.
De Jakob guckt den Dokter oh
Un denkt fer sich: Was sag ich do?
Er dreht verleje an seim Hut
Un nimmt zusamme all sein Mut.

Seegt: Dokter, deß wer gar net schlecht,
Wanns Mittel aach fer mich wär recht
Un weiter ich kaan Dokter braicht,
Wär ich dezu net abgeneigt,
Kann drum die Froog net unnerlasse:
„Wann dehts dann ihrer Fraa mol basse?"

Georg Lotter

Die Jakobiade · 3: Lange Leitung

De Jakob, obwohl sunst so schlau,
Heert leider net mehr ganz genau
Un dodorch werd er öfters stutzig,
Zeigt sich net selte aach sehr mutzig.

So wollt er mol vor einige Johrn
Mit em Zügelche nooch Frankfort fohrn.
Er geht zum Schalter, spricht ganz nett:
„Ich gern e Katt nooch Frankfort hett!"

Glei froogt ihn unser Schaltermann,
Der doch net alles wisse kann:
„Mei Allerwertester, bloß hie?"
De Jakob is ganz platt: „Was, wie?"

Do duht der Mann, ich mecht net kohle,
Sei Froog „bloß hie" laut wiederhole.
De Jakob guckt en oh ganz dumm
Un denkt: „Warum blos hie – warum?"

Zum drittemol er „bloß hie?"
Jetzt gibt Jakob als Antwort die:
– un reißt sei Maul weit uff, des große –
„Ja, Mann, wo soll ich dann hieblose?"

Die Jakobiade · 4: Dorscht   Georg Lotter

E Beffstäck, saftig un aach gut,
Des hebt beim Mensche glei de Mut.
De Jakob hot's aach gern gegesse
Un wor uff Beffstäck ganz versesse.
Am beste schmeckt's dem gute Mann
– weil's sei Fraa net so mache kann –
Im Wertshaus bei me Schöppche Bier.
Un so wor's mol geschehe hier,
Daß bei ihm sitzt am Wertshausdisch
En Mann, der hot verzehrt en Fisch
Un druff en große Dorscht gekriggt,
Was ewe am Fischesse liggt.
Drum rieft er laut mit Donnerstimme:
„Ower! E Bier, der Fisch will schwimme!"

De Jakob wollt aach geistreich sei
Un mischt sich ins Gespräch enei,
Weil's doch uff Beffstäck aach gibt Dorscht,
Die ganz Wertschaft hot uffgehorcht,
Als Jakob rieft – er kann kaum schnaufe:
„Mir aach e Bier, der Ochs will saufe!"

Hartmuth Pfeil Vegetarisch

„So, da läwe Sie flaaschlos – guck, wie sich däß trifft:
Ich bin neemlich aach en halwe Vechedarier!"
„Ach was. – Es ist doch immer erfreulich, wenn man
einen gleichgesinnten ... a-aber, wie können Sie dann
Bratwurst bestellen?!!!"
„Ei no, ich hab doch gesagt, en halwe Vechedarier:
Halb Gemies un halb Flaasch!"

Langmut

Es steigt ein Fräulein in's Coupé voll Hast,
Kartons im Arm eine volle Last.
Die schiebt sie geschickt aufs Gepäckbrett hinauf,
Und sinkt auf die Bank, daß sie endlich verschnauf'.
Noch war sie vom Laufen ganz atemlos – matt,
Bumbs! fällt ein Karton dem Schmul auf die Platt'.
Sie stellt ihn verlegen wieder empor,
Entschuldigt sich – Schmul stellt sich vor.
Noch einige Mal wiederholt sich das Stück,
Stets lächelt der Schmul mit gelassenem Blick.
Als Clärchen sich wieder entschuldigen will,
Da reibt er die Hände zufrieden, versöhnt:
„Ich bitt' Sie, lieb' Fräulein, nu sein Se nor still,
Ich bin ja schon ganz d'ran gewöhnt."

E' Mißverstendnis

Robert Schneider

Krickt aaner neilich mal vum Gericht
E' Vorladung, 's war e bees Geschicht.
Er liest des Schreiwe hie un her,
Doch des bedabble fiel em schwer,
Er hatt's gelese un widder gelese,
Un wie dann der Termin gewese,
Da is er präzies, mit ernster Miene,
Uff dem gewinschte Zimmer erschiene.

Als er die Dier hatt uffgemacht,
Hatt alles ferchterlich gelacht.
Er hatt Eich nehmlich en A'zug a',
Da war aach garnix Bassendes dra',
E' halb Stund war zu lang sei Hos,
Die West zu weit, de Rock zu groß,
Er hat sich beinah dadrinn verlorn,
Un sei Hut der ging bis iwwer die Ohrn.

Der Richter nimmt aach ganz entsetzt,
Sich glei uff's Korn den Kunne jetzt,
Un seegt: Was fellt dann Ihne ei'
Wie kumme Sie dann da erei'?
's is doch kaa Faßnacht? Mir scheint's grad
Als wollte Se uff e Maskerad.
Der Spaß, der soll Ihne iwwel bekumme,
Sie wer'n in e Ordnungsstraf genumme!

Da awer zieht der Zeige rasch
Die Vorladung aus seine Dasch,
Un seegt: Ach Sie verzeihe sehr,
Doch gucke Se emal daher,
Da steht's un is net zu verneine –
Ich soll „in Sachen meines Vaters" erscheine!

Wilhelm Stühlinger

Aus dem Gerichtssaal

Eine Frau sollte als Zeugin den Fall eines heftigen Streites schildern, den sie bei der blutigen Auseinandersetzung zwischen Kläger und Angeklagten miterlebt hat.
Sehr aufgeregt konnte sie nur Stammeln: „Ei-jei-jei!-Ui-jui-jui!-Au-wau-wau!"
Der Richter sagte daraufhin: „Danke, das genügt mir!"

Bei der Verhandlung ging es um einen Fall von Körperverletzung bei einem „friedlichen" Streit. Der Richter fragte den Angeklagten: „Schildern Sie einmal den Vorgang?"
Angeklagter: „Des war so: Mir hawwe so gemietlich beisamme gesotze. – Uff aamol hot em es Aag herausgehonke!"
Richter: „Und was geschah dann?"

Angeklagter: „Gornix weiter. – Der mit dem Aag war neemlich en Gemietsmensch un hot nor zu mer gesacht: ‚Liewer Alder, wann De mir meu anner Aag aach aushaachst, do guck ich Dich nemmeeh aa!"

Se hot's gewißt!   Helene Küchler

Ein Bauer steht mit seiner Frau vor Gericht, um sich scheiden zu lassen. Der Richter macht die üblichen Versöhnungsversuche.
„Warum wollt Ihr Euch denn scheiden lassen?" fragt er.
„Herr Richter, er is mer zu dumm", sagt die Frau.
„Ach", sagt der Richter, „das ist doch kein Scheidungsgrund, so arg wird's auch nicht sein."
„Jo, jo", sagt die Frau, „er ist arg dumm, ich kann's net mehr mit em ausholte."
„Na", sagt der Richter, „wenn er so arg dumm ist, so habt Ihr das doch schon vor Eurer Verheiratung gewußt."
„Jo", sagt die Frau, „daß er arg dumm is, häb ich gewißt, aber daß er sou arg dumm is, häb ich net gewißt."
Da ruft der Bauer auf einmal: „Se hot's gewißt!"

Hoffnung   Werner Rühl

Ein Mensch wacht sunndags mojens uff
– wie hot er sich gefreit dadruff –
Un is enttäuscht, wenn's rejend drauß',
Kaan Deiwel kann da ausem Haus.
Er äjert sich, weil er halt doch,
Nach dere harte Awweitswoch',
Wollt bißje naus ins Freie geh.
Kaa Angst, es werd schun widder schee.

En Mensch freit uff e Party sich,
Weil mer als Gast dort sicherlich
So gute Sache kriggt serviert,
Daß mer schun jetzt e Ahnung spiert.

Da plötzlich plagt aam korz vorher
En beese Backezahn gar sehr.
Mer kann nix kaue un kriggt Wut,
Kaa Angst, es werd schun widder gut.

En junge Mensch liebt richtig haaß,
E Mädche, die davon nix waaß.
Er kaaft paar Blumme, geht zu ihr
Un stottert dann vor ihrer Dier,
Daß er se gern hot, ferchterlich.
Da spiert er in seim Herz en Stich,
Als sie ihn auslacht, daß es schallt.
Kaa Angst, der Schmerz vergeht schun bald.

So mancher Mensch kriggt vun seim Glick
Vum Schicksal eukassiert e Stick.
Wenn er dann ganz un gar verzagt,
Sich selwer nach der Zukunft fragt,
Weil die Beklemmung in de Brust,
Er trauert iwwer den Verlust,
Bleibt ihm als Hoffnung in seim Leid:
Kaa Angst, aach so was heilt die Zeit.

Paster ## Menschenlos

Es hofft der Mensch sein Leben lang,
Bis daß es kommt zum Sterben;
Begräbt man ihn mit Sang und Klang,
So lachen seine Erben!

K. P. ## Grabschrift

Nun ruhe sanft, geliebtes Paar,
Gott segne Euer graues Haar
Und geb' Euch *voreinander* Ruh' –
Denn lebend kamt Ihr *nie* dazu.

Haus-Schlachtung   Hartmuth Pfeil

„No, Herr Nachbar, wos verschafft mir die Ehr?"
„Ei, ich wollt Ihne bloß e bißje von unsere Metzelsupp ..."
„Ach, däß is recht, liewer Freind. Do sicht mehr, wer's hot!"
„Mei seelich Mudder hot als zu mir gesagt: Kallche, hot se gesagt, Biebche, nemm der aa vum Land. Gut gefriehstickt spiert mer de ganze Daag, gut geschlacht des ganze Johr, gut geheirot, es ganze Läwe – segt-se. – Dehte Sie aa vum Land heirote, hette-Se aach e Sau!"

„Mer mache unser Witz sällwer"
Heinerwitz'

Robert Schneider

Mer mache unser Witz sällwer

Mir losse uns jo viel sage, awwer alles doch net. Un däß hott die Woch in-em hiesische Lokahl so-e Gießener Großdhuner un Sprichklobber an eichener Haut erfahrn, wie der sich in seine Algehohlkuraasch Bemärkunge iwwer unser Städtche erlaabt hott. No, dem hawwe se's gäwwe; un es war sei Glick, daß er sich zimmlich bletzlich verdinnisiert hott, sunst hett-er erfahrn kenne, daß mir Darmstädter, wann's sei muß, gorkaa schlecht Handschrift schreiwe. Däß sollte eichentlich die Gießener noch vun Niewergall her wisse, dann seiner Zeit, wie er do owwe in dem „Gäiße" studiert hott, is er aach emol in e Wärtschaft kumme, un do hott so en Disch voll geglaabt, sie kennte'n veruhze. Awwer do is mei Niewergall uffgestieje, es hin an dene ihrn Disch un hott gesagt: „'s ganze Keesche, wie's do sitzt, is gefordert!"–
No, die hawwe sich dann schnell endschuldicht, un hawwe klaa beigäwwe. Un valleicht waaß nu aach der Gießener Bescheid: die Witz, die wo iwwer Darmstadt zu mache sin, die mache mer sällwer ...

Heina un Schorsch

Wann De de Rothschild weerst, was dhetste dann?

Viermal de Dag die Klaader wechsle.
Nix wie Schambanjer trinke.
Mit Wei's Gesicht wesche und mit Cognac die Zeh putze.
Aach an de Fieß Glacehandschuh trage.
De weiße Torm uff de Glasberg stelle.
Aus 'm Zeighaus e Markthall mache.
Den Riwelmathees uff'm Marieplatz vergolde losse.
Dem Kunstverein an sei' Hall e nei Schild mache losse.
De große Woog schiffbar mache.
Die Stroßebahn unnererdisch laafe losse.
Im Unnergang vun de Main-Neckar-Bahn e Freibiffet errichte.
Immer en ganze Zuckerhut in de Kaffee dhu'.

HEINA: No, Schorsch, worst de die Feierdog in Bessunge?
SCHORSCH: Naa, Heina, ich hab mei Schlee in Dammstadt kriggt.
HEINA: Gschieht der recht!

HEINA: Gute Morje, Schorsch.
SCHORSCH: N' Morje Heina, wie geht's?
HEINA: So dorchwoachse. – Du, Schorsch, paß mol uff, jetzt frog ich dich wos, wenn de des waßt, kriegst de aach en Weck am Sunndog.
SCHORSCH: Allee los!
HEINA: Paß amol uff: Wos iss' de Unnerschied zwische de arme Leit in Damstadt und denen in Hamborg?
SCHORSCH: Des woaß ich net.
HEINA: Die orme Leit in Hamborg hawe die Chole-ra und bei de arme Leit in Damstadt sein die Kohle-rar.
SCHORSCH: Au!

SCHORSCH: Du, Heina, wort emol e bisje! Ich hob der wos ganz Wichtiges zu soge.
HEINA: No, wos werd deß wieder sei?
SCHORSCH: Neilich schickt mich en feiner Herr zu eme Wert, der aach Mittogstisch gibt und zwar zu alle Preise, zu 50, 60 und 80 Pf. unn ließ froge, ob er Futter for sein Hund krieje kennt. Wos mahnste, wos mer der Wert gesogt hot?
HEINA: No, wos werd der da gesogt hawe?
SCHORSCH: Bei ihm bekämen blos die Herrn Abonnenten Hundefutter.

HEINA: He, Schorsch, worum bist du denn heit so betriebt, ma moant de Kerchtorm wer off dich gefalle?
SCHORSCH: Noa, Heina, des is mer grod net passiert, awwer mei Schwester is heit gestorwe, unn die konnt ich der doch so gut leide! Die hot, glaab ich, ehr Lebdog noch koa Wässerche betriebt!
HEINA: No, hör mol, do woars awwer aach koa vunn de Saubere, wenn se ehr Lebdog koa Wässerche getriebt hot!!!

SCHORSCH: Gott sei Dank, daß die Faßnocht vorüba is, es hot viel zu viel Geld gekost'.
HEINA: Du bist grod wie die annern, nix wie spor'n un spor'n. Wenn doch das Geld erum laaft unner de Mensche, is es doch besser; grod wie es Blut in de Adern.
SCHORSCH: Do host de Recht, awer wenn du alles ausgibst un

verjuwelst, host de annern Dog nix im Clubb und host de aach kan Mut zum Ringe.

HEINA: Grod' dodedorch krieg ich doch wieder Geld de annern Dog; überhaapt ist's Geld zu oft uff aner Seit', mehr als oan, höchstens zwaa Millione sollt' aaner net hawe, deß wär' genug zum lewe, das andere müßt' er erausgewe, do könnt' mer sich's schö einrichte, die Elektrizität tät leichte un es Plaster könnt gemacht werr'n usw.

SCHORSCH: Du host awer heit wira e Maul, du host gewiß vun de Finken ihr'm Babbelwasser getrunke.

KALL: Gute Morje!

SCHORSCH: No, woas bringst de, Kall, mir hawe uns jo gor so lang net gesehe, older Freund!

KALL: Ei, du sollst glei uff's Revier kumme, vun wege de Faßnocht, du host dich net gut oangelosse, du host Mädecher uff de Straß' gekißt, do kimmst de dran, des darf ma net uff de Gaß, des darf ma blos im verheiratete Stand un unner Verwandte.

SCHORSCH: No, adieu, do will ich emol hingeh!

HEINA: Sog emol, Schorsch, bei de Karnevalgesellschaft geht awer die Maskefreiheit weit.

SCHORSCH: Wie mahnst de dann deß?

HEINA: No, uff dene erm Maskeball am Samstog hot sich e Maske die Freiheit genumme unn hot ere annere Maske die golden Uhr mit Kett ausgführt.

SCHORSCH: Autsch! Unn deß nennt deß Comitee Randewuh der feinen Welt? Do sieht mer doch so recht, daß de Notstand sogar bis in die fei Welt gedrunge is!

HEINA: No, deß könnt' mer doch aach an de Diamante im Pfandhaus sehe. Awer net alloa, daß die Maskefreiheit bei dene so weit geht, die Redefreiheit geht noch weiter, denn in ihre Sitzunge howe se sogar e Mitglied von userm Fürstenhaus net verschont.

SCHORSCH: Dann soll ma dene Herrn doch deß Handwerk verbiete, deß soll doch eigentlich jedem höher steh', als daß ma sich do faule Witz erlabt.

HEINA: Deß mahn ich aach!

SCHORSCH: Heina! Heina! Du laafst so am helle Sunndog, ma mahnt, du wärst schlächt worrn?

HEINA: No, deß grod net, awer en Zorn hob ich in mer, ich könnt' die Welt vergifte!

SCHORSCH: Wieso!

HEINA: Sogt do ewe so e Briehhinkel zu mer, ich soll em de Buckel nuff steije.

SCHORSCH: Unn deßweje laafst de so! Do brauchste doch net so zu eile, deß kannst de heit doch net besorge – denn heit is jo Sunndogsruh.

HEINA: Ich muß der e spaßig Geschicht verzähle, die ich vor e paar Toag erlebt hob.

SCHORSCH: Na, leg los.

HEINA: In Geschäfte mußt ich noch Mannem foahrn, morjens mit dem erste Zug; 's woar frisch un alle Fenster an de Wääge zu. In meiner neie Livree muß ich en gure Eindruck uff den Kondukteur gemacht hawe, weil 'r 2 oder 3 Coupee uffmachte un allemol wirrer zuschlug, obgleich noch Platz woar. Endlich lud er mich zum Einsteije ein un ich kumm der aach zu 'r feine Gesellschaft, lauter Männer, gut ongezoge. Nur driwwe uff der oane Eckseit, am Fenster, dort woar oaner, der hot e bisje schlappig ausgesehe; er woar dazu noch rot, hat en gor uffällige Zinke im Gesicht un en ganz ordinäre Stachelboart. Ich woar bald bekannt un hat mei Fraad an 'me Frankforter, dem der Schnawel net stillstand. Uff amol nimmt oaner e Pries un gleich druff noch oa. Mei Frankforter blies die Naseflijel uff un aach ich fing an etwas zu merke, das mit Odlewang net in Verwandtschaft stand. Nor der Stachelbärtige soagt nix, zieht awwer 's Fenster erunner un streckt de Kopp enaus. Da, wie der Blitz, fährt der Frankforter in die Höh', kriggt den N'ausgucker an der Karthaus un seggt awwer e bisje laut: „De Kopp erein un 's Fenster zu! Do werd mitgeroche!" Er wollt sich zwoar e bisje empern un sogt: „Nun, was wolle Se mit mir?" Mei Frankforter hot awwer kalt Blut un hot gesoagt: „Gor nix will ich mit Ihne, awer mitgeroche wird!"

SCHORSCH: Des is awer gut; schreib mer's uff, ich brings 'm Edelmann, der is im Stand un bezohlt mich devor.

HEINA: Gott verdeppel, 's is wirklich ewe schö' uff de Welt!

SCHORSCH: No, wos gibts dann widder Neies, hawe se dir widder emol die Rockseckel voll Lüje gestoppt? –

HEINA: Wann de mer so kimmst, so verzehl ich dir gor nix mehr.

SCHORSCH: Stei' nor net glei uff's Laterche nuff, 'raus mit de Farb'.
HEINA: Hoste schun von de Hochzeit in de Schulzegass' gehört?
SCHORSCH: Noa, Heina, bin wirklich neigierig.
HEINA: Des woar uff de letzte Standesamtssamstog, do is die Braut in'me schwarze Klaad mit'm Kranz uff'm Kopp, schun hübsch in de Johrn, wie dem Zacharias sei Fraa, dogestanne un konnt' den Aageblick net erworte, wo der Bund für's Lewe geschlosse werd – der Bräutigam geht fort, will sich noch en Kroage hole, kimmt awer net me retur. Woas maanste, wann mer so mit dem zuckersüße Gefihl an des zukinftige Ehelewe dosteht un werd uff amol so treilos sitze gelosse, woas des fer a Standpunkt is! – Der gut Kuche vom W..., der süß' Kaffee un noch die annern himmlische Genüsse – – alles eweck – des is zum Baaausstrampele. Annern sein froh, wann se e Fraa krije, un der geht dorch.
SCHORSCH: Do kennt mersch de Braut net vadenke, wann se in die Ohmacht gefalle wer.
HEINA: Do is koa Verloß mehr, erst in de Zeitung bei de Verlobte un im Kaste newerm Supp uff'm Marktplatz, dann – Tablo – Nebelbild.
SCHORSCH: Des is wieder e Gaudium for die Darmstädter.
HEINA: Do hoste Recht. Deß muß ich awer emol meine Fraa vazähle.

S.   „Handfeuerwaffen"

HEINA: No, Schorsch! Bist de schläächt im Hern? Wo rennst de dann hi' mit dei'm Handbesem?
SCHORSCH: Woogsplatz 4! Abstemple losse! 's is meiner Fraa ihr „Handfeuerwaff"!
HEINA: Ui! Des hätt ich jo beinoh vergesse! Wort en' Aageblick! Ich laaf haam un hol unsern „Schrubber"! dann könne mer mi'nanner gehn.

HEINA: Warum so griesgrämig, Schorsch? Du host doch gestern die schee Tour an die Bergstroß' gemacht un do sollt mer maane, du wärst heit munta un dhest noch vun deine Erlebnisse zehr'n.
SCHORSCH: Hör' uff, sonst tu ich dir die Freundschaft kündige. Erst de Ärjer un jetzt aach noch de Spott. – Des is es jo groad, woas mich so ärjert, daß mer gestern an de Bergstroß' woarn un daß ich heit so ausgebeidelt bin. Do howe se Antisemitevereine

geje die Wucherer, awer des sein Engel geje die Wirt in de Bergstroß un im vordere Odewald.

HEINA: Ich versteh' dich net, Schorsch. Hoste davor net gut gegesse un g'trunke un die Nadur bewunnert?

SCHORSCH: Loß mer dein Spott, du Schlogbaamhalter un hör' zu. Kaum, daß mer Sunndogs morjens e poar Frühschoppe getrunke hot, wie 's unser oaner verdient, un kimmt so geje 1 Uhr hoam, will esse un gedenkt jetzt e bisje zu schlofe, do is die Fraa schon fix un fertig, die Trawante, so 5 oder 6, recke un strecke sich un all' rufe se: Vatterche, heit fahr'n mer an die Bergstroß oder in de Odenwald, bei dem scheene Wetter. No, woaß mache? 's is fast alle Sunndog so un des kost' Geld. – Na, meinetweje, mer fahr'n um 3 Uhr. Do woar lauter Fraad un ich selwer hoab gedenkt, es werd die Welt net koste. Mer fahr'n also. Kaum, daß mer Platz krieje konnt, denn ganz Damstadt woar fort. Uff de Orte, iwerall koan Platz. Im Wald woar's jo gut, awer de Moage un die Lung verlangen ihre Rechte. Endlich konnte mer unnerkomme, doch frog net, wo un wie? Newer'm Misthaufe mußte mer sitze, net sitze, im Gejedahl, uff enanner leije. Jetzt esse un trinke? Bier – ich glaab, es woar vun Weidelaab un Gerstestroh gebraut, der Eppelwei' woar blau un die Handkees ganz weiß. Sie wär'n noch zu jung, hot die Wirtin gesogt, un es Bier wär e bisje woarm. Wenn mer widder käme, wär' se besser eingericht'. Jetzt die Zech? $3/10$ Bier, do debei halwer Schaum, koste 12 Pf. un die schlächte Kees, Gott verdeppel, woarn meineidig dheier. Zu guter Letzt fällt's Karlche mit oam Baa' in de Puhl un so e zottiger Köder reißt dem Schorschje e Stück aus de neie Hose. Un wie mer an die Station komme, woar de Zug fort. Jetzt aach noch Zuschloag for de Schnellzug. Um 10 Uhr komme mer verdreckt, zerrisse, hungrig un durstig hier oan, de Beidel leer un koa Plässier. Verstehst du jetzt, worum ich so zornig bin?

HEINA: Des woar viel Pech an oam Dog. – Die Damstädter Wälder sein so schee, an Wirtschafte mit feine Gärte fehlt's net un gut Bier, vor 12 Pfennig de halwe Liter, Hesjer, gute Handkees, – alles gut un billig! Warum bleiwe mer net dehaam? In die Vergnügungsorte geht mer emol in de Woch'; awer Sunndogs bleibt mer in Damstadt! –

SCHORSCH: Ganz mei Onsicht!

HEINA: Ei de Schlog, Schorsch! mer sieht dich jo gar mehr? Gell, bei dere kühle Witterung is dei Handwerk ei'gefror'n?

SCHORSCH: Na, liewer Freund, deß net, ich hab nämlich einige Dog Zogolochie studiert.
HEINA: Was for e Lochie?
SCHORSCH: Zo – go – lochie! Unner Zogolochie versteht mer uff deitsch – Werm, Wermcher, Käwern, Heihipper, Flöh, Wanze un sonstiges Viehzeig – –
HEINA: Hör ma uff, es beißt mich ewe schon! Wie kimmste dann uff den Kram? –
SCHORSCH: Ei, ich hab der dieser Dog im Genral-Anzeiger der Stadt Frankfort a. M., waaßte in dem Blättche, wo deß Handtuch de Schenralvertrieb hat, gelese, daß ahner behaupt hot, im ganze Großherzogtum Hesse gäb's kaa Kreizottern, dodruff hot e Apotheker von hier behaupt' un des mit Recht, daß es aach in Hesse Kreizottern gäb' un daß sei Geschwisterkindsvetterbäsche aa'n dehaam in Spiritus hätt'. Deß Ding hot mer dann aach kaa Ruh' gelosse, ich bin uff die Such nach Kreizottern un hob der, hol' mich der Deiwel – – –
HEINA: Aa' gefunne?
SCHORSCH: Jawohl, ich hab aa' gefunne.
HEINA: Du werst doch die net mahne aus 'em Museum, die dort ausgestellt is?
SCHORSCH: Gott bewahr! E werklich, e lawendig, blos e bisje e anner Raß –. Besonnere Merkmale sinn: stinkt noach Schnupftuwak, ernährt sich von Kaffee, hot viel Warze im Gesicht, vielleicht ahn bis zwaa Giftzäh' im Maul un in de rechte Hand en Besem, zum Unnerschied von dere annere Art von Kreizottern tut die letzt Art ihr Gift speie.
HEINA: Jetzt hör' awer uff, Schorsch, sonst bin ich verlor'n. – So ah' hab ich aach deham, ich wünscht blos, die wär aach in Spiritus ei'gemacht un wär im Museum.

Vetter un Gevatter

GEVATTER: Waaste, Schorsch, 's is net mehr schee uff de Welt! Aa' schee Stickelche Alt-Darmstadt nach em annern roppe se uns ab, un was baue se for Staarnkäste defor hi'?
VETTER: Ja, des Alte fällt, es ennern sich die Zeite!
GEVATTER: Un wie gehn se mit unsre Denkmäler um? De Scherusker Riwwelmathees sperrn se in den langweilige Herrngarte, den scheene alte Brunne vum Ludwigsplatz dhun se vor die

Stadt enaus; des Kriegerdenkmal stelle se in des Eck dohinne un 's dhet mich gar net Wunner nemme, wann se uns aach noch unser Mullement abroppe un dhete's enaus ins Dintevertel.

VETTER: Des dhet dene basse, die weer'n im Stand un dhete's als Betschaft benutze!

GEVATTER: Daß mer iwer die Versetzung vum Kriegerdenkmal aach noch geuzt wern, müsse mer uns aach noch gefalle losse. Seegt do neilich so e Berliner Preiß, mer müßte awer schun weit kumme sei', daß mer unser Denkmäler versetze müßte! Jetzt hette mer sogar des Kriegerdenkmal versetzt! Des is ja gar net versetzt worn, hab ich gesagt, des is ja nor e bisje verrickt worn. Ja, seegt'r, des is jo des verrickte, daß ders verrickt habt!

VETTER: So ganz unrecht hot der Mann net gehatt'.

GEVATTER: Du, des is doch e großartig Erfindung mit dene Polizeihunde, alles spioniern se aus.

VETTER: Deshalb will sich ja mei' Fraa aach so e Viech o'schaffe.

GEVATTER: Dei' Fraa? Was will dann die mit eme Polizeihund?

VETTER: Ich waaß, was se will! Ich werr awer de Deiwel dhu, mir so en Luder in's Haus zu nemme.

GEVATTER: Inwieso?
VETTER: Glaabste, ich wollt' jed' Tertche, des die Fraa net zu wisse braucht, vun so eme Kalfakter ausspioniert un verrote hawe, ich danke!
GEVATTER: Ach sooo?

Karl Schaffnit „Späß"

De ane schreibt Ode,
De anner schreibt Zode.
Un zwische de Ode
Un zwische de Zode
Do is eich n Raum,
Den meßt mr ja kaum!
Un so mitte drei,
Ich man so müßts sei –
Do hocke mei Späß –
Bald deß – un bald deß.

Ein Berliner zu Besuch

Stolz führt Heiner den Gast aus Berlin durch die Stadt und zum Flugplatz an der Nieder Ramstädter Straße.

Berliner: „Wat, det nennt Ihr Darmstädter 'nen Flugplatz? Uff so'n Platz trocknet man bei uns de Wäsche!"
Heinerbub: „Do seid Ihr awwer große Dreckwätz!"

Die beiden kommen auch zum Großen Woog. „So'n Wasser könnten wa in Balin ooch noch jebrauchen", meint der Gast.
Der Heiner weiß Rat: „Des is doch aafach, leje Se en Gaddeschlauch eniwwer, ziehe Se kräfdig draa, un wann Se's Maul richdig voll nemme, hawwe Se de Wooch mit aam Schlugg driwwe."

Zweiundzwanzig Heinerwitz'

Zwei Heiner unterhalten sich über ihre Frauen.
„Mei Fraa is en Engel!", strahlt der eine.
„Mei lebt noch", sagt der andere betrübt.

„No, Heiner, wo willste dann so schnell hie?"
„Ei, in de Apothek, mei Fraa is krank."
„Wor dann de Arzt schun bei der?"
„Naa, ich hob uff-em Markt e Rezept gefunne, däß laß ich mache un prowiers erst emol aus."

Heiner liegt im Bett und stöhnt jämmerlich. Schorsch erklärt: „Ich hab ein Mittel, das ich einmal einem meiner Bekannten gegeben habe, der schon halbtot war."
„Und hat's geholfen?", wimmert Heiner.
„Glänzend, am nächsten Tag ist er wieder ausgegangen."
„Nanu, ausgegangen?"
„Jawohl, auf den Friedhof, um sich begraben zu lassen."

Heiner: „Oijoijoi, was hab ich Zahnweh."
Schorsch: „Schläächtkopp, wann ich Zahnweh hab, geh ich haam unn leg mich zu meiner Fraa ins Bett, do isses im nu wäck."
Heiner: „Is dei Fraa jetzt dehaam?"

Heiner sah einen Fremden, der ganz krumm und schief den Marktplatz überquerte. Teilnahmsvoll fragte er ihn, ob er verprügelt worden sei, weil er so schepp herumlaufe.
„Ach nein", sagte der, „ich hab nur den Schutzmann gefragt, wie ich nach der Ernst-Ludwig-Straße komme, und der hat mir gesagt, ich solle nur schief über den Marktplatz gehen."

Ein Wärter fragt einen Heiner, der das Schwimmbad verläßt: „Na, haben Sie ein Bad genommen?"
Heiner: „Wieso, fehlt aans?"

Georg Wiesenthal

Es war um die Fastnachtszeit. Ein Heiner kam in einen Tabakladen und kaufte ein Päckchen Tabak. Als er bezahlte, fing er laut an zu pfeifen.
„Warum peife Se dann so vergniechd, wann Se bezohle misse?", fragte der Verkäufer.
„Ei, Sie hawwe do owwe doch es Schild: Auf Pfeifen 10% Rabatt", versetzte der Heiner und ging.

Ein Heiner kam in einen Zigarrenladen, nimmt eine Zigarre aus dem Rock, knipst sie am Ständer ab und brennt sie an. Das macht er tage- und wochenlang.
Schließlich reißt dem Ladeninhaber die Geduld, und er schreit den Heiner eines Tages an: „Wer sind Sie denn eigentlich?"
Erstaunt gibt ihm der Heiner zur Antwort: „Sie kennen mich net? Ich bin doch der Heiner, der alle Dag do bei Ihne sei Zigar osteckt!"

„Eine Fahrkarte wollen Sie. Wohin?"
„No, zeige se emol, was se hawwe."

Heiner und Schorsch treffen einen Straßenkehrer: „Mir Menner misse doch nix dauche, weil mer als dehaam aa uffs Dubbeh krieje un wie e Häfche Drägg behanneld wern."
„Dreest eich, wos dehte eier Schnuggelcher mache ohne eich Haifcher Drägg!"

Beim Sonntagsmahl fragt das Settche ihren Mann: „Heiner, wo warst Du dann heit morgend gewäse?"
„Ei, in de Kersch."
„Un, was wor?"
„De Parrer hot gesproche."
„Un über wos hot er dann gesproche? Muß mer derr dann jed Wort abkaafe?"
„Sünde!"
„Ja, un wos hot er gesacht?"
„War degege!"

Heiner: „Schorsch, host'es schun geheert, die Laura un die Marie wolle im Woog schwimme lerne."
Schorsch: „Net meglich, die kenne doch es Maul net halde!"

Die gefühlvolle Frau

Der Heiner machte seiner Frau Vorwürfe über zu große Kälte ihrerseits; da wurde das Settche aber wütend und rief ihm zu: „Wenn Du fühlst, wie ich fühl', wenn Du vor mir fühlst, wie ich vor Dir fühl', so dethst anderst fühle, als de vor mer fühlst, aber weil de net so fühlst, wie ich fühl', weil de net vor mir fühlst, wie ich vor Dir fühl', so bist de aach net wert, daß ich vor der fühl', was ich vor der fühl'."

Ein Heiner steht in Mainz auf der Rheinbrücke. Da hört er von unten Schreie: „Au secours! Au secours!"
Darauf ruft er dem Zappelnden zu: „De het'sd aach besser schwimme gelernt als Franzesisch zu babble!"

Herbert Gebicke

Ein Wortspiel zwischen zwei Heinern

S.

„Du, was macht dann dei Anna?"
„Mei Anna, ei, die heiert nechstens!"
„So, die heiert nechstens? Ei, mit wem hot se's dann?"
„Mit wem se's hot? Ei, mit'm Hotz hot se's!"
„So, mit'm Hotz hot se's."
„Ja, mit'm Hotz hot se's."
„No, do hot se's, wann se's mit'm Hotz hot."

| M. W. | Eine Heinerin, die nicht auf den Kopf gefallen ist |

Beim letzten Eis auf dem Woog, wo groß und klein Schlittschuh lief, bemerkte ein Herr, daß ein kleines Mädchen strauchelte und beinahe hinfiel. Im Vorbeilaufen hielt er sie fest und der Fall war verhindert; statt sich zu bedanken, rief die Kleine: „No, Du alt Kameel, hält mer sich aach an Kinner!"

Schorsch: Du, waaßte was Neies?
Heiner: Naa!
Schorsch: Mir hawe in unserer Schul jetzt en Schorsche-Verein gegründ' un hawe de Erbgroßherzog zum Protekter gewehlt!
Heiner: Vadeppel, do mecht ich aach enei', wann ich net Heiner haaße dhet.
Schorsch: Ei, loß Dich doch umdaafe, die meiste Heiner haaße ja Schorsch, hot ja de Büchner gesagt, un der muß's doch wisse!
Heiner: Ui, des mache mer!

| P. | Am Marktplatz disputierten sich
Zwei junge Heiner fürchterlich. –
Der eine schrie: „So schwei' doch still!
Ich waaß gor net, wos der nor will?
Der macht sich heit' so dick un fett,
Als ob er noch en Vadder hätt'." –
Da rief ihm gleich der and're zu:
„Geh' haam! vielleicht noch mehr wie Du?" |

| M. W. | Kam gestern ein kleiner Heiner, um zu betteln; auf meine Frage, warum er betteln müsse, sagte er, sein Vater sei blind und seine |

Mutter sei tot. Nachdem er seinen Obulus empfangen, fragte ich, wie er das Geld zu verwenden gedenke, ob er sich etwas Süßes dafür kaufen wolle, und erhielt die Antwort: Ich brings meiner Mutta. Nun hielt ich ihm vor, daß seine Mutter doch tot sei; da sagte er ganz unverfroren: „Naa, sie is erst krank."

Der fünfjährige Heiner schaut ganz versunken auf eine Schar Gänse und sagt plötzlich: „Wann die Gäns aach Mensche wärn, wärnse bestimmt all Medcher!"

Klein-Heiner ist von der Mutter angehalten, vorm Einschlafen zu beten: „Liewer Gott, mach mich fromm, daß ich in de Himmel komm!" Die damit verbundenen Versprechungen, immer artig zu sein, damit das Himmelreich winke, macht den Heiner schließlich nervös und mißmutig. Er weigert sich, fortan zu beten. Die Mutter ist entsetzt und will den Grund wissen.
„Ei, Mudder, wos soll ich dann do owwe im Himmel dreiwe? Ich will liewer beeß sei un bei eich bleiwe."

Im Sommer ging ich spazieren am Woog, K.
Und als ich grad um die Ecke bog,
Lief mir ein kleiner Heiner entgegen,
Aus seinen Augen schoß es wie Regen.
Ich frug, was der Grund seines Kummers sei –
„Ei, de Schorch dort" – und immer lauter wurd' sein Geschrei –
„Der hot mer mei' Brot in de Woog geschmisse!"
„Mit Absicht?" frug ich von Mitleid ergriffen,
Entgegnete der kleine Borsch:
„Naa, awer mit Lewerworscht!" –

Nicht erblich

Eine junge Frau hat schon mehrmals das Essen versalzen und auch sonst den Wohlgeschmack versaut. „Mei Mudder hot doch besser gekochd wie du", seufzt der Ehemann. Das bringt die Frau auf: „Mei aach! Awwer hoste je geheerd, deß ich aach nur aa klaa Werdche driwwer verlorn hett?"

Karl Schaffnit

Zammezehle

HEINER: Schorschje, rechen mal ganz schnell,
   Und dann sag mr-s uff de Stell,
   Wieviel Katze s zamme gibt,
   Wann schon a im Hof rumhippt,
   Um ihr Flinkigkeit zu zeige,
   Un noch drei dezu dun schleiche!

SCHORSCH: Heina, geh, du machst bloß Spaß!
   Vier sins! Ach, deß wär aach was!
   Geh! Ich will dr mal was sage:
   Mußt mich bißje schwerer frage!

HEINER: Gut! Im Hof da sitzt e Katz
   Un e Wärmche un e Spatz
   Uff am Butze schee beisamme.
   No, wieviel gibt deß dann zamme?

SCHORSCH: Also: Wärmche, Katz un Spatz
   Gibt zusamme grad a Katz!

HEINER: Was! A Katz? s sin doch drei!
   Was machst du e Rechnerei?

SCHORSCH: O na! Heina! s gibt bloß ans,
   S gibt a Katz bloß, ganz ellans!
   Dann ds Wärmche frißt de Spatz,
   und de Spatz – den frißt die Katz.

Wahres Geschichtchen

Das neu engagierte Dienstmädchen wurde gefragt, ob sie auch Dippehaas machen könne. Nach geraumer Zeit kam die Unschuld vom Lande und brachte ganz erhitzt – einen fast glühenden Topf. (Sie hatte verstanden: Ob sie „Töpfe heiß" machen könne.)

Die Rache

Zwei Juden begegnen einander in der Altstadt.
„Nun, Schmonzes, wohin gehst?"
„Wohin soll ich gehe? Zum Rechtsanwalt."
„Was willste beim Rechtsanwalt?"
„Was soll ich beim Rechtsanwalt wollen? Ich laß mich scheiden."
„Warum willst Du Dich von Deiner Kalle scheiden lassen?"
„Ich hab sie getroffen, mit meinem Buchhalter auf dem Diwan und er hat sie geküßt. – Laß mich, ich muß mich rächen."
Fort ist er. Vierzehn Tage darauf begegnen die beiden einander wieder.
„Nun, Mosesleben? Haste Dich scheiden lassen?"
„Nein! Ich hab mich anders gerächt."
„Wieso?"
„Ich hab den Diwan verkauft!"

Die G'schichte   Georg Volk

Beilafig säigt die Bäs e Wort,
Die Nochbern trägt's vergräißert fort,
Die Kremern bringts von Haus zu Haus,
Die Bäckern mecht e G'schichte draus,
Die trägt die Millern weirer fort,
Un jedi glabt's 'r Wort fir Wort.

„Mach' net so en Wind..."
Darmstädter Sprüch'

Ludwig Lorenz

Unser Heinersprooch

Mir soge: steck' der aa ao oo!
Bei uns haaßt's „guure, heer".
Die Heinersprooch die is mal so
Un is beschdimmd net schwer.
Mir gugge net ins Lexikon,
Mir lerne's schun als Kind.
Die Ausdrick un den Heinerton
mer närjends sunsd meh' find.

Karl Schaffnitt

Arweit

„Arweit macht ds Lewe siß"
Der Spruch werd viel gebriese,
Nor muß mr se stets drobbeweis,
Wie Azzenei, genieße,
Sunst stößt die Arweit hinnedruff
Am schließlich aach noch sauer uff!

Ein Herrengespräch

„Ei, ich glaab, du glaabst, ich glaab's?"

Georg Wiesenthal

Ein Damengespräch

„Wos how ich gesachd, howe Se gesachd? Un do hett er gesachd, sie hett gesachd, ich hett gesachd?"
„Wos howe Se gesachd? Er hett gesachd, sie hett gesachd, Sie hette gesachd?"

Die Darmstädter Gretchengeschichte   Georg Wiesenthal

„Annern Leid's Kinner immer – nix. Unser oarm Greedche aamol – patsch!"

Jede stellt was   Hans Karl Stürz

Das im Vorübergehen erlauschte Ende einer Unterhaltung dreier Frauen in der Bessunger Straße: „Also des mache-mer aach. Sie stelle de Kaffe, un ich stell die Stiehl."

Nachbarliche Hilfe   Robert Schneider

Die „Heweklesern" zum „Bienche Bimmbernell":
„Ach, kennt ich net emol mei Kaddoffel in Ihne Ihrm Fett reeste? Sie derfe aach Ihr Flaasch in meiner Supp koche."

Morgens auf dem Markt

Eine Hausfrau kommt an einen Marktstand: „Morje!"
Die Griesemer Marktfrau: „Morje!"
Die Hausfrau: „Hawwe Se Zwiwwel?"
Die Marktfrau: „Morje!"
Die Hausfrau: „Morje?"
Die Marktfrau: „Morje!"
Die Hausfrau geht: „Morje!"
Die Marktfrau: „Morje!"

Hartmuth Pfeil

Wintervorrat

„Luisje, jetzt hoste sozusage richtichgehend Holz vor de Hitt."

„Wie haaß-de dann?"

„Wie haaß-de dann, Klaa'ner?"
„Isch waaß ned."
„No, wie rufd disch dann daa'n Vadder?"
„Där rufd mer ned, där peifd mer als."

Die Schäbbe

„Wann eiern Schäbbe unsern Schäbbe noch-emol Schäbber schennd, schennd unsern Schäbbe eiern Schäbbe so lang Schäbber, bis eiern Schäbbe unsern Schäbbe net mehr Schäbber schennd."
(Wer kann's ganz schnell sprechen?)

Zwei Heiner streiten

Georg Wiesenthal

Zwei Heiner im besten Jugendalter hatten miteinander Streit. Den Tätlichkeiten ging zunächst ein Wortgefecht voraus, das etwa so lautete:
„Geh weck, wos de seggsd, is all net wohr."
„Wos, 's is ganz klor, du hosd mei Bie'n geschdrenzd un meechsd's jetz wegleiene."
„Holt dei Maul mit deine Lieje."
„Schweij, sunsd kriesde e poor."
„Older, ember dich net, sunsd kannsde glei dei Fett krieje."
„Wer' nor net so grob, du Dreckmaul, du Wasserkobb, du Idjod."

„Halt dei Bambelschnud, du Schdromer, sunsd gibd's glei uff die Dutt."
„Schääler Kribbel, noch aa Word un du kriesd dei Feng."
„Du schääler Hund", schrie der andere, und es ging los. Sie wälzten sich auf dem Boden und wurden nach einiger Zeit auseinandergerissen.

Beim Auseinandergehen blieb der eine noch einmal stehen und rief zurück: „Waag dich net in mei Gaß, du Oodoa'm, sunsd kumm ich mit mei'm Brude', dann kriesde vun uns zwaa noch ganz annern Ebbel, schääler Giwick."
Der andere rief ihm nach: „Dreckwatz, heb mich hinnerum! Un gauz net weire', sunsd kennd dich de Hundefenge' krieje."

Debatte
Hartmuth Pfeil

„Wos di en Krach verfiehrn. – Haacht eich,
un seid aanisch."

Ameriganisch

Hans Herter

Do is-en Heiner mi'm Flugzaig nooch Ameriga gemacht un unnerwägs is-er mit sei'm Nachber, 'me Ameriganer, der wo e bißje Deitsch gekennt hodd, ins Gespräch kumme.

Wie-se dann in Ameriga uff-em Flugplatz geland worn, hodd dem Ameriganer sein Schoffeer dogestanne, hodd sein Chef un den Heiner froogend oogeguggt un gesagt: „Misder?"

Do hodd unser Heiner abgewunke: „Naa, mir misse net."

In Amerika fragt man „How are you?" In Texas wird das abgekürzt auf „How?"

In Deutschland fragt man „Wie geht es Ihnen?" In Darmstadt wird das abgekürzt auf „No, wie?"

Wilhelm Stühlinger

Im Darmstädter Hauptbahnhof

Ein Reisender aus Richtung Frankfurt/Main will in den Odenwald weiterfahren und muß in Darmstadt umsteigen. Bei der Einfahrt in den Darmstädter Hauptbahnhof fragt er einen Mitreisenden, ob er wüßte, wo der Zug in den Odenwald abführe.
Der rät ihm: „Nix wie e-naus un e-nuff un e-niwwer un e-nunner un e-neu!"

Was mer als so sache

„Wäsch mich, awwer mach mer de Pelz net naß!"

„'s hot alles sei Sach, de Hinnern geheert in die Hos!"

„Mach net so en Wind mit deim korze Hemd!"

„Wos gäww-ich uff mei schläächd Geschwädds vun gestern."

„Dabbichkeit verloß mich net!"

„Ich ärjer mich net, un wann ich vor Zorn verbladds!"

„Besser e Platt als wie gor kaa Hoor uff-em Kopp."

„Wos mer net im Kopp hot, muß-mer in de Baa hawwe."

„Da hawwe-se Schbuddse im Kobb un Ferz im Hern und debei nix Rundes wie ehrn Hinnern!"

„Gesse hätte mer, geschafft wär glei."

„Liewer Gott, loß Owend werrn, morje werds vun selbst."

„Schdärwe – däß heew-isch mer uff bis zuleddsd!"

„Der is so hell, der steckt owends e Kerz oo un guckt, ob's eleäkdrisch Licht brennt."   Georg Wiesenthal

„Schorsch, der Hahne-Gockel bestellt sich Pommfritts mit Gereeste!"   Georg Wiesenthal

Am Stammtisch aufgeschnappt   Wilhelm Hergt

„Ich hab'n Dorschd, daß ich de Woog aussaufe kennt midsamd de Fresch!"

„Gewwe-Se mer e Zwelfdel Dutzend, awwer gut sordierd!"

„Ich kum-mer vor wie en Schmaaßert im Flaaschlade."

„Greif emol eme naggische Mann in die Dasch!"

„Ich bin gehaache und gedrede wie e Kercheorjel."

„Do fehld nor noch de Henkel zum Wegwerfe!"

„Des fludschd, des räumd, des gibd e Stick!"

„E hosewoarm Flaaschworscht..."

„Des is so iwwerflissich wie en Grobsch!" (Kropf)

„... awwer mit Fendiladionskardoffele!" (Zwiebel)

„Wos hot der narrisch Schollekibber sei Schwuchde kriggd."

„Die old Schwefelheggs, die rabbelderr Pandhausschlenk mit ihre Streichhelzerbaa, die will kaaner, ned for e scheel Gaas."

„Ui, wos hawwe die heit werrer schwer gebrennd, die stehe der uff de Schnebb!"

Hartmuth Pfeil Darmstädter Gespräche

Was ist blemmblemm?

Johann Sebastian Dang

Mitwirkende: Der Vater – die Mutter – der Sohn.
Ort der Handlung: Ein Darmstädter Wohnzimmer.
Zeit der Handlung: Wie es Euch gefällt.

1., 2., 3. und letzter Akt.

(Der Vater liest in „Tausendundeiner Nacht"; die Mutter dreht seit einer Stunde am Radio; der Sohn, 1. Schuljahr, studiert im „Almanach der deutschen Automobilbranche".)

SOHN (*blickt auf*): Vadder, de Erwin hodd gesachd, isch weer blemmblemm, weil isch behaubd hab, die Schdeierräder deede jedds aach mid Differensjalgedriewe gebaud werrn. Woß iß dann däß, blemmblemm?

VATER: Blemmblemm? Ja, däß iß, wann aa'ner woß an-de Erbs hodd.

SOHN: An-de Erbs? An weller Erbs?

VATER: Na, du kannsd aach saache: är hodd waß am Schdreißje odder am Helsje odder am Kneschelsche.

SOHN: Ja, wieso dann? Däß vaschdeh isch ned.

VATER: Also baß emol uff, Bub. Däß haaßd, är hodd waß am Brobeller odder am Reesje oder am Radiesje. Du kannsd awwer aach saache: är hodd-en Schbarrn, oder är hodd-en Higg oder en Klabs. Hos-de's jedds vaschdanne?

SOHN: Naa', Vadder. Awwer do saach mer doch-emol rischdisch, woß däß haaßd.

VATER: Ei, du dummer Bub, isch saach der's jo die gans Zeid. Blemmblem, waaß-de, däß iß, wann aa'ner so-e bißje schlääschd iß. Do kanns-de härkumme unn kansd-en frooche: gäll, du bisd ned gans dischd, odder: gäll, du bisd hohl, odder: gäll, disch hawwe-se mid-em Lufdballon iwwerfoah'n? Unn wann-er's dann immer noch ned vaschdehd, dann seggsde-de zu-em: ich glaab, du hosd waß an-de Rassel, odder: du bisd e bißje waasch im Hern, oder: isch glaab, dir rabbeld's ... Awwer Bub, woß weins-de dann?

MUTTER: Mann, isch glab, du schbinnsd. Du machsd jo den Bub gans veriggd.

VATER: Ja, wieso dann? Isch gäbb-mer doch die greeßd Mih. Awwer in dem Pungd kummd där Bub gans uff disch eraus. Manscher bedabbeld's hold nie.

MUTTER: Dangge, gleischfalls!

VATER (*tut, als habe er das nicht gehört*): No also, Bub, jedds heer mol. Do iß so aa'ner, so-e narrisch Beidsch, waaß-de, där iß ned gans bei sisch, där iß als Kind emol uff-de Kobb gefalle, so-en Schbinner, där wo reif fer Hebbenum[1]) iß, vaschdehs-de, un zu dem seggs-de dann: isch glaab, du hosd en Voel, odder: gäll, du bisd hinne uff, odder: du bisd gepiggd, odder... no, Fraa, do helf mer doch-emol e bißje!

MUTTER: Dir? No ja, dir iß-e Fedder gebladdsd unn dir iß ned gud, disch hodd's unn du hosd-en Klaa'ne ab, du Schbineedler!

VATER: Ja, saach-emol, Fraa, wie kumms-de dann dezu. mir däß alles hier vor dem Bub ins Gesischd ze-saache? Isch glaab, du bisd jägg!

SOHN (*hört auf zu weinen und lauscht gespannt*)

MUTTER: Zu dir? Ja, wer maand dann disch? Isch glaab werglisch, bei dir iß-es ned gans rischdisch im Owwerschdibbsche. Du hosd misch doch gefroochd, du Schbuggdeed.

VATER: No, do heerd sisch doch alles uff! Scheemsd du disch dann gorned vor dem Kind? Greif-der mol wohie, ob die Mussik noch schbield! Wie kanns-de dann saache, isch weer vumm Wadds gebisse?

MUTTER: Heer mol, jedds ligg bloß ned! Däß haww-isch gorned gesachd. Isch bin doch ned iwwergeschnabbd. Isch glaab, dir hawwe-se geschriwwe.

SOHN: Naa', Vadder, däß hodd die Mudder aach ned gesachd.

VATER: Hold dein Rand unn wadd, bis-de gefroochd werrsd. Du hosd wohl-en Rabduß, heer. Un du bisd-mer aa so de rischdisch Schbinnegiegser. Do redde-se vunn Differensjalbetrieb unn wisse noch ned emol ...

---

[1]) Damals die Landes-Heil- und Pflegeanstalt in Heppenheim/Bergstr.

SOHN: Gee-, Vadder, Gee-drieb!

VATER: Wieso? Ja, zum Dunnerwedder, maa'nd ihr dann, isch hedd-en Aff gefriehschdiggd?

MUTTER: Naa', däß ned, awwer en Kasber!

VATER: Elisabeth! Isch glaub gar, du hosd-en Schlaach mid-eme nasse Hannduch kriggd. Waß soll dann däß oa'me Kind vunn uns dengge? Där Bub muß jo glaawe, bei dir weer e Schraub los. Unn isch glaab sälwer, du bisd e bißje bleed, sunsd kenns-de doch so äbbes gorned saache.

MUTTER: Ja, soll isch villeichd saache, du heddsd en Käwwer gefriehschdiggd? Unn jedenfalls, en Schdisch ins Griene hos-de doch aa, wann-de do erumkreischsd wie-en Halbschlääschde. Der Bub, woß där dengd? Där dengd sischer, du weersd beschdußd.

VATER (*leise für sich*): Unn du hesd-en Forz im Hern ...

MUTTER: Pfui, schäm disch, Gusdav! Maans-de isch hedd ned vaschdanne, woß-de äwe gesachd hosd? Na, Büldung hosd du kaa', awwer-e gans geheerisch Fehlzindung!

SOHN (*springt auf, schreit jubelnd*): Vadder, Vadder ...

VATER: Woß kreischs-de dann so? Gäll, du hosd-se ned mehr all?

SOHN: Ei Vadder, die Mudder ... Woß heddsd du? E Fehlzindung? Ei, do waaß isch's jo jedds ...

VATER: Woß dann?

SOHN: Ei waß blemmblemm iß!

MUTTER: Godd sei gedanggd, gedrummeld unn gepiffe!

VATER (*wirft einen bösen Blick auf die beiden und verläßt das Zimmer*): Isch glaab, Ihr habd alle zwaa aa'n wägg ...

Wer's waaß werd's wisse!

Rolf	Autsch!

Du bist jo, sehkt de Kall zum Schorsch,
Im Heinerdeitsch so dorch un dorch
Un waaßt dann also aach gewiß
Was for e Ding e „Biebaa" is?

Gell Alter, ich hab's jo glei' gewißt,
Daß de doch noch net allwissend bist.
Un doch is die Frog so leicht wie nie:
E ‚Biebaa', schläächt Oos, isse Baa vun 're Bie!"

W.w.w.w!*

Hedwig Witte	Was ist ein „Kaddoffelkäfer"?
Ei, einer, der wo Kaddoffel keeft!

Hedwig Witte	Was ist ein „Schlafsaal"?
Kein großer Raum zum Schlafen, sondern ein Schleifseil.

Was ist ein „Elove"?
Ei, ein Ölofen.

Was ist ein „Hypochonder"?
Ein toter Floh – „hippe konnt er".

Urgeschichtliches im Museum   Hartmuth Pfeil

„Vor vierhunnert Million Johr soll der Quasteflosser geläbt hawwe – en Stammvadder von de Menschheit."
„Der wer aach besser versoffe."

„...alles, was Baa hodd, gehd hie."
Vun de Metz' zum Heinerfest

Herman Müller

Die Darmstädter Messe war ursprünglich nur auf dem Markt und dem Ernst-Ludwigs-Platz aufgeschlagen.

Alljährlich zweimal erschien das Geschwisterpaar Wurm aus Tirol mit ihren guten Glacéhandschuhen, und auch die Tiroler mit Teppichen durchzogen die Stadt. Sagt doch im „Datterich" der „unheflich' Bengler": „Er helt mich in seim Suff vor en Teroler, weil er von Debch schwätzt." –

An leiblichen Genüssen gab es nur Waffeln, Zwetschen- und Zimmetkuchen, der letztere meist so dick, daß der arme Heiner mit einem Stück in der Hand jammerte: „Ei, ich kann net enuff!" Sonst gab's nur noch „Bawweljotte" mit schönen Verschen und grüne „Klumpe" sowie Lebkuchen direkt aus dem Odenwald.

Auf dem Ernst-Ludwigs-Platz waren die Sehenswürdigkeiten, die Panoramen und Wachsfigurenkabinette aufgeschlagen, da war „Bamba, der wilde Aschanti", die Riesenschlange und die „Boa

Darmstädter Messe

anakonda oderrr die Abgottsschlange" zu besehen; schrei- und redegewandte Ausrufer priesen bei Pauken- und Trompetenschall ihre Herrlichkeiten: Hier sehen Sie die berühmten Albinos, diese Menschen haben weiße Haare und einen roten Augenstern, fressen rohé Fisché, rohes Fleisch, sie wohnen sechs Fuß unter der Errde und kommen nur des nachts hervor, um sich ihré Nahrung zu holen. – Ein anderer schreit: Ahaaa! Das muß man sehen! Da muß man das wenige Geld sich nicht gereuen lassen, da muß man nicht denken, daß das abstoßend oder unanständig wäre – da kann jede Dame eintreten! Ich bin überzeugt, daß jedermann den Schauplatz mit Zufriedenheit verläßt. – Zum Schluß den „Herrschaften, die in der Kaserne wohnen", die Bemerkung, daß die Vorstellung vor 9 Uhr zu Ende ist. etc. etc.

Die „Straßen" der Stadt waren zur Meßzeit belebt durch zahlreiche Drehorgeln mit zugehörigen „Moritaten", herumziehende Harfen-

mädchen und Musikkapellen; die Mitglieder der besseren meinten mit Stolz: „Mir spiele' nach Note! mir sein kei' Fulder!" – Außerdem übte der urwüchsige Hanswurst im „Bortschenellerkaste" auf groß und klein allezeit die mächtigste Anziehungskraft aus.

Wilhelm Kaminsky

E alt' Kameel

Seit Johr'n, do gibt's hier in de Meß
For unser Klahne scheene Späß;
Mer sieht se laafe voller Hatz
Eniwwer zum Baradeblatz.

E alt' Kameel werd a'geguckt,
Die Hälft Hoorn sin dem abgejuckt;
Aach Affe sin debei e Mass',
Die mache'n ja de greeste Spaß.

Kimmt dann e Heiner a'spaziert,
Der Luste zu 'me Ritt vaspiert,
So werd der uff's Kameel gesetzt
Unn's Äffche an den Kerl gehetzt.

Des Dhier, des is Eich voller Schlich'
Unn macht glei an de Heiner sich;
Der werd beleckt, gekratzt, geroppt,
Gekitzelt, mit de Pot gekloppt.

Die Kinnerschaar freit sich do sehr,
Kimmt gar net aus dem Lache mehr;
Unn wann se sich dann haam gemacht,
Werd lang noch an's Kameel gedacht.

Beim klahne Ludwig ging's mol so:
Sei' Großbaba, der wor grad do,
Unn macht sich mit dem Knerbs erum –
Dem Bub wor des e Gaudium.

Wie sich de Großbaba mol bickt,
Do kleddert schnell unn doch geschickt
De Ludwig uff sein Buckel 'nuff
Unn setzt sich ganz gemiedlich druff.

Do mahnt de Großbaba voll List:
„Des klahne Äffche du jetz bist?" –
„Ja", sehkt de Ludwig ohne Hehl,
„Un du, du bist des alt' Kameel."

Der „Kasper" Hildenbrandt

Karl Esselborn

Der größten Volkstümlichkeit erfreute sich der vortreffliche Kasperldarsteller Ludwig Hildenbrandt [1853–1930]. Der gedrungen und kräftig gebaute Mann, dessen behäbiger Gestalt man nicht sein Körpergewicht von zweihundertundfünfzig Pfund ansah, dessen wohlgebildeter Kopf mit den freundlich schalkhaft dreinblickenden Augen sich im Laufe der Jahre nur dadurch verändert hatte, daß sich auf die blonden Haare der Schnee des Alters legte, war eine eigenartige Persönlichkeit, die unter die Darmstädter Originale gerechnet werden muß.

Er erlernte das Schreinerhandwerk und wandte sich nach dem Kriegsdienst 1870/71 dem Marionetten- und Handpuppenspiel zu. Nach seiner Hochzeit im Jahre 1885 machte er sich selbständig und gab im Jahre 1886 zum erstenmal auf dem Paradeplatz zu Darmstadt Vorstellungen. Seine Schaubude hatte er selbst hergerichtet, auch das Proszenium und die Hintergründe hatte er selbst gemalt, die Puppen selbst geschnitzt, später leisteten ihm seine Söhne hierbei Hilfe. Die meisten Stücke entwarf oder bearbeitete er ebenfalls. Niedergeschrieben hat er sie nie. Er hatte sie sich im Kopf zurechtgelegt, wußte sie auswendig, außerdem verfügte er über eine große Fertigkeit im Improvisieren, die ihn jede Gelegenheit zu lokalen und zeitgemäßen Witzen wahrnehmen ließ. Bei aller Schlagfertigkeit seines Witzes war dieser aber niemals verletzend, wurde auch nie im Sinne der Zote anzüglich. Er brachte auch nie etwas, das für ein Kinderohr schädlich gewesen wäre: er war ein großer Kinderfreund, und die Jugend zählte zu seinen treuesten Zuhörern.

Den Beginn der Vorstellungen kündigte ein Trompetenstoß Hildenbrandts an, der nicht gerade ein Meister auf diesem Instrument war. Dann fragte er die herbeigeströmten Buben: „Seid ihr alle da? Dann rufet Ja!" Nachdem diese Frage durch einen vielstimmigen Chor bejaht worden war, fuhr er fort: „Jetzt will ich euch einmal ein Liedchen lehren:

> Der Kasper kimmt, der Kasper kimmt,
> Der Kasper is schon da,
> Der Kasper hot sich uffgehängt
> Von weje seiner Fraa."

Als auch das geschehen war, mußten die Buben noch zweimal „Hurra!" rufen, ehe Hildenbrandt verkündete, daß nunmehr die Vorstellung beginne, und was aufgeführt werde. Die Buben, die Hurra gerufen hatten, mußten ihren Groschen entrichten, ehe sie sich setzen durften. Hatte einer keinen ganzen oder halben Groschen mehr, dann fragte ihn Hildenbrandt, was er mit seinem Geld gemacht habe. Wenn er nun erklärte, er habe sich eine Zuckerstange dafür gekauft, dann wurde er angewiesen, sich hinzusetzen.

Den eigentlichen Beginn der Vorstellung kündigte eine Glocke an. Diese hatte später den Weg in den Verein „Alt-Darmstadt" gefunden, wo sie das Zeichen zum Beginn der Veranstaltungen gab. Hildenbrandts Kaspertheater war eine ständige Erscheinung auf der Darmstädter oder den sonstigen von ihm besuchten Messen. Aber es war nicht immer da, es fehlte mitunter auch einmal. Und diesem zeitweiligen Fehlen lag die richtige Erkenntnis zugrunde, daß das, was immer zu sehen sei, nicht geschätzt werde. Ludwig Hildenbrandt verstand auch die Kunst, sich rar zu machen.

Ursprünglich hatte das Kaspertheater auf der Darmstädter Messe seinen Standort auf dem Ernst-Ludwigs-Platz, dann auf dem Paradeplatz, später auf dem Schlachthofsplatz und zuletzt am [alten] Hallenbad.

Zum letztenmal war es im Herbst 1929 auf der Darmstädter Messe.

Hans Holzamer

„Balicko, Balacko!" Das war das Schlagwort des alten „Kaspar Hildenbrandt". Fremdartig und klangvoll, aber anfeuernd wie ein Trommelwirbel; denn dann kam wie eine Salve das: „Ich schlag der uf de Backo." Quietschende Kinderstimmen riefen es, schrien es, jubelten zu dem alten Manne empor. Wochenlang konnte man es hören. Irgendwo in der Ecke eines freien Platzes brüllte es ein Knirps und blähte sich dabei auf. Mehr als Zauberer und Lachtempel, mehr als exotische Schau und musikumdröhnte Belustigung war „Kaspar Hildenbrandt" ein Glanzstück des Marktes. Er war eine Rarität in seiner Art, ein Stück aus der alten Zeit, wo der Jahrmarkt noch ein funkelndes und schillerndes Gepräge hatte. Vieles um den Alten hatte sich verändert. Schreiender waren die Farben geworden, kitschiger die Darbietungen. Bescheiden, unansehnlich war sein Theater geblieben. Aber es hatte

Ludwig Hildenbrandt (rechts) mit seinem Kaspertheater

ein Zauberwort am Kopfe: „Hildenbrandts Kaspertheater". Nur als es die elektrischen Lampen bekam, wurde es einen Schein heller. Es stand meist am gleichen Platze. Oft kam es spät. Am Samstagabend erst. Da tuschelten und stritten schon die Kinder vor dem noch leeren Platz. Ob er diesmal nicht käme, der „Kaschper Hillebrandt?" Und am Sonntagmorgen stand es schlicht und bescheiden, gerade fertig angezogen da. Und an der einen Ecke stand da oft ein kleiner alter, weißhaariger Mann, gesetzt und breit, mit großem, ausdrucksvollem Kopf und spöttischen Augen. Meist in der Hand ein Butterbrot und eine Salzgurke. Die aß er dann so schön langsam aus der Faust. Dabei ging unablässig sein Blick über die Vorübergehenden. Es war gleichsam, als wittere er die Stimmung. Da kamen ihm wohl die lustigen Einfälle, womit er sein Spiel würzte. Denn er war immer auf dem laufenden, immer originell, voller Scherze, voll witziger Spötteleien. Er war mehr als ein einfacher Puppenspieler. Er war ein Komödiant, von innen heraus, vom Blute her. Deshalb erschien er auf einmal selbst auf der Bühne. Da war er in seinem Element, da wirkte er in seinem Element, da wirkte er unmittelbarer. Da dirigierte er, spielte, prügelte, blies Trompete und sang Kuplets. Hatte immer etwas für die Großen und die Kleinen, für die Großkopfeten und die Gedrückten ... Jahraus, jahrein hielt „Kaspar Hillebrandt" seine lustigen Gespräche mit einer immer jubelnden Kinderschar. Er war immer unter ihnen. Da fiel der Schutzmann auf die Nase, weil die Kinderschar es stürmisch verlangte. Da bekam der Kaspar Hiebe, und das Krokodil wurde erschlagen und dem Teufel eine lange Nase gedreht. Balicko, Balacko!

Robert Schneider

Unser liewer, alder Freund aus unsere seeliche, freehliche Jugendzeit – de Kasber Hildebrand – hot die Aage uff immer geschlosse und hott sich zu seine Väder versammelt. Iwwer fuffzich Johr hott-er sei Bobbe danze losse. Dausende vun Kinner hott er es Lache gelernt, dorch ihn hab ich die erst Bekanntschaft mit de dramadische Muse gemacht, awwer bis in die letzte Johren bin ich'm als Abonnent drei gebliwwe, und hab'm in aller Dankbarkeit e halb Stindche geobfert, wann er mit seim Borzenellekaste uff de Mäß war. – Indendante, richtiggehende Indendante und Theaterdirektore un so, die gibts in Deitschland immer un ewich; awwer „Kasber", lustige, liewe, frohe un gesunde Kasber, die sinn sehr, sehr selte.

Hans Herter

Knickeier!

De Knibbeldick steht uff de Meß
Un dhut kaa Aag verwenne,
Sei Läbdag indressiert-en deß,
Drum kann er sich net drenne.

Sei Fraa, die hott-en fortgeschickt,
Er soll emol versuche,
Ob-er sechs frische Eier kriggt
Fer in die Pannekuche.

Die Eier hott-er in de Dasch,
Do sinn-se uffgehowe,
Un weils noch Zeid wor, is-er rasch
Mol in de Meß geschowe.

Jetzt steht-er vor e große Bud,
Wo „Zauberschloß" dhut stehe,
Un denkt so bei sich: „Deß is gut,
Do neu mißt ich mol gehe."

Gedacht, gedhan, schun macht-er nuff
Un dhut sei Geld berabbe.
Dann nimmt en dunkle Gang en uff,
Den er endlang dhut dabbe.

Hier rennt-er an-me Spijel oo,
Do schläggt-er hie im Boge,
Wo annerst kimmt, wer waaß wieso,
En Fuchsschwanz rausgefloge.

Dort widder kimmt-er uff e Brick,
Die uff un ab dhut wippe,
Un frehlich dhut de Knippeldick
Aach do jetzt driwwer hippe.

En steile Wähk liggt vor em dann,
Wo'n Rieme ruff dhut laafe,
Un er sieht grod, wie do en Mann
E Mädche nuff dhut schlaafe.

„Do kumm ich nuff un ganz allaa,
Deß wer mer doch noch schenner",
So denkt er bei sich, hebt sei Baa
Un – zawwelt am Gelänner.

„De Schlag", schun läßt er widder los,
Un hosde net gesähe,
Saust rückwärts er uff seiner Hos
De Endstation entgäje.

So, owwe is-er, wann aach wie,
Un schnappt vor Freid bald iwwer.
Jetzt kimmt nor noch e Rudschbaddie,
Dann is de Spaß voriwwer.

Do fall-em haaß die Eier ei,
Die in de Dasch dhun stecke.
Es wird doch nix bassiern debei,
Denkt er un kriggt en Schrecke.

Un krampfhaft dhut-er drum sei Händ
Fest uff de Rutschbahn dricke,
Damit-em jetzt net noch am End
Die Eier gehn in Sticke.

Ganz langsam rutscht-er ohne Freid
Un schwebt in dausend Neete,
Denn hinner'm hocke nix wie Leit,
Die aach gern rudsche dhete.

Schun werd-em des Gewicht zu groß,
Deß is jo aach kaa Wunner,
Un pletzlich saust die ganze Bloos
Uff aan Schloog do enunner.

Debei fliggt aans uffs annern druff,
Die Sach is net geheier,
De Knibbeldick rafft schnell sich uff
Un guckt nooch seine Eier.

Doch die sinn allmi'nanner hie,
Dhut er sich iwwerzaige.
Er greift nor in e babbig Brieh
Un haamwärds dhut-er schleiche.

Die Knibbeldicksen unnerdeß
Is bald vor Wut vergange,
Un wie er haamkimmt vun de Meß
Dhut-sen aa glei empfange:

„Zum Dunnerkeil, wo stecksde dann?
Dir hawwe-se geschriwwe!
Es Fett verbruzzelt in de Pann,
Wo biste'n nor gebliwwe?

Her mit de Eier, awwer schnell",
Sie kann sich net bezähme,
„Ich dhet mich doch an deine Stell'
E ganz klaa bißje schäme."

Do sieht-se erst die Sauerei:
Ihr Stimm dhut iwwerschloge:
„Deß solle frische Eier sei?" – –
Do dhut-er zu-rer soge:

„Jetzt mach dich nor net so verrickt,
Heer uff mit deine Bosse,
Die Eier sinn ganz frisch geknickt,
Du kannst dich druff verlosse."

Lappingskerb   Georg Lotter

En jeder Lapping spitzt die Ohrn,
Weil er in Bessunge geborn,
Dann es is iwwerall bekannt:
„Die Kerb is widder mol im Land!"

Die Dage leßt er sich's wos koste,
Geht ins Wertshaus gern zum Proste
Un, schmeckt der Wei aach noch so herb,
Seggt sich: „Es is nor aamol Kerb!"

Im Wertshaus is kaum Platz zu finne,
Geschwabbelt voll vorne wie hinne.
Do herrscht e Stimmung un e Freid:
„Uff Kerb siehsde nor lust'ge Leit!"

In uns're Hall die Junge danze,
Bis daß die Sohle krieje Franze.
Bei neije Denz, wie die all haaße:
„Die hibbe rum wie junge Gaase!"

Die olte Herrschafte gucke zu,
Dann die liewe so gern ihr Ruh
Un denke zurück an Läwends Mai:
„Mer mißt halt nochmol zwanzig sei!"

Doch beim Friehschoppe mondags frieh
Do legge se noch e Denzje hie
Nooch Kerweweise olter Zeit:
„Wo sich jeder dodruff freit!"

Ja schee sin uns're Kerwedage,
Brauch weiter nix dezu zu sage.
Mer freit sich druff des ganze Johr:
Drum: „Uff zur Kerb, denn die is kloor!"

So ist es

Hartmuth Pfeil

„Prost, ihr Leit ... am schenste is es doch,
wann-mer mit eme nahrhafte Schoppe unnerm
Volk hoggd."

Stimmungslied zum Frühschoppen

Georg Lotter

Solang die olde Bitt steht
Am Forschtemaasterplatz,
En Lapping gern zur Kerb geht
Mit un aach ohne Schatz.
Solang zum Festgetriewe
Geschmickt sin Strooß un Haus,
:/: Solang sterbt unser Liewe
Zur Lappingskerb net aus.

Solang noch Quetsche reife
Uff uns're Äcker draus,
Duhn mir zum Kuche greife,
Der uns läd ei zum Schmaus.
Ja, bei dem Kerbbetriewe
Riecht der aus jedem Haus:
:/: Die Quetschekucheliewe
Sterbt uff die Kerb net aus.

Solang in Gastwertschafte
Gibt's Werschtcher, Bier un Wei,
Die mir so gern verkrafte,
Kann's gornet annerst sei!
Dann unser ganze Liewe
Geheert dem Kerweschmaus:
:/:Un all die edlen Triewe
Gehn uff die Kerb net aus.

Hartmuth Pfeil: Ewerschter Kerb

Solang noch unser Hall steht,
De Lapping ihr „Gut Stub",
Wo alles so gern nei geht
Im frehlich frohe Trupp
Un bei dem Kerbbetriewe
Hält bis zum Schlusse aus:
:/: Solang sterbt unsre Liewe
Zur Lappingskerb net aus.

Solang beim gute Trobbe
Am Kerwemondag frieh
Mir gern en Schobbe robbe,
„Er" un ich glaab aach „Sie",
Un finne nooch dem Schobbe
Erst owends dann ihr Klaus:
:/: Sterbt bei dem gute Schobbe
Die Lieb zur Kerb net aus!

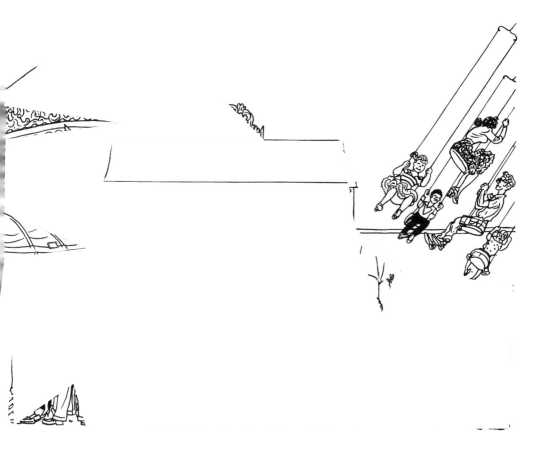

Wilhelm Stühlinger   Fest im Watzeverdel

Es gibt in Dammstadt e Verdel,
do wohne en Haufe Leit.
Die halte zesamme wie Merdel,
des sieht mer aach widdermol heit.
Ja, heit sin se all beisamme,
ob dick odder dinn, klaa un groß,
de Oba, die Oma, die Mamme,
dann heit is im Verdel was los.

Des Verdel hot kaan scheene Name,
dofier sin die Leit awwer schee.
Die Schennste sin die, die wo kame,
aach wann en die Fieß duhn weh.
Dann, wann es was gilt zu feiern,
do is kaaner krank un mied.
Drum kenne mer weiterleiern
des scheene un geistreiche Lied.

Im Verdel, do gibt's grad kaa Berge
un aach kaa große Paläst'.
Mir hawwe awwer drei Kerche,
viel Schule un Beem voller Äst.
Aach wohne do viel Studente,
wo an de TH studiern.
Was steert die die „Ost-Tangente",
wann die mit de Mädcher pussiern.

De „Herrngadde" kennt viel verzehle,
vun Zoores un aach vum Glick,
wann dort se enanner erwähle,
meist nor for en Aageblick.
Drum is unser „Watzeverdel",
was aamool in Dammstadt nor gibt,
vum Kopp bis an de Gerdel
bei all, wo do wohne, beliebt.

(Zu singen nach der Melodie: „Mariechen saß weinend im Garten.")

Schdegg-der ah oo oh

Hartmuth Pfeil

„So, ihr Leit, es is soweit! Ich will vun jetz ab in Dammstadt kaan naggisch, ohne dess Festabzeiche – erumdabbche sähe. Denn: Mir sinn Heiner, uns kann keiner ..." – – –

Heinerfest

Georg Lotter

Mer hot sich soo schee dro gewehnt,
Enei geht es mit Schwung.
Uff's Fest, wo jeder sich druff sehnt,
Un des uns macht so jung.

Ja, Heinerfest, wie schee des klingt,
Ganz Dammstadt sich druff freit,
Uns jedesmol viel Freide bringt,
Soll bleiwe fer alle Zeit.

Es is mol Dammstadts Heimatfest,
Mecht kaaner es mehr misse,
Vun alle Feste doch des best
Duhn all mir Heiner wisse.

Des Festplakett werd ohgesteckt,
Ganz ohne sieht mer keiner,
Un jeder zu dem annern seggt:
„Heit sin mer alle Heiner!"

Am Dunnersdag den Bieranstich,
Duht mer den net versäume!
Do treffe Prominente sich,
Wie duht des Bier so schäume.

Aach Stadtherrngadde net vergesse,
Der ohgestrahlt so schee!
Wer fer Konzerte hot Intresse,
Der duht do gern hie geh.

Friehschoppe mondags – no ihr wißt,
Gemietlichkeit ganz groß.
Mer aus de Hand die Brotworscht ißt,
Un wos do all is los.

Deshalb mach du aach freidig mit,
Bei dir allaa duhts lieje,
Zum Heinerfest nooch olter Sitt
Winsch ich eich viel Vergnieje.

Hans Herter

Mickedormels Aufruf zum ersten Heinerfest

Auf ihr Heiner, uff die Socke,
macht eich frehlich all bereit,
ob er jetzt am Woog dhut hocke,
oder als noch auswärts seid.
Peift mol all uff eier Sorje,
uffs Finanzamt sowieso,
un seid vun heit bis iwwermorje
uffem Heinerfest all do.

Heinerfest

Hartmuth Pfeil

„Pimm, isch kenne keine Paddeien mehr, isch kenne nor bloß noch Heiner."
„Un die haaße gewehnlich Schorsch oder Lui, he-er."

Zur Heinerfest-Eröffnung

Hellmut Koehler

„Das Heinerfest sei nicht nur ein Rummelfest..."

Heiner Wilke

Bieranstich

Erst werd's festlich, ja mein Bester,
feierlich spielt e Orchester,
dann kimmt mit gemess'nen Schritt
Festproffesser Präses Schmitt.
Der werd erst e Redd uns redde,
net zu ernst, so mecht ich wette,
dann seggt er uns ganz gewiß,
daß es Fest ereffent ist.

Sozusache stante pete
folgt die zweite Festtagsrede;
diese hält uns de O.B.,
namens Heiner W. Sabais.
Er spricht gern die Sprach der Heiner,
un verstehn ihn nur Ladeiner,
macht des nix, denn unser Leit
sin schon vom Versuch erfreit.

Dann im Zelt geht es Koppheister:
Unser Faßbier-Aasteck-Meister
nimmt de Hammer un die Scherz,
haacht em Spunde uff de Sterz,
un schon fließt in jedem Falle
Freibier raus – un des fer alle.
Theoretisch stimmt des ja,
doch is Jugend vorne draa.

Laßt se nur, denn unbenomme
wern aach mir zum Bierche komme,
jetzt is ja es Werk vollbracht
un de Bieraastich gemacht.
Was dann folgt, is schunkelnd trinke,
un debai nach Mädcher winke.
Speeder seggt e jeder sich:
Es war schee beim Bieraastich!

Heiner-feste!   Heiner Wilke

Im Moment duht uns des Proste
Kräfte un Pinunze koste,
Doch mir sache nur: Was soll's
Uff des alles sin mir stolz.
Mir sin stolz off's Heinerfeste
Un uff die diverse Gäste,
Halde aach mit dene Schritt:
Heiner proste feste mit!

Singt mer so als hett mer'n Schnuppe,
Klingt's wie Reibsand-Deller-Schrubbe,
Doch die Stimm is nur verstimmt,
Weil's vom viele Singe kimmt.
Klingt es aach nur wie Gekrächse,
Darin ham mir kaa Komplexe,
Denn die Heiner die sin fit:
Heiner krächse kräftig mit!

Zeicht vom Schunkeln mit seim Glase
An de Rickseit erste Blase,
Is die Hos aach dorchgewetzt,
Trotzdem hat mer sich ergetzt.
Un mir schunkeln immer wieder
Nach dem Moddo: Auf un nieder;
Des is zwar e bayrisch Sitt:
Heiner schunkeln trotzdem mit!

Wenn beim Esse Bratworschtsoße
Spritzt em Nachbar uff die Hose,
Macht des nix, da wische mir
Dem sein Fleck weg mit seim Bier.
Will er zornig uff uns springe,
Lasse mir e frisch Glas bringe,
Sache dann: Mir sin jetzt quitt,
Heiner feiern feste mit!

Heiner Wilke

Zum letzten

No, auf dann, ihr Heiner,
was kostet die Welt!
Heert net uff die Greiner,
mir mache ins Zelt.
Vergeßt eier Soije,
des is en Befehl,
un denkt net an moije,
heit sin mer fidel.

Es blase Trumbeete,
es letzte gezecht,
denn montags ahn leede
is em Heiner seu Recht.
Laßt danze die Boppe
un macht ahner druff,
denn moijends der Schoppe
heert middachs erst uff.

Ja, heert ihr es klinge,
geht's unner die Haut?
Die Hauptsach, sie singe,
net schee, awwer laut.
Sie singe vom Maisje,
des heit scheide muß,
un versaufe ihr Haisje
un die braun Haselnuß.

Mir singe un scherze
un sin einwandfrei
hier alle mim Herze
vollzeehlich debei.
Die Leit mit Rosette
sin net unner sich,
sie sin, mecht ich wette,
bei uns hier am Tisch.

Achterbahn

Hartmuth Pfeil

„Hal mich fest, Mädche, daß ich der net fortfliech!"
„Wadde-Se nor bis mer unne sinn; da steht mein Schorsch. Der werd Ihne festhalde, daß-Se en Achter krieje!"

Das Heunerfest

Hans Herter

(Hochdeitscher Uffsatz vun mir. Zwaader Teil)

Das Schönste, was wir Heuner haben, ist das Heunerfest. Es wurde vor dem 1. Heunerfest geboren und ist heute schon eine historische Tradition. Außer dem Verkehrsverein sind noch andere Heuner dran schuld. – Diese nennt man Ausschuß.
Oft missen schwere Probleme herumgewälzt werden. Zum Bei-

Hartmuth Pfeil: Heinerfest auf dem Friedensplatz 1958

spiel, ob ein Ochs gebraten wird odder nicht. Der Ochs konnte sich aber dorchsetzen. Aber der war vun auswärts, weil mir in Darmstadt keine Ochsen haben.

Und weil das Finanzamt kein Geld herausrickt, werden Abzeichen verkauft. Wer keine kauft, ist ein Heunerfesthinterzieher odder ein Lätschgiggel.

enn das Heunerfest beginnt, werden die Geschäfte und öffentli-
 en Haiser geschmickt. Auch daheum macht man bißjen sauber,
alls Besuch kimmt. Dann machen alle Heuner um das Schloß
 erum, wo schun viele Haufen sind.
Nämlich, da ist was los. Da sind Buden, Karesellen, Worschtstände
mit Brotwerscht mit Neilohnhaut, wo man sich amisieren kann.

Aus dem Marktbrunnen fließt Wein. Das ist schön. – Aber das kostet Geld. – Das ist nicht so schön.

Der Schloßwall ist reserviert. Fier die Weindrinker. – Wann die genug getrunken haben, sind sie nicht mehr reserviert. – Im Gegentum.

Frieher war der Wall voll Kanonen, heit kann man dort kanonenvoll werrn.

Aber auch in den Festzelten. – Da wird gefeiert und geschunkelt. Und die Menschen singen, auch, wann sie nicht singen kennen. Manche schimpfen, weil die Bierkrüge zu voll sind – mit Schaum.

Am Heunerfest machen alle mit, z.B.: die Sportler, die Radfohrer, die, die wo mit der Heag fahren un alles, was laafe kann. Viele Audobesitzer kommen liewer zu Fuß, daß sie nicht noochher zu wenig Blut im Alkohol haben.

Fier die Jugend finden bisondere Sachen statt, wie Eierlaafen, Tauziehen usw. und manchmal werden efters auch Uffsätze prämiert. Ich winschte, meuner in hochdeitsch dhete aach prämiert werrn.

Das Heunerfest beginnt meistens mit einem großen Limonadenabend der Sänger, der aber auch schun verschoben wurde.

Das Heunerfest endet mit einem brüllianten Feierwerk. – Da brüllt alles: „Aaah un Oooh" un wann die Racheeten in die Luft gehn, sieht man nix wie Sterne – aber auch, wann aam aaner uffs Hiehneraag treten dhut.

Eigentlich mißte man am Heunerfest nix schaffen missen und der Tag danach mißte aach frei sein. – Denn sunst sehe ich schwazz. – Denn kommt man blau ins Geschäft, ist einem der Chef nicht mehr grün und sagt, ihm wäre das zu bunt.

Das Allerschennste bei jedem Heunerfest is die Vorfreid uffs nächste. Und ich frei mich desdewegen aach widder uffs nächste Heunerfest, weil ich mich dann widder uffs iwwernächste freien kann.

      Un weil ich immer gern mich frei,
      Bin ich aach alle Johr debei
      Un leer mei Gläsje, bis zum Rest,
      Uff Darmstadt un seun Heunerfest.

Heiner fest am Heinerfest

Hartmuth Pfeil

„Dammschdadt, du sollst läwe,
Du alde Stadt am Wooch,
Dei Bild hält jeder Heiner
In seinem Herze hoch …"

Was ist „Darmstädter Humor"?

Als Karl-Eugen Schlapp mich bat, ein Nachwort zum zweiten Band des „Großen Buches vom Darmstädter Humor" zu schreiben, habe ich mich an den Schreibtisch gesetzt und nachgeschlagen, was Humor sein soll. Ich habe Sätze gefunden: „Mit dem Humor ist es wie mit den Austern – eine Perle setzt eine kleine Wunde voraus" (William Saroyan), „Demgegenüber meint Humor zunächst unmittelbar immer eine Struktur, d. h. eine Anlage, Fähigkeit oder Bereitschaft ... und zwar meint Humor eben die Anlage für das Komische einschließlich des Witzigen" (René Wellek) und andere Sätze von sozialen Denknormen, Verhaltensmustern und „soziokulturellen Voraussetzungen, welche erfüllt sein müssen".
Ich habe mir überlegt, was ein Darmstädter, ein waschechter, ein Heiner, sagen würde, wenn ich ihm diese Sätze vorläse: Däs sin Ferz. Georg Christoph Lichtenberg schreibts vornehmer, ich zitiere frei: „Wenn ein Buch und ein Kopf zusammenstoßen und es klingt hohl, ist das allemal im" Kopf?
Trotzdem habe ich weiter gesucht. Joachim Ringelnatz, einer der bewiesen hat, daß er Humor besitzt: „Humor ist der Knopf, der verhindert, daß uns der Kragen platzt". Ernst Kreuders Darmstädter Dichterwort sieht dasselbe von der andern Seite: „Humor ist der Versuch, sich selbst nicht ununterbrochen wichtig zu nehmen." Zwischen beiden, dem fast geplatzten Kragen und dem, der im Kragen drinsteckt und seinen Ärger verspotten kann, steckt der Darmstädter Humor, bildlich, so daß man ihn mit dem Finger im Kragen spüren kann, und übertragen als etwas, was von beidem was hat, von dem einen und von dem andern. Lachen. Auf eigene Kosten lachen. Auf Kosten andrer lachen. Spöttisch lächeln, giggele, Feier kreische, en Asd lache (auf den man sich nicht immer setzen darf) oder sich sogar vor Lache schiewele. Oder kaa Mien verziehe un innwennisch lache. Und wieder alles geschüttelt, gemischt, ein paar Spritzer Bosheit dazu, nicht zuviel, nicht zuwenig, damits zum Träne lache reicht. Darmstädter Humor.
Auch dazu habe ich in Herbert Schöfflers „Kleiner Geographie des deutschen Witzes" einen Text gefunden. In dem Kapitel „Landkarte des Humors" schreibt Wilhelm Pinder:

„Der Darmstädter [Humor] insbesondere, der in Goethes Freund Merck mephistophelisch glitzerte, der in Niebergall seine volkstümliche, in Lichtenberg seine schriftstellerische Spitze hat ... Der Darmstädter ist wohl der geistig feinste Humor; meist schlagfertig wie der berlinische, oft melancholisch wie der sächsische, dennoch gerne auch Selbstbehauptung wie der bayrische, auch lebensmeisternd wie der kölnische; spöttisch bis zur Grausamkeit gegen sich selber ..., zugleich äußerst kritisch gegen andere (Darmstadt ist die Stadt der Spitznamen: ein bei Tanten aufgewachsener dürrer Herr hieß ‚der Gummibaum', ein verwachsener Schullehrer ‚die Wendeltreppe', ein sehr Dicker ‚de bees Finger', weil er so aussieht, als ob man ihn aufschneiden müßte usw.)."

Da schwillt die Darmstädter Brust, ohne daß mer deshalb geschwolle sin, Freindche, denn das ist wieder ganz was anderes. Deshalb keine lange Rede und Schreibe mehr, was geb ich fer mei schlächt Geschwätz. Lesen Sie selbst. Eine Redensart kann mehr erklären als alle Theorien. Wenn der Darmstädter zum Beispiel liebevoll bös zu einem dünn geratenen Frauenzimmer sagt: Woß-se vorne zu wenisch hodd, fehld-er hinne. Die Frauenzimmer werden mir das Männerzitat verzeihen, seien sie nun Frolleinsche (solang sie jung aussehn, gleichgültig, ob verheiratet oder nicht) oder Fraasche.

Lesen Sie laut, dann bedabbeln Sie's am schnellsten, und hören Sie zu, in der Straßenbahn, auf der Bank am Luisenplatz, in der Kneipe. Und wenn Sie's trifft, mitten ins Gesicht oder tiefer, dann gucke Se net als wann ihne die Hingel's Brod gefresse hedde, ziehe Se ach kaa Schnuud üwer den Schoode, der sei Witzjer über Sie macht; lachen Sie laut und herzlich und schlagen Sie ihm net wedder de Wasserkobb, daß es bläddscherd, sondern anerkennend, freundschaftlich auf die Schulter, von mir aus ein bißchen fester als sonst, daß er dorsch die Rippe guckt wie 'n Aff dorschs Gitter. Ärgern Sie sich nicht über den Dräggwadds, schdumbe Se ihn aach net uff, daß er Bladdfieß kriggd, 's wär net menschefreindlich.

Nix für ungut und viel Spaß mit Darmstädter Humor,

Ihne Ihr Fritz Deppert.

Unsere Autoren und ihre Beiträge

Die römischen Zahlen verweisen auf Band 1 (I) oder Band 2 (II); die arabischen Zahlen verweisen auf die Seitenzahl. Beiträge, die unter Abkürzung des Namens aufgenommen sind, sind unter dem ersten Buchstaben der Abkürzung eingeordnet.

A. E.	Leutnant Leuthner II, 123
A. O.	Willkommene Gardinenpredigt I, 313
Anonyme Köchin	Gekochte Wasserspatze II, 95
Hans von der Au 1892–1955	Der Prälat Diehl I, 205–217 Prälat Diehl bei Großherzog Ernst Ludwig zu Tisch II, 183
Peter Bajus	Der Schnelläufer Bajus I, 130
Vicki Baum 1888–1960	„Wie is eigentlich Krieg?" II, 169
Ernst Beck 1844–1922	„E Wohltat" I, 189 Von der Schloßwache II, 123 Der Mantel der christlichen Liebe II, 130 „Der Bismarck werd doch jetzt kein Unsinn mache und Friede schließe" II, 140 Großherzog Ludwig III. II, 174

Georg Benz *1901	Bladonisch Lieb! II, 59 Kwetschekuche! II, 70 De Angler! II, 242 Dichte! II, 257

Greta Bickelhaupt 1865–1919	Der Borgemoaschder vun Betzinge bsucht soin Kolleg in Darmstadt II, 267

Alexander Büchner 1827–1904	Die Hauptstraße I, 18 Tanzstunde bei Secki Herz I, 93 „Nu, es is uns gange wie de Judde im Rote Meer" I, 94 Der Bierbrauer Henzig I, 187 Der „Datterich" I, 187 „Wenn ich nicht wäre, so wärst Du der dümmste Kerl in ganz Arkadien!" I, 188 Bilder aus Arkadien II, 118 Großherzog Ludwig III. II, 174	

C. E.   Moderne Kunst II, 79

Hans Christiansen 1866–1945   Karikatur auf das Ernst-Ludwig-Haus I, 25

Johann Sebastian Dang 1891–1958
Soziologie oder Gesellschaftslehre I, 64
„Seht-er dann net, daß da hiwwe Leit stehe!" II, 130
Mer machd halt, woß so zu mache is II, 254
Was ist blemmblemm? II, 311

„Darmstädter Echo"   „Was soll mir dann so en Minister!" I, 196

Carl Delcher   Drei Darmstädter Originale aus früherer Zeit I, 84

Fritz Deppert *1932   Was ist „Darmstädter Humor"? II, 345

„Didaskalia"   Der Schnelläufer Bajus I, 131, 132

Hermann Diery 1831–1913   Der schwarze Peter bei der Hessischen Division im Frankreichfeldzug 1870/71 I, 142

Peter W. Dinkel *1941
Kinnergebet II, 77
Jugenderinnerunge II, 82

August Dreste	Moderne Schutzengel II, 92	
	Entteischung II, 93	
E. S.	Die verkennt' Millich! II, 72	

Kasimir Edschmid
1890–1966

Zweiflerisch und begeisterungsfähig:
   Dialekt und Charakter des
   Darmstädters I, 52
Im Karzer des LGG II, 110

Heinrich Enders,
die „Fraa
Hannebambel"

's Liebig-Denkmal I, 44
Vakehr I, 45
Em Großferscht sein Mohr I, 233
Zum Bescheerowend II, 40
Sylvester II, 46
Juhu, die Faßnacht! II, 50
De Rittstaa' II, 164
„Die Frösch" II, 196

Erbes

Marktplatz 1927 in der Kunststadt Darmstadt I, 194
„Na, Fraache, wie geht's Geschäft?" I, 309 (nur in der
   1. Auflage)
Hessenflieger I, 332

Ernst Ludwig
Großherzog von
Hessen und
bei Rhein
1868–1937

Der Souffleur II, 183
„Bleib so, wie Du bist!" II, 184
„Wir wollen wieder einen
   gelernten Großherzog" II, 184

Karl Esselborn
1879–1940

Die Bahnhofsuhr I, 26
„Der Schloßkranich" I, 87
Der Jude Benedikt I, 89, 90

349

Karl Esselborn	Die Herzer I, 91
	Der Kleinkinderlehrer Kirchhöfer I, 95
	Abt Vogler I, 100
	Der grobe Doktor Huth I, 103
	Der Stallmeister Huth I, 104
	Der „Maler" Berth I, 107
	Der Hutmacher Hobeck I, 108
	Der Kupferdrucker Heinrich Felsing I, 110
	Der „Ballettvater" Baron von Carlsen I, 113
	Der Maler August Lucas I, 115
	Louis Darmstädter I, 116
	Der Kanzleigehilfe Hauser, das Urbild des „Datterich" I, 117
	Noch ein Urbild des „Datterich": der Komiker Hanstein I, 120, 12
	Der Kammermusikus Wiese I, 124
	Der Ausscheller Mischlich I, 125
	Der Schnelläufer Bajus I, 129, 131, 134
	Der schwarze Peter I, 134, 140, 141, 147
	Der Antiquar Schneider, „der Bücherwurm" I, 151, 152
	Der „Knopp- oder Kloppschneider" I, 155
	Der Herrngarten-Aufseher Heppenheimer I, 159, 160
	Der „dicke Leißler" I, 167
	Der „dicke Bub" I, 174
	Der Kutscher „Hä Hopp" I, 175
	Der Hofgerichtsadvokat Zimmermann I, 178
	Der Abbruchunternehmer Ganß, „das Ofenrohr" I, 179, 180, 181
	Der Jagdbote Butterweck I, 184
	Der Trödler Löbche Haas I, 187
	„E Wohltat" I, 189
	Der Küfer Gelfius I, 189
	Der Oktroierheber Jung I, 197
	Der Wirt Wießner I, 292
	Der Exezierfeldwebel Ramstädter II, 116
	Der Trompeter Fleck II, 117
	Der Feldwebel Ihm II, 122
	Der „Kasper" Hildenbrandt II, 321
F. W.	Die Trichine II, 72
Johannes Funk	E' verzwickt Verwandtschaft II, 15
1867–	E uklor Vorstellung II, 81
	's allererst Gebot II, 256

G. S.	„Fallobst" II, 94
G. W.	„Hä Hopp" I, 176
Herbert Gebicke *1941	„De het'sd aach besser schwimme gelernt als Französisch zu babble!" II, 295
J. Geil	Die Ausstellung 1908 und ihre Folgen in der Familie Roodmich I, 280
Louis Geist 1851–1934	Der „Dobsch" im Stiwwel! I, 126
Wilhelm Hamm 1820–1880	Der Jude Benedikt I, 88 Der Schnelläufer Bajus I, 129
Ludwig Heck 1860–1951	Spazierengehen II, 266
Heinrich	Es is „de Best" II, 258
Wilhelm Heinzerling 1871–	„Chemie" bei „Babba Schopp" II, 108
W. Hennigst	Der schwatz' Peter als Kassier! I, 138
Georg Hensel *1923	Revolution auf darmstädtisch I, 64 Der Abbruchunternehmer Ganß, „das Ofenrohr" I, 181 „Ei, hawwe-mer dann gewunne…" II, 117 In Erwartung Zuckmayers II, 210
Wilhelm Hergt *1904	Am Stammtisch aufgeschnappt II, 309

Hans Herter, der „Mickedormel" 1907–1972	Unser Darmstadt, die Großstadt im Walde I, 16 De Heiner ihr Paradies I, 40 Darmstadt I, 46; II, 335 Dammstädter Luft I, 48 Heinerdeitsch I, 68 Diern un Sprooch I, 80 Der Friehschobbe! I, 262 Wie mer nix hadde I, 286 Nooch Vorschrift I, 329 „The'dor sei stack" I, 329 Die Wett I, 330 Geht frehlich dorchs Läwe! II, 14 O Dannebaum II, 42 Allaa? II, 59 Quetschekuche II, 70 De oam Vadder II, 83 De Unnerschied II, 99 Der Mensch II, 99 Wie de Lohengrin II, 208 Wann-er derft wie-er wollt II, 235 Mickedormels Vortrag vum große Sportfest II, 240 Fußballspiel un Totoglick II, 245 En große Rang II, 249 Amerigranisch II, 307 Knickeier! II, 324 Mickedormels Aufruf zum ersten Heinerfest II, 334 Das Heunerfest II, 339	
J. Heß	Der Knoddelbub II, 81	
Heinrich Hohmann 1855–1940	Der „Maler" Berth I, 107 Louis Darmstädter I, 116 Der schwarze Peter I, 138, 141 So gab's noch manch' Original I, 181 Ebbes hessisch-preißisches II, 135	
Hans Detlev Holzamer *1901, in Rußland vermißt	Der „Kasper" Hildenbrandt II, 322	

Josef Hummel	Die blinde Hesse II, 128
H. Hundsdorf	Die verhängnisvolle Sparbüchs! I, 307
Isidor	Veränderte Stimmung I, 309
J. G.	Wie das Zwiewelkäthche iwers Goethe-Denkmol denkt I, 42
J. K.	Des Sängers Fluch I, 294
„Die Jugend"	„Hier werd net gelacht" II, 195
K.	„Mit Absicht?" II, 297
K. P.	Vorschlag zur Neugestaltung des Luisenplatzes 1907 I, 27 Das verkannte Telephon I, 263 Darmstädter Bier I, 292 Scherbengericht II, 33 Schlau II, 161 Grabschrift II, 280
K. v. R.	Feuer! I, 192
Hermann Kaiser 1889–1978	„Die lustige Witwe" II, 195 „Teufel auch!" Der Schauspieler Hacker II, 198
Rolf Kallheiner	April II, 79
Wilhelm Kaminsky 1857–1943	De Angler I, 161 Der „dicke Leißler" I, 167 E Dankbarer I, 275 E Stindche im Wertshaus I, 310 E' Angstmeier I, 312 Ausdauer II, 78 Menner un Buwe II, 126 Ma muß sich zu helfe wisse II, 158 Braucht kah' Fremdwörter II, 162 E alt Kameel II, 320
Herbert Kammer *1911	Oberstabsarzt Gerlach II, 160

Otto Kappesser 1830–1918	„Fleck, hör uf" II, 117 Der Feldwebel Ihm II, 122 Herrlichkeiten im Kriege II, 139
M. Klein	Das Städtische Museum I, 152
Hermann Knispel 1855–1919	Wie es anfing II, 189
Manfred Knodt *1920	Großherzog Ludwig III. II, 176 Großherzog Ernst Ludwig II, 182
Hellmuth Koehler	Zur Heinerfest-Eröffnung II, 335

Georg Ludwig Kriegk 1805–1878	Der grobe Doktor Huth I, 101 Der Stallmeister Huth I, 104
Helene Küchler	Se hot's gewißt! II, 279
Pauline von der Leyen *1893	Müllabfuhr II, 256
Philipp Lipp 1804–1871	Der Kupferdrucker Heinrich Felsing I, 110
Ludwig Lorenz 1913–1972	Die „echten Woogsheiner" I, 39 Unser Heinersprooch II, 302
Georg Lotter 1889–1977	Die Weihnachtsgans II, 43 Do biste platt II, 53 Zum Schulofang II, 88 Die Urlaubsgans II, 166 Es werd doch alles widder gut II, 254 Die Jakobiade · 2: Beim Doktor II, 274

Georg Lotter	Die Jakobiade · 3: Lange Leitung II, 274
	Die Jakobiade · 4: Dorscht II, 275
	Lappingskerb II, 327
	Stimmungslied zum Frühschoppen II, 329
	Heinerfest II, 333
Karl Lotz *1906	Dreifach Pech II, 102
M. W.	Die Bahnhofsuhr I, 26
	Das Bett als Mittel, um Stumme zum Reden zu bringen, oder: O rühret, rühret nicht daran II, 57
	Eine Heinerin, die nicht auf den Kopf gefallen ist II, 296
	Ein kleiner, bettelnder Heiner II, 296
Friedrich Marx 1859–	Großherzog Ludwig III. II, 181
G. Melzer	Der Frankensteiner Esel I, 314
Carl Merck 1795–1859	Der Kupferdrucker Heinrich Felsing I, 109
Philibert Merck 1834–1909	Darmstädter Originale I, 84
	Louis Darmstädter I, 116
Mickedormel	s. Hans Herter
Mk.	Historisches un Gejewärtiges vum Klaane un Große Woog I, 34
Herman Müller 1841–1934	Ein Sonntagmorgen 1884 I, Schutzumschlag und Einband, Vorsatz, 1–4, Nachsatz
	Der Hotelomnibus I, 19
	Sommerliches Still-Leben I, 30/31
	Der kleine Woog I, 32/33
	Eine Woogidylle I, 36/37
	Der Pfifferling und Jungfer Lieschen I, 83
	Peter Krenz I, 86
	„Die Raab" I, 87
	Die Herzer I, 91
	Das „Chausseehaus" I, 92/93
	Herz Hachenburger I, 92
	Secki Herz I, 93

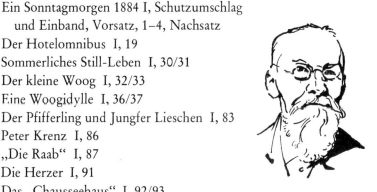

Herman Müller   Treppensturz des Secki Herz I, 94
„Vadder! Du hast Dein Fiddelboge vergesse!" I, 95
Der „Maler" Berth I, 104–106
Der Hutmacher Hobeck I, 108
Der Kupferdrucker Heinrich Felsing I, 109, 111
Der „Ballettvater" Baron von Carlsen I, 112, 113
Der Maler August Lucas I, 113–115
Der Hofschauspieler Peters I, 116, 117
Das Casino (Vereinigte Gesellschaft) I, 117
Der Kanzleigehilfe Friedrich Hauser I, 119
Der Ausscheller Mischlich I, 125
Der schwarze Peter I, 136, 140, 143, 145, 147
Der Kanzlist Berghöfer I, 162, 163
Der dicke Leißler I, 170
Der „dicke Bub" I, 174
Eine Kutsche I, 177
Der Abbruchunternehmer Ganß, „das Ofenrohr" I, 180
Ein Dragoneroffizier am Casino I, 183
„Feuerwehrmann! Wo brennt's dann?" I, 192
Das Gasthaus „zur Sonne"/Gasthaus zum goldenen Löwen I, 221
Grasernte in der guten alten Zeit I, 226
Der Brenschbacher Familiewage I, 240, 243
Am Bessunger Thor 1848, nachts 3 Uhr I, 294
Am Schloßgraben I, 316/317
„Was hätt' ich so gern als emal e Tass' Bouillon getrunke" I, 323
Von der alten Polizei I, 325
Der Hannibal I, 326
Ein Sonntagsausflug nach Auerbach an der Bergstraße I, 334/335
Professor Carl Baur (1788–1877) II, 85
Der Schulhof des Ludwig-Georg-Gymnasiums II, 103
Der Glockenhof mit Staffage aus verschiedenen Zeiten II, 124/125
Der General von Weitershausen II, 126
Aus dem sogenannten Jahr 66 II, 129
Heiteres aus 1870–71 II, 140
„Hawwe Se dann auch schon von dene sogenannte
  schöne Reitergefechte gehört?" II, 141
Parade II, 164/165
Großherzog Ludwig III. II, 171, 174
Bär'nlewe im Schloßgrawe II, 172/173
Ein Blick aus einer Parkettloge des Hoftheaters II, 187, 188
Wer's waaß werd's wisse! II, 314
Darmstädter Messe II, 318/319

Ernst Elias Niebergall 1815–1843	Datterich in der Dachstube II, 212

P.	Am Marktplatz disputierten sich zwei junge Heiner fürchterlich II, 296
Paster	Menschenlos II, 280
Alexander Paul	Der Trompeter II, 161 Wilde Ent' II, 180
Hermann Pfeiffer 1883–1964	Datterich in der Dachstube II, 212–219

Hartmuth Pfeil 1893–1962	Pimm auf dem Monument I, 15 Im „Fleehbad" I, 39 „Hoste Engste?" I, 41 Goethe im Herrngarten I, 43 Darmstädter Gerüche I, 48 Am Monument 1957 I, 49 Darmstadt den Darmstädtern I, 65 Am Tierbrunnen I, 81 Gewoge und gemesse is glei gegesse I, 288 Aufruf I, 289 „Na, Fraache, wie geht's Geschäft?" I, 309 (ab 2. Auflage) Handkees mit Mussik I, 333 Bilder aus Pimms Tagesablauf II, Schutzumschlag und Einband, Vorsatz, 1–4, Nachsatz und viele weitere Zeichnungen in beiden Bänden

Hartmuth Pfeil	Hinein! II, 13
Nickeleesje II, 35
Weihnachtsputz II, 39
Geschenke II, 40
Maskerade II, 50
Maskeball II, 51
Nadur II, 52
Es war am Aschermittwoch II, 55
Gut Holz! II, 57
Naß, nasser ... II, 64
Plastik im neuen LGG II, 113
Dragoner-Erinnerung II, 169
Freiwillige vor! II, 211
Die Stimme des Volkes II, 223
Die Eröffnungsfahrt der Darmstädter Straßenbahn II, 225
Vom Bremsen II, 235
Zwecklos II, 237
Pimm im Stadion II, 239
Ringen II, 240
Waldlauf II, 242
Angeln II, 243
Am Altrhein II, 244
Gegen Wiesbaden II, 246
„Ich sag nor: Dewedder!" II, 247
Wenn die Tribüne Fußball spielen würde II, 248
Der tot(o)sichere Tip II, 249
Höhere Mathematik II, 251
Auf un ab geht's im Läwe II, 253
„Sommer 1954" II, 259
Gucke kost nix II, 262
Gedenk-Gedanke II, 265
Ausflug II, 266
Medizin II, 273
Vegetarisch II, 276
Haus-Schlachtung II, 281
„Prost!" II, 283
„Mach' net so en Wind..." II, 301
Wintervorrat II, 304
Debatte II, 307
Darmstädter Gespräche II, 310
Urgeschichtliches im Museum II, 315
„Auf zum Heinerfest!" II, 317

Hartmuth Pfeil	So ist es II, 329
	Ewerschter Kerb II, 330/331
	Schdegg-der ah oo oh II, 333
	Heinerfest II, 335
	Achterbahn II, 339
	Heinerfest auf dem Friedensplatz II, 340/341
	Heiner fest am Heinerfest II, 343
E. Pfersdorff	Der Bescheidene I, 332
	Mißverständnis II, 92
	Ein Recognoscirungsritt II, 137
Ph. G.	„Lohengrin" II, 204
Max von Preuschen 1867–1932	Der Antiquar Schneider, „der Bücherwurm" I, 151
	Der Kanzlist Berghöfer I, 164
R. M.	Wie de Schorsch sein Freind Kallche aus Bensem an de Bahn abgeholt un em die Darmstädter Sehenswerdigkeide gezeigt hot I, 19
Philipp Raab 1847–1917	Der schwarze Peter I, 148
Karl Raupp 1837–1918	Der Kupferdrucker Heinrich Felsing I, 109
Reinhard	Oberstabsarzt Gerlach II, 160
Rhamses	Des Lewe des stadtbekannte Knopp- oder Klopp-Schneider I, 155
Friedrich Ritsert 1803–1883	Der Jude Benedikt I, 88
	Der Jagdbote Butterweck I, 184
	Der Pflästerer Fuchs I, 185
	Die „Bellin" I, 195
Rolf	Wer's waaß werd's wisse! II, 314
Werner Rühl *1935	Hoffnung II, 279

Heinrich Rüthlein 1886–1949	Das Kotelett II, 147

S.	„Handfeuerwaffen" II, 288 Ein Wortspiel zwischen zwei Heinern II, 295
Amalie Schaedel	Benedikt Ludwig als Anisgebackenes I, 89 Der Hutmacher Hobeck I, 108 Der „dicke Bub" I, 174
Hermann Schaefer 1848–	Eine Kabinetts-Ordre II, 175 Ein vergeßlicher Professor II, 195
Karl Schaefer *1900	Oberstabsarzt Gerlach II, 161
Karl Schaffnit 1849–1899	E schö' Aussicht I, 27 E nei Thermometer I, 27 Dialekt I, 79 Heimatklänge I, 80 Damstädter Englisch I, 148 Das Frankensteiner Eselslehen I, 224 Strategie im Omnibus I, 242 's Ständche I, 250 's Nachtquartier im Möwelwage I, 257 Gewissenhaft I, 264 E Geilskur I, 265 De erste Preis I, 267 Wahl-Mannöwer I, 277 Die „Poscht" un nix zu trinke! I, 297 Vorher un nachher II, 63 Anarchie un Quetschekuche II, 65 Schlickser II, 74 E frommer Wunsch II, 75

Karl Schaffnit   Geizhäls II, 76
                        Der Bub will haam II, 86
                        De Schnabbort II, 130
                        Die Suppeprob II, 141
                        Der Gefreite II, 144
                        „Es gitt noch mäi!" II, 203
                        Das Gewitter II, 260
                        „Späß" II, 292
                        Zammezehle II, 298
                        Arweit II, 302

Hans Schiebelhuth   Darmstädter Wort- und Sprachschatz
1895–1944   I, 69
                        Darmstädter Wörter I, 74
                        Die Darmstädter Floskel I, 75

Klaus Schmidt   Klassenführung durch den
1926–1976   Herrngarten I, 42
                        Der Abbruchunternehmer Ganß,
                            „das Ofenrohr" I, 179
                        „Ihne Ihr Ebbel deht ich net
                            geschdrenzt fresse" I, 195
                        „Bin ich e Forell?" I, 219
                        Der erste Ausritt II, 162

Robert Schneider   Der Heiner I, 59
1875–1945   Ebbes vum „Schockelgaul" I, 164
                        Der Prälat Diehl I, 204
                        Klassische Buwestraasch I, 225
                        Des Neijahrsesse oder De Haamwähk I, 318
                        „...dhede se nor aach raache" I, 327 (nach
                            Robert Schneider)
                        Der Famillje-Spaziergang II, 17
                        Die Christkindcher, odder: Wie de Unkel, der sunst garnet so
                            war, emal gebschnitzig gewese is II, 35

Robert Schneider	Auf dem Maskenball II, 52
	Ibsen II, 61
	Poussiern! II, 80
	Im Theader! II, 188
	Wann der Datterich widder mol unner uns sitze kennt II, 220
	Leidfadem zum richdiche Gebrauch vun de Straßebahn II, 231
	Warde nur... II, 259
	Die Ameriganisch II, 261
	E' Mißverstendnis II, 277
	Mer mache unser Witz sällwer II, 284
	Nachbarliche Hilfe II, 303
	Der „Kasper" Hildenbrandt II, 324
Schorsch	Die Funkeschees II, 226
August Siems *1847, 1866–1876 am Hoftheater	Der „Ballettvater" Baron von Carlsen I, 111
„Der Spiegel"	Der Schnelläufer Bajus I, 130, 131
Ernst-Ludwig Stay	Je nachdem II, 64
Friedrich Stoltze 1816–1891	Aa Aanigkeit II, 176

Robert Stromberger *1930	Der Schulaufsatz II, 31
	Liebesnot II, 221

Wilhelm Stühlinger *1906	De Boort is ab, die Hoorn sin fort! II, 62 Erlebte Stilblüten II, 98 Aus dem Gerichtssaal II, 278 Im Darmstädter Hauptbahnhof II, 308 Fest im Watzeverdel II, 332
Hans Karl Stürz *1907	Tragik und kein Ende II, 210 Jede stellt was II, 303
Th. B	Ein Pfiffikus I, 304
Thesinger	„Eidechse" II, 95
Georg Volk 1861–1914	Die G'schichte II, 299
W. L.	Der Herrngarten-Aufseher Heppenheimer I, 158, 159
Max Wauer 1913–1924 am Theater	„Teufel auch!" Der Schauspieler Hacker II, 198–201
Carl Julius Weber 1767–1832	Darmstädter Spargel 1828 I, 26
Helfrich Bernhard Wenck 1739–1803	Das Frankensteiner Eselslehen I, 222
Hans Wiesenäcker	Wo leit Darmstadt? I, 17

Georg Wiesenthal
1909–1972
	Das Monument I, 26
	„Alleweil, alleweil, do kimmt
	   de Schutzmann Heil!" I, 38
	Klassenführung durch den
	   Herrngarten I, 41
	Der Jude Benedikt I, 90
	Der Kammermusikus Wiese I, 125
	Der Herrngarten-Aufseher
	   Heppenheimer I, 158, 160, 161
	Der Kutscher „Hä Hopp" I, 176
	Der Hofgerichtsadvokat Zimmermann I, 178
	Der Jagdbote Butterweck I, 185

Georg Wiesenthal	Der Pflästerer Fuchs I, 186
	Drei Anekdoten I, 190
	Der Pflästerer „Waldbock" I, 190
	„Der Hund" I, 193
	Der „Gaaseschdallwärter Schorsch" I, 193
	Vom Markt I, 194, 196
	Der Wagner Wilhelm I, 196
	Der Oktroierheber Jung I, 197, 198
	Der Gartenaufseher Simon I, 198, 199
	„Ach Hannes, wos en Hut!" I, 199
	„Hohlbein?" I, 199
	Die „Wendeltrepp'" I, 218
	„Hännesje Bartwachs" I, 293
	Der Wirt Hädrich, „Gottverdammich" I, 301
	Mit dem Motorrad über Land I, 324
	Sechs Wirtshaus-Anekdoten I, 325–327
	„Saufen schafft Arbeit" I, 328
	Das Laster des Fluchens II, 96
	„Was ist ein Geiser?" II, 98
	Aus dem Realgymnasium II, 100
	Der Metzgersohn II, 101
	Es bleibt, wie es war II, 101
	Verbum Domini manet in aeternum II, 101
	Der „Darmstädter Forschdmaasder" II, 122
	Der General von Weitershausen II, 126
	„Die Breiße raame des Zeichhaus aus!" II, 130
	Oberstabsarzt Gerlach II, 160
	Großherzog Ludwig III. II, 176
	Der Hofschauspieler Kläger II, 194
	Der Hofschauspieler Butterweck II, 194
	Auf Pfeifen 10% Rabatt II, 294
	Ein Damengespräch II, 302
	Die Darmstädter Gretchengeschichte II, 303
	Zwei Heiner streiten II, 305
	Was mer als so sache II, 309
Willi Wilbrand 1871–1957	Die Lords in Darmstadt I, 63
	Der Abbruchunternehmer Ganß, „das Ofenrohr" I, 179, 181
	„Johann, Johann, das Nachtgeschirr, es tröppelt schon!" I, 186
	„Was, du bist kein Schustergesell?" I, 188

Willi Wilbrand	Von der Philosophie I, 200	
	Vom Ludwig-Georg-Gymnasium, dem „alten Pennal" II, 103	
	Der Stabsarzt II, 158	
	Der „Boulevard de Kikeriki" II, 168	
	Großherzog Ludwig III. II, 176, 179, 180	
	Großherzog Ludwig IV. II, 181	

Heiner Wilke
*1928

Iwwers Lache II, 14
Gute Vorsätze II, 49
Nachlese II, 56
Was Süßes II, 58
Urlaub daheim II, 264
Bieranstich II, 336
Heiner-feste! II, 337
Zum letzten II, 338

Hedwig Witte
*1906

Was Adam un Eva gemacht hawwe II, 254
Wer's waaß werd's wisse! II, 314

Karl Ludwig Wittich   Der Schnelläufer Bajus I, 132

Ernst Ludwig
Freiherr von
Wolzogen
1855–1934

's Gensche I, 281

Rudolf Zentgraf
1884–1958

Der Prälat Diehl I, 203, 204, 205, 206, 213

Johann Sebastian Dangs Beiträge „Mer machd halt, woß so zu mache is" und „Was ist blemmblemm?" sind seinem im Eduard Roether Verlag, Darmstadt, erschienenen „Darmstädter Wörterbuch" entnommen.

Großherzog Ernst Ludwig hat die von ihm erzählten Anekdoten „Der Souffleur", „Bleib so, wie Du bist!" und „Wir wollen wieder einen gelernten Großherzog" in seinen Privatmemoiren aufgezeichnet; sie sind Manfred Knodts Biographie „Ernst Ludwig Großherzog von Hessen und bei Rhein", Verlag H. L. Schlapp, Darmstadt, entnommen.

Hermann Pfeiffers Schattenbilder zu Niebergalls Szene „Datterich in der Dachstube" sind der von ihm illustrierten Ausgabe von Ernst Elias Niebergalls „Datterich", Verlag H. L. Schlapp, Darmstadt, entnommen und etwas verkleinert.

Robert Strombergers Beitrag „Der Schulaufsatz" ist eine Szene aus seinem Fernsehspiel „Fröhliche Weihnachten", das im Dezember 1970 erstmals vom NDR ausgestrahlt wurde; die Urfassung entstand in Mundart für das Hörspiel „Die Bescherung" aus der Serie „Bei uns daheim" des Hessischen Rundfunks. – Sein Beitrag „Liebesnot" ist eine Szene aus dem Lustspiel „Der Glasschrank", das in seiner Neufassung auf die Idee des gleichnamigen Schwankes von Heinrich Rüthlein zurückgeht. Das Stück wurde unter dem Titel „Biedermänner" 1973 vom ZDF gesendet, in seiner Mundartfassung am 13.10.1973 von der Hessischen Spielgemeinschaft im Kleinen Haus des Staatstheaters Darmstadt uraufgeführt und 1978 vom Hessischen Fernsehen aufgezeichnet.

Hedwig Wittes Beitrag „Was Adam und Eva gemacht hawwe" ist ihrem im Societäts-Verlag, Frankfurt/Main, erschienenen Buch „Hessisch wie es nicht im Wörterbuch steht" entnommen.

Hartmuth Pfeils Zeichnungen „Wenn die Trübüne Fußball spielen würde" und „Auf zum Heinerfest" sowie seine Porträtskizzen sind seinem im Verlag des „Darmstädter Echo" erschienenen Band „Aus dem Strom der Zeit geangelt" entnommen.

Fünf der Anekdoten und Geschichten mit Hartmuth Pfeils Zeichnungen über die Straßenbahn wurden dem von der

Heag zur Erinnerung an ihr sechzigjähriges Jubiläum herausgegeben „Ergötzlichen und belehrenden Büchlein von der Darmstädter Straßenbahn" entnommen.

Pit Ludwig stellte uns die Fotos von Klaus Schmidt als „Spirwes" und von Robert Stromberger als „Datterich" aus Robert Strombergers „Datterich"-Inszenierung im Oktober 1975 zur Verfügung.

Wir danken für die uns freundschaftlich und gern erteilte Abdruckerlaubnis.

Wir danken unseren Autoren, ihren Ehegatten, Kindern, Enkeln oder Rechtsnachfolgern für die bereitwillig und gern erteilte Genehmigungen zur Übernahme der Beiträge. Trotz aller Bemühungen konnten wir einige Autoren nicht oder nicht exakt feststellen. Für freundliche Hinweise und Ergänzungen sind wir dankbar.

Wir danken für viele mündliche und schriftliche Hinweise und Einsendungen, die wir nach Erscheinen des ersten Bandes erhielten; einige dieser Beiträge – doch nicht alle – konnten noch in diesen zweiten Band aufgenommen werden.

Wir danken der Hessischen Landes- und Hochschulbibliothek, Darmstadt, und ihren Mitarbeitern sowie dem Stadtarchiv Darmstadt und den Herren Carl H. Hoferichter und Heinz-J. Jaensch für freundliche Hilfe bei der Materialbeschaffung.

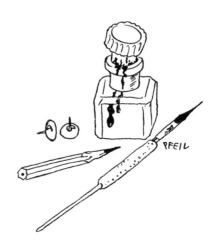